河北省高校人文社科重点研究基地——河北大学国家治理法治化研究中心资助

河北大学燕赵文化高等研究院学科建设经费资助

河北大学高层次创新人才科研启动经费项目资助

新时代高等法学教育创新教材

科技法总论

牛忠志 著

知识产权出版社

全国百佳图书出版单位

——北京——

图书在版编目（CIP）数据

科技法总论/牛忠志著. —北京：知识产权出版社，2021.1
ISBN 978-7-5130-7285-4

Ⅰ.①科… Ⅱ.①牛… Ⅲ.①科学技术管理法规—研究—中国 Ⅳ.①D922.174

中国版本图书馆 CIP 数据核字（2020）第 216567 号

内容提要

本书对科技法的概念和特征，科技法的历史发展、渊源和体系，科技法的指导思想、目的和任务，科技法的功能和价值，科技法的基本原则，科技法的运行等基本原理，以及基础行业和高科技领域科技法律制度，科技研发法律制度，科技成果法律制度，科技市场与合作法律制度，科技争议的解决等方面的内容进行了详细、富有见地的阐述。

责任编辑：韩婷婷　　　　　　　　　责任校对：潘凤越
封面设计：张悦　　　　　　　　　　责任印制：孙婷婷

科技法总论

牛忠志　著

出版发行：知识产权出版社 有限责任公司	网　　址：http://www.ipph.cn
社　　址：北京市海淀区气象路 50 号院	邮　　编：100081
责编电话：010-82000860 转 8359	责编邮箱：176245578@qq.com
发行电话：010-82000860 转 8101/8102	发行传真：010-82000893/82005070/82000270
印　　刷：北京虎彩文化传播有限公司	经　　销：各大网上书店、新华书店及相关专业书店
开　　本：720mm×1000mm 1/16	印　　张：18.5
版　　次：2021 年 1 月第 1 版	印　　次：2021 年 1 月第 1 次印刷
字　　数：330 千字	定　　价：79.00 元

ISBN 978-7-5130-7285-4

"新时代高等法学教育创新教材" 编委会

主要法律简称一览表

全称	简称
《中华人民共和国宪法》	《宪法》
《中华人民共和国民法典》	《民法典》
《中华人民共和国立法法》	《立法法》
《中华人民共和国监察法》	《监察法》
《中华人民共和国教育法》	《教育法》
《中华人民共和国高等教育法》	《高等教育法》
《中华人民共和国科学技术普及法》	《科学技术普及法》
《中华人民共和国科技进步法》	《科技进步法》
《中华人民共和国促进科技成果转化法》	《促进科技成果转化法》
《中华人民共和国刑法》	《刑法》
《中华人民共和国专利法》	《专利法》
《中华人民共和国著作权法》	《著作权法》
《中华人民共和国农业技术推广法》	《农业技术推广法》
《中华人民共和国劳动法》	《劳动法》
《中华人民共和国环境法》	《环境法》
《中华人民共和国行政法》	《行政法》
《中华人民共和国技术合同法》	《技术合同法》
《中华人民共和国电子签名法》	《电子签名法》
《中华人民共和国民事诉讼法》	《民事诉讼法》
《中华人民共和国刑事诉讼法》	《刑事诉讼法》
《中华人民共和国行政诉讼法》	《行政诉讼法》
《中华人民共和国行政复议法》	《行政复议法》
《中华人民共和国法官法》	《法官法》
《中华人民共和国检察官法》	《检察官法》
《中华人民共和国义务教育法》	《义务教育法》

目 录 contents ○·············

绪　论

一、科技法学的研究对象

科技法学是以科技法及其法律实务这一特定的社会现象及其规律作为研究对象的法学学科。

科技法是一门新兴的部门法，是我国社会主义法律体系的重要组成部分。它是随着我国科技体制改革的不断深入、科学知识地位的愈加重要、技术市场的发育以及科技自身的发展而产生和发展的，是从传统的部门法（如民商法、行政法、经济法、刑法等）中分离出来而形成的独立的新型部门法。科技法学即以科技法及其法律实务作为的研究对象（主要以本国的科技法治实践为研究范围），因而是我国法学领域的一门新兴法学学科。

科技法学作为一个部门法学，其研究范围相当广泛，内容相当丰富。具体而言，至少包括以下几个方面：

（1）任何部门法学都有其相应的基础理论，而不限于注释或阐明现行法律条文的含义。相应的法律基础理论是指导该部门法学发展的基础；如果没有丰富的基础理论，则很难成为一门独立的法学"学科"。所以，科技法学必须研究科技法的原理，主要内容包括科技法的概念、指导思想、立法目的、任务、功能和价值、基本原则、法规范体系、科技法与其他部门法的关系等基本问题。

（2）科技法学要研究纵向的科技法律制度。科技创新是一个从研究主体、立项、研发过程、生产出知识技术产品、知识技术的应用和市场交换等纵向逐步展开的过程，这一过程的每一个环节都需要法律来规制。纵向的科技法律制度可分为：①科技研发法律制度，包括研究开发机构的管理制度、研究开发人员的管理制度、研究开发项目管理制度、科技投入法律制度、大型科研设备的共享、科研信息情报管理制度、计量和标准化法律制度等；②科技成果法律制度，包括科技成果权属制度、科技成果的评价制度、促进科学技术成果转化法律制度、科技成果的知识产权保护制度、科技奖励法律制度等；③科技市场与合作法律制度，包括技术市场管理制度、国内技术合同法律制度、国际技术贸易法律制度、国际技术合作法律制度等。

（3）科技法学要研究横向的科技法律制度。科技法是领域法，可把科技法律规范横向地划分为调整工业科技领域、农业科技领域、新兴的高技术领域等规范子系统。由此，横向的科技法律制度主要包括企业科技进步法律制度、农业科技进步法律制度、新兴的高科技领域科技法律制度。随着当代科技日新月异、突飞猛进，高新技术不断涌现，相应地，实践强烈呼唤着新兴的高科技领域科技法律制度的不断产生和发展，诸如信息网络技术法律制度、生物技术法律制度、新能源与可再生能源法律制度，以及海洋技术、航空航天技术、纳米技术、人工智能等方面的法律制度。

（4）科技法学要研究科技争议的解决机制，并类型化地分析违法犯罪行为的相应法律责任。科技争议的解决机制可分为：①国内科技争议解决机制，如行政处理、仲裁、民事诉讼、行政诉讼、刑事诉讼等；②国际科技争议的解决机制，如《关于争端解决规则与程序的谅解》《与贸易有关的知识产权协议》（《TRIPS协议》）等设定的争端解决机制等。科技法律责任则是指基于科技违法犯罪行为而依法产生的民事法律责任、行政法律责任和刑事法律责任。

上述全部内容构成了科技法学理论的整体。一般将其划分为科技法总论和分论两大部分。本书只研究总论部分。

在研究科技法及其法律实务问题时，以下几点是应予注意的：

第一，科技法律规范不仅现在有，过去甚至古代都有❶；不仅我国有，外国也有。这就需要对现行的和历史的、本国的与外国的科技法律规范进行多方位的比较研究，从中概括出科技法发展的规律并吸取其中有益的营养，以做到古为今用、洋为中用，尤其要发掘中国文化传统中的优秀的成分。

第二，科技活动越来越呈国际化趋势，随科技及其产业的国际化趋向而不断呈现出国际性的特点，因而调节跨国科技活动的科技法，其国际性趋势日趋加强。双边或多边的国际科技合作协定、国际技术转让中形成的制度和惯例、全球性的国际组织（包括联合国及其有关机构）、区域合作组织、多国集团等协商通过的协定或条约等，毫无疑问都应当纳入科技法学的研究范围，而且对这些内容的研究应越来越占据较重的分量。

---

❶ 如我国的周朝法律就有"同姓不婚"的规定；秦朝的法律形式"程"是关于审计类的法律规范，"课"是关于计量标准类的法律规范；汉朝就有田令、水令、胎养令等科技法律规范等。

第三，科技法是新兴的部门法，是传统法学与诸多自然学科等交叉而成的。这决定了科学技术法律规范具有很强的专业性、技术性特点。由此就需要借助于其他相关学科的专业知识和技能来开展科技法学研究，科技法学的研究手段也因此呈现社会科学方法与自然科学方法交互运用的综合性特点。

第四，科技法律规范的存在形式分散。我国现行的科技法律规范，除了集中存在于《民法典》《科技进步法》《促进科技成果转化法》《专利法》《国家科学技术奖励条例》和《计算机软件保护条例》，以及有关生物工程、核能、机电、工程技术等领域的立法之外，许多科技法律规范还散在于《宪法》《劳动法》《经济法》《行政法》《环境法》等立法之中。这些科技法律规范无疑都属于科技法学的研究范围。因此，研究科技法学的视野应该开阔些。

第五，静态的科技法律规范固然是我们研究的对象，科技法律规范的动态运行，比如科技法律规范的制定、科技法的执法和司法等科技法治实践也是研究的重要内容而不能忽视。

总之，科技法学既要研究科技法律规范，又要研究相应基本理论；既要研究现行的科技法，又要研究已成为历史的科技法；既要研究本国的科技法，又要研究外国的科技法。作为一门新兴的法学学科，由于没有长期的学术积淀，其理论构筑的任务是极为繁重和相当艰巨的。正因为科技法学具有开拓性和挑战性，所以它正激励着我们在前人的成果基础上致力于我国科技法学理论的不断发展、完善和日益繁荣。

二、科技法学的研究方法

科技法学的研究方法是发展和完善科技法学必须注意的问题。作为法学的一个子系统，科技法学的研究无疑受到法学乃至一般社会科学研究方法的指导。不过，由于科技法调整科学技术创新活动，而这一进程始终贯穿着科学技术发展的特有规律，所以，科技法包含着一定的自然规律成分，由此，科技法学研究除遵循法学和其他社会科学的方法外，还必须借鉴自然科学、技术科学的研究方法。概言之，科技法学有其特有的研究方法。

（一）辩证唯物主义和历史唯物主义是开展科技法学理论探索的根本方法

马克思主义的辩证唯物主义和唯物史观，是科学的世界观和方法论的统一，是人类认识世界和改造世界的锐利思想武器，对于包括科技法学在内的所有科学和学科的研究都具有普遍的指导意义。研究科技法学以辩证唯物主义和历史唯物主义为根本方法。只有这样，才可能对科技法这一社会现象及其运行和发展规律作出科学的阐释。首先，坚持彻底的唯物主义观点。从马克思主义唯物史观出发，我们就会发现科技法这一客观社会现象的出现并不是偶然的，它是科技成为第一生产力而渗入社会生活诸多领域，引起社会关系发展变化从而使社会对法律提出新的需求的结果；科技法的发达程度是与科技进步程度密切相关的；科技法不仅与经济基础以及上层建筑的其他元素有密切联系，与生产力、科技以及自然现象也有千丝万缕的联系；科技法不仅有传统意义上的"定分止争"功用，而且在为生产力的发展开辟道路乃至直接推进生产力发展方面也有极大的功用；科技法作为一种法律，不能不受具体国情的制约，但科技的国际化趋向、科技为全人类服务而成为人类共享资源的本性，也对科技法有着极为深刻的影响，如此等等。其次，坚持运用发展的观点、相互联系的观点、全面的观点来看待具体的问题，从而得出符合实际的结论。任何先验的、经院式的、僵死凝固不变的、教条式的理论观点，或者孤立的、片面的看问题的方法，都不可能得出符合事实的科学结论。一切从实际出发，具体问题具体分析，实事求是，是马克思主义、毛泽东思想的活的灵魂。一切结论都应当根源于社会现实生活，实践出真知，实践是检验真理的唯一标准。任何科学的一般性的原理都不能代替对具体问题的深入研究所得出的具体结论。科技在发展，社会在发展，整个法律体系在发展，科技法和科技法学是中国特色社会主义法治建设洪流的弄潮儿，与时俱进地不断深入发展。

（二）常见的社会科学研究方法在科技法研究中的运用

（1）法律注释方法。运用注释的方法来研究法律，可谓源远流长。在我国，东汉经学大师马融、郑玄曾为汉律作章句注释，成为对汉律的权威性解释。晋代的张斐、杜预注释法律的著作也流芳后世。唐代的长孙无忌等人的《唐律疏议》是对唐《永徽律》的逐条解释。近代西方，从罗马法复兴时起，以注释的方法研究法律开创了"注释法学"之流派。

法律规范是从社会现实的大量行为中概括出来的抽象性的行为规则，而且，法律规范的表达包括了许多"法言法语"（法律专用术语），从而具有抽象性和概括性；法律具有相对的稳定性，而现实生活则变动不居，为了准确地理解法律规范的含义和正确地实施法律，使一般性的行为规范适用于五彩斑斓的现实生活，使概括性的法律规范适应变化的社会现象，需要对法律作出必要的解释。因此，注释法律既是法学研究的一项任务，也是法学研究的一种方法。注释方法是科技法学研究的主要方法之一，除了上述的必要性，还因为科技法包含许多科技专门知识、科技规律等不易被理解的情况。

（2）比较方法。有比较才会有鉴别。用比较方法研究科技法，包括对不同国家和地区的科技法进行比较，即通常所称的"横向比较"；对一个国家不同历史时期（如近代与现代、第二次世界大战前和第二次世界大战后）的科技法进行比较，即所谓的"纵向比较"。

当前，对不同国家和地区科技法进行"横向比较"的意义重大。其理由如下：一是当代科技革命的浪潮席卷全球，国际科技交流与合作广泛展开，而且诸多现象（如互联网、人工智能、生物科技、航空航天技术、深海技术等）具有国际性，我们所处的时代面临同样的难题，迫切需要协调统一去应对。二是近代文明之花始开于西方，科技法发达于西方，现代意义的科技法学也起步于西方。我国科技立法起步晚，科技法广泛借鉴了发达国家的立法成果，我国理论界对科技法的研究也很不成熟。西方法学家们所采用的研究方法无疑也属于人类创造的知识财富，我们应当像对待其他西方文明一样，根据洋为中用的原则，去其糟粕，取其精华，加以借鉴和吸收。为了加速我国的科技法制建设，使我国有关科技立法在根基于中国特色的同时，做到与国际有关立法的衔接，就应当及时了解、借鉴和吸取外国的经验。

（3）历史研究法。这里的历史研究法是指考析科技法条文的历史渊源、沿革关系和现状，必要时还要进行前瞻性的预测，把握科技法的发展动向。科技法总是在一定的背景下制定的，了解制定科技法的背景，有利于领会现行科技法的立法精神。科技法具有相对的稳定性，一经制定就要在相当长的时期内实施。因此，分析国家未来的形势与发展需要，有利于使科技法内容与时俱进，从而保持科技法的生命活力。

（4）案例分析法。案例分析法（Case Analysis Method）由哈佛大学于1880年开发完成，后被哈佛商学院用于培养高级经理和管理精英的教育实践，逐渐发展为今天的"案例分析法"。这里的案例分析法是指运用典型的科技纠纷案例研究科技法理论的方法。科技法学是一门实践性很强的应用学科，科技法理论只有在具体运用中才能得到检验、丰富和发展。运用典型案例研究科技法规定，以案释法，既可以牢固地掌握科技法理论，也可以检验科技法理论的正确性，还可以通过疑难、复杂案例去发展、丰富科技法理论。

（5）调研和实证研究方法。调研和实证研究是作为对经院研究的否定而出现的。通过社会调查收集各种素材、数据、经验，了解各种实践过程、结果及其相关因素，搞清世情、国情、民情、历史和文化传统，从而综合各种因素对特定问题进行研究，是从事法学研究乃至从事其他社会科学研究普遍采用的方法，科技法学研究也应经常采用这种方法。

科技法学研究所要进行的社会调查的内容是极为广泛的。主要包括：科技法发展的现状与评估；科技进步的障碍以及排除障碍的条件；科技发展对法律的客观要求以及现有法律的缺陷；完善科技法的途径、方式、步骤及其社会事实依据和社会机制；科技发展的战略、重点领域、规划和部署；科技法对推动科技进步的实际社会功效及其改进方略；科技法运行的机制以及相关社会因素的评估；科技法与其他法律之间、本国科技法与国际社会的科技法之间的衔接与冲突，以及产生冲突的社会背景及其对现实社会的影响；等等。

尽管法律、法规的产生并不像物质产品的生产那样，由工厂、车间生产，更不能在实验室中产生，它只能以社会为"工厂"和"实验室"，但就一部分科技法律规范而言却有其特殊性。因为，某些科技法律规范实际是技术规范的法律化，如对科技产品质量的技术标准限定、对环境质量的技术限定和监测、技术检测的方法与标准、对发明创造的技术评估标准、对药品的毒性限定标准等一类法律规范，其产生便不能不与实验室或工厂有关。所以，科技法学的有些研究便不能不与有关科技实验室和科技产品的生产车间发生密切联系，这也正是科技法学作为法学与自然科学的交叉学科的证据之一。司法实务中，许多科技争议的事实判断和法律解决就有赖于具有法律效力的科学鉴定或者技术鉴定。

不仅如此，许多科技法也是社会实验的结果。一个规范性科技法律文件的诞生，往往是相应政策经试验而日趋成熟的结果，相应科技政策的运行，实际上可以看作科技法的前期社会实验。至于不同地方政权机关依据本地情况制定和实行的地方性政策或法规，就全国范围来说，也可以看作不同条件下有差异的政策或法规的分组对照实验。科技法学研究不仅应当重视对这种社会实验的调查和总结，而且可以在科技法理论指导之下进行这种社会实验，加强社会实验的自觉性，使科技法学研究和科技法的社会实验互相促进，相得益彰。

（三）自然科学研究方法

科技法学的研究除了应用上述方法外，还应当广泛吸收和运用自然科学的研究方法，它们都可供我们用来研究科技法理论。其中，诸如以"老三论"

（系统论、信息论、控制论）❶ 和"新三论"（耗散结构论、协同论、突变论）❷ 为代表的现代科学方法逐步被引入包括科技法学在内的法学领域，并且效果明显。

我们完全有充足的理由相信，自然科学研究方法在法学领域的运用之空间极为广阔，尤其是在诸多的新兴边缘领域，诸如隶属于科技法学的生命法律制度、网络法律制度、人工智能法律制度等，更是如此。

总之，关于科技法学的研究方法，唯物史观和唯物辩证法是总的方法；具体的方法则要注意法学一般研究方法和自然科学研究方法对科技法研究的综合运用。

三、科技法学的学科地位

（一）理论界的探索

在我国法学界，在"科技法学"尚未被普遍认同以前，人们曾以"科学法学"称之，其意为"研究科学技术对法律的影响及如何运用法律来调整和推动科学技术事业发展的一门新学科"❸。有的学者将科技法学等同于科学法

---

❶ 一般系统论是研究系统的一般模式、结构和规律的学问，它研究各种系统的共同特征，用数学方法定量地描述其功能，寻求并确立适用于一切系统的原理、原则和数学模型，是具有逻辑和数学性质的一门科学。控制论是研究动物（包括人类）和机器内部的控制与通信的一般规律的学科，着重于研究过程中的数学关系。信息论是运用概率论与数理统计的方法研究信息、信息熵、通信系统、数据传输、密码学、数据压缩等问题的应用数学学科。

❷ 耗散结构论认为，一个远离平衡态的非线性的开放系统（不管是物理的、化学的、生物的乃至社会的、经济的系统）通过不断地与外界交换物质和能量，在系统内部某个参量的变化达到一定的阈值时，通过涨落，系统可能发生突变即非平衡相变，由原来的混沌无序状态转变为一种在时间上、空间上或功能上的有序状态。这种在远离平衡的非线性区形成的新的稳定的宏观有序结构，由于需要不断与外界交换物质或能量才能维持，因而称其为"耗散结构"（dissipative structure）。耗散结构理论关键词有远离平衡态、非线性、开放系统、涨落、突变等。协同学亦称协同论，是研究不同事物共同特征及其协同机理的新兴学科，是十几年来获得发展并被广泛应用的综合性学科。它着重探讨各种系统从无序变为有序时的相似性。协同论的创始人哈肯说过，他把这个学科称为"协同学"，一方面是由于我们所研究的对象是许多子系统的联合作用，以产生宏观尺度上结构和功能；另一方面，它又是由许多不同的学科进行合作，来发现自组织系统的一般原理。突变论是研究自然界和人类社会中连续渐变如何引起突变或飞跃，并力求以统一的数学模型来描述，预测并控制这些突变或飞跃的一门学科。它把人们关于质变的经验总结成数学模型，表明质变既可通过飞跃的方式，也可通过渐变的方式来实现，并给出了两种质变方式的判别方法，它还表明，在一定情况下，只要改变控制条件，一个飞跃过程可以转化为渐变，而一个渐变过程又可转化为飞跃。突变论认为，事物结构的稳定性是突变论的基础，事物的不同质态从根本上说就是一些具有稳定性的状态。在严格控制条件的情况下，如果质变经历的中间过渡状态是不稳定的，它就是一个飞跃过程；如果中间状态是稳定的，它就是一个渐变过程。

❸ 杨国璋、金哲、姚永抗. 当代新学科手册 ［M］. 上海：上海人民出版社，1985：526.

学，称其为"一门研究对科学技术活动实行法律调节的学科，它是介于科学和法学之间的边缘学科"❶。人们立足于不同的视野、角度层次或纬度，对科技法学的内涵与外延认识不同，对"科技法学"就有"科技法（学）：法学对科技的传统瞭望""科技（与）法学：科技与法学的联袂登场""科技（的）法学：泛指科技与法学的对话""科学·技术·法学·其他，即广域学科背景下科技法学多元素互动及组合"等不同的理解。❷

本书认为，首先，科技法学的内容，虽然离不开科学学、技术学，以及其他相关学科的理论支撑和借鉴，但是就科技法学总的品位而言，其应属于法学家族的成员。这是当前我国对科技法学学术性的通行见解。正如有的学者所言，"科技法学是我国法学领域近年来出现的一门新兴学科。它以科技法这一特定的社会现象及其规律作为自己的研究对象"❸。对这一概念的普遍认可，标志着我国"科技法学"已经迈入学科发展的逐步成型化与知识体系的不断系统化的门槛。其次，鉴于科技法律规范涉及诸多社会领域、科技法律规范包含着相当数量的技术规范，因而科技法学是一门新兴的交叉学科——法学与自然科学在科技领域的交叉，与传统的民法学、行政法学和刑法学等有着明显的差别。

（二）科技法的教育部官方定位

（1）与《科技进步法》（1993 年 7 月 2 日第八届全国人民代表大会常务委员会第二次会议通过）颁布和实施、国家科教兴国战略（中国于 1995 年宣布，决定实施科教兴国的战略）之确立和践行相适应，科学技术的规范化被提到了十分紧迫的议事日程之中，需要加强对科技法的理论研究。所以，在1997 年以前，教育部把科技法学定位为法学二级学科。当时，不少重点大学和政法院校都为法学本科生开设了科技法学必修课。

（2）1997 年国务院学位委员会和国家教委调整了高等教育各大学科的二级学科（专业）结构，精简二级学科（专业）目录。在法学的二级（专业）中，将原有的宪法学、行政法学、科技法学三个二级学科合并为一个学科（专业），即宪法与行政法学（含科技法）学科（专业）。其调整的原因，国务院学位委员会的一位委员解释说："这次调整合并主要目的是为了扩大每

❶ 何勤华、徐永康. 法学新学科手册 [M]. 杭州：浙江人民出版社，1988：116.
❷ 芦奇. 科技法学：广域学科背景下的概念研究 [C] // 第五届科技法学论坛论文集，2007：58-61.
❸ 罗玉中. 科技法学 [M]. 武汉：华中科技大学出版社，2005：1.

个学科（专业）学生尤其是研究生的知识面；其次是原来的学科（专业）太分散，而当时一些高校教授的数量又很少，往往一个学科（专业）连一个教授也没有，无法申报硕士点或博士点，合并以后新的学科（专业）的教授数量会聚合，有利于研究生授权点的发展；今后师资队伍情况和客观需要变了，还可以再调整。"当时的决定是合情理的也是可行的：原某个学科一位教授连同另两个原学科中的副教授按照新的划分就达到了申报某学科（专业）硕士点的基本条件；原三个学科各与一位教授相结合，按新的划分就具备了申报某新学科（专业）博士点的基本条件，我国的研究生教育也获得了前所未有的发展。

（三）科技法学的学科地位前瞻

自从 1997 年教育部把科技法学作为法学二级学科——宪法与行政法学（含科技法）学科（专业）之下的次级部门法学至今，科技法学在我国法学学科中的地位不仅没有得到强调而且还被弱化了。因为在高等院校，学科建设与发展是同学科点的设置密切相关的。许多大学关心的是能否增加高层次学位学科授权点，至于该学科研究与发展真正的意义和价值等专业性问题，则不是首要考虑的问题。一个学科的建设与发展及学位授权点的设置，则直接影响到现实社会对学科的认可。"名不正，则言不顺"，科技法学没有应有的学科地位，因而就没有很好的生存发展的平台和机会。

随着我国科教兴国战略的实施和依法治国方略的推进，科学技术是第一生产力的观念日渐深入人心，科学技术在一国综合国力重要地位的不言而喻和愈发突出，再加上科技工作特殊的内在规律性、科技法律关系的复杂性等都对建设和发展科技法学科提出了愈发急迫的需求。由此，未来我国的科技法学科的建设与科技法学研究只能加强，不能削弱。可以想见，随着科技立法的不断完善和丰富❶，科技法及其事务的研究也越来越急需。科技法理论研究与专门人才培养已成为全球性的热潮。我国科技法学的复兴，使命在肩、任务艰巨，对于科技法律工作者和广大科技法学研究者来说既是机遇也是挑战。我们要坚持理论自信、文化自信，为建设具有中国特色、中国风格、中国气派的科技法学发奋努力，我国的科技法学春天正在来临！

---

❶　在日本，仅由科学技术厅编纂的《科学技术六法》即收有科技法规 282 个，日文本达 1342 页，目前已由我国科技文献出版社出版的中译本也达 943 页。如果将通商产业省、农林水产省、运输省、文部省等所编的"六法"中的科学技术法也算进去，其数量更是大得惊人。美国的科技法相对最为发达。自第 104 届国会以来，美国仅与基因有关的法案便已有 100 多个。欧美其他发达国家也有数理相当可观的科技立法。

第一章
科技法概述

第一节　科技法的概念和特点

静态地看，科学是指人类关于自然、社会、思维等客观事物和现象的知识体系，它以概念和逻辑的形式反映事物的本质与规律。但这种静态的理解已经过时，应该赞同科学学创始人、英国科学家 J. D. 贝尔纳的见解，从静态与动态的结合上来把握科学的含义：科学应当包括组织人们去完成一定社会任务的体制、发现自然界和社会的新规律的全部方法、积累起来的科学传统、发展生产的主要因素，以及新思想、新原理、新世界观的来源等。❶

技术，即基于科学的研究成果所提供的理论与方法，以及人类在控制自然力、转化自然界的物质和能量、改善生态环境过程中积累起来的实践经验而发展成的各种工艺方法、操作技能、生产的物质和信息手段、作为劳动对象的产品效能的总和。

法律，是由国家制定或认可并依靠国家强制力保证实施的，反映由特定社会物质生活条件所决定的统治阶级意志，是以权利和义务为内容，以确认、保护和发展对统治阶级有利的社会关系和社会秩序为目的的行为规范体系。

科技法，即科学技术法的简称。不过，对于科技法内涵与外延的理解，人们基于不同的视角和经验迄今尚未达成共识。

一、对科技法不同界定的述评

（一）主要观点

按照学说沿革，将关于科技法的概念的不同观点，梳理于下：

---

❶　贝尔纳. 历史上的科学 [M]. 北京：科学出版社，1959. 转引自罗玉中. 科技法学 [M]. 武汉：华中科技大学出版社，2005：10.

（1）"综合性法律部门说"。科技法的调整对象不限于某一种社会关系，而是科技活动领域中的多种社会关系，科技法律规范既有宪法性规范，也有非宪法性规范；既有行政法、刑法等公法规范，也有民法、商法等私法规范，科技法既不是单纯地属于私法法域，也不是单纯地属于公法法域。因而科技法呈现综合法的特点。有学者认为，科技法是一个相对独立的包括科技行政法、科技民法、科技刑法、科技劳动法在内的综合法律。❶

（2）"行政法之一部分说"。即认为科技法是行政法的一部分，依据是科技法规范主要存在于行政法之中。主要依据是科技法律规范多属于行政法律规范。

（3）"调整科技领域的社会关系的独立部门法说"（简称"领域部门法说"）。持这一观点的学者都以划分部门法的传统理论和否认科技法的调整对象中包含着某些人与自然的关系为前提。1986年国家科学技术委员会发布的《中国科学技术指南》中对科技法作了这种表述："所谓科技法，指的是调整科学技术活动中社会关系的法律规范的总称。""所谓科技法，乃指调整科技活动引起的社会关系的法律规范的总和。"❷ 其中，科技社会关系是指由科学技术活动而发生，为着科学技术的发展，可据以协调科技劳动者、科技劳动组织和科技劳动管理机构内部关系及相互关系的一种社会关系。科技社会关系有四个特点：①以科学技术活动为中介；②以科技创造权利为本位；③以科技劳动者、科技劳动组织与科技劳动管理机构为主体；④纵向行政隶属关系与横向民事平等关系的结合。有学者认为科技法是调整科技活动领域社会关系的独立部门法。"科技法是科学技术法的简称，是国家调整科学技术活动中所形成的社会关系的法律规范，它是我国法律体系的一个重要组成部分。"❸

（4）"经济法分支说"。认为科技法是经济法的一个分支，主要依据是科技立法的目的是推动科技为经济建设服务。如有学者论述道："经济法是一个独立的法律部门已经没有什么争议，唱反调的人的声音和力量越来越小了，官方也认为经济法是一个独立的法律部门。就目前而言，将科技法纳入经济法律体系中，作为一个重要分支，科技法的特性完全符合经济法的基本精神，同时也符合学术界的主流意识。"❹

（5）既调整社会关系又调整人与自然关系的"特殊部门法说"。论者认

❶ 王家福. 为科技法学的繁荣而奋斗［J］. 科技法学（现更名为科技与法律），1989（1）：5.
❷ 罗玉中. 科技法学［M］. 武汉：华中科技大学出版社，2005：15.
❸ 孙玉荣. 科技法学［M］. 北京：北京工业大学出版社，2013：2.
❹ 张宇润，王学忠. 科技法的定位和价值目标［C］//中国科技法学学术年会2006年年会论文集. 西安，2006：3.

为传统的部门法划分标准不具有普遍性，为说明科技法的特殊部门法地位，主张"应该以法律规范的本质属性与基本职能，或者说相关法律规范的目的价值与社会作用"作为通用的标准，以取代传统的"以社会关系的性质为主，以法律的调整方法为辅"的划分标准。由此，"科技法是一个以开拓先进生产力和合理开发利用自然为目的的、规范人们在实施科技研究开发及其成果产业化过程中的行为及其法律后果，调整相关的多种属性的社会关系以及具有社会意义的（或社会性的）人与自然的关系，即社会与自然关系的特殊部门法"。后来该学者又进一步认为，"科技法不只是个特殊的部门法，而且是法律体系中以调整社会性的人与自然关系为主旨的、子系统的主导部门或核心部门"。●

（二）对上述观点的评析

上述不同的学术观点对于正确揭示科技法的内涵，认识科技法的地位，对于造成一种百花齐放、百家争鸣的局面都是极具意义的。"灯不拨不亮，理不辩不明"，没有争鸣就很难区别谬误与真理，更无从坚持真理。再则，学术研讨具有历史继承性，牛顿就坦言"我是站在巨人肩膀上才发现真理的"。所以，前人的研究会给后人提供宝贵的基础或者素养。

前述观点中，"行政法之一部分说"和"经济法分支说"，都只是看到了科技法部分的属性或部分功能的一个方面，若以此给科技法下定义，则犯了以偏概全的逻辑错误。"综合性法律部门说"与"领域部门法说"二者实质上并不矛盾，其区别在于观察的视角不同。综合性法律说强调了科技法律规范的法律属性——科技法律规范可以归属于不同的传统法律部门（即有的科技规范属于民法、有的属于行政法、有的属于刑法等），故具有综合的性质；"领域部门法说"从科技法所调整的对象涉及了整个科技活动领域的社会关系因而得出科技法的领域法的属性。但是，如果进一步探究科技法到底是什么？则"综合性法律部门说"与"领域部门法说"必须进一步深化研究才能给出答案。"特殊部门法说"不仅提出了耐人深思的法律部门划分新标准（以法律目的为依据来划分法律部门），而且主张科技法的特殊性不在于其领域法的特点，而在于其对生产力即人与自然关系的调整（法律既调整社会关系也调整人与自然的关系）。

科技法的概念是科技法最基本的理论问题，它关系到科技法的地位，关

● 曹昌祯.科技法在法律体系中定位问题的再思考 [J].法治论丛，2006，（1）：1.

系到科技法与其他部门法的关系定位。分析上述对科技法的不同界定，认为对科技法内涵的界定以下几点需要注意：①学界对包括科技法概念、科技法地位问题在内的科技法基本理论问题的研讨还不够深刻。理论界的精力比较多地放在科技法具体制度的构建上，或者多是忙于应对立法和司法实践迫切需要解决的问题。所以，今后理论界有必要加强对所有科技法基本理论问题的研讨。②不少学者往往循着惯常思路去研究新的问题。比如，对传统的部门法划分理论不加思考地全盘接受并以此为前提，对科技法的概念展开论证，其结果自然难以令人信服。③在对科技法界定和论证科技法的独立地位时没有科学地解释科技法与其他传统部门法的界分，没有回答科技法在法律体系中独立于谁、与谁并列。④许多论者为了说明自己对科技法揭示的正确性，都摆脱不了论证宪法、刑法的地位问题。实际上，宪法不是部门法，而是根本法；而刑法的地位也很特殊，是综合性的"保障法"。⑤研究视野局限，没有结合相关知识，从学科外的视角（包括从法学基础理论、政治经济学、哲学、其他部门法学等角度）旁征博引，其论证难免牵强附会，缺乏说服力。⑥论证时过多地照顾到现行的科技立法实践，因而存在便易主义倾向。殊不知，科技法的部门法地位问题是一个应然性的论证。如果不明确区分一国的法律体系与一国的立法体系，不区分科技法律体系与科技法立法体系，那么，其论证往往削足适履、本末倒置，理论研究沦为法条的奴仆。

在对科技法下定义之前，必须针对前述不同观点的以下两个重大分歧，表明立场：

1. 关于科技法的调整对象

理论界争议比较大的基本问题之一是"科技法是否调整人与自然的关系"。笔者对此持否定观点。法律调整人与自然的关系只是表象，人与自然关系的本质是人与人之间的社会关系。法律是社会规范，而不是单纯的自然规范（自然规律）；法律是调整人的行为的社会规范，不是调整非权利主体的社会规范。表面上看，科技法调整人与自然的关系，但是，这种人与自然的关系是特殊的人与自然的关系——"当且仅当"上升到"人与人之间的社会关系"时才会被法律所调整。例如，"法律禁止乱砍滥伐树木"，"法律禁止污染环境"，但是，只有当这些树木是构成人类环境的有机组成要素，只有环境的污染关系到他人身心健康时，法律才予以调整。又如，"物权法赋予权利主体对某物的所有权"，其实质是防止他人对该物的非法占有、使用、受益和处分，这应该是大家公认的。难道由于物权法规定了权利主体与该物的关系，就直观地得出物权法除了调整人与人之间的社会关系，还调整人与物的关系吗？显然不能。因此，人与自然的关系只有上升到人与人之间的社会关系时，才会被法律所调整，其余的大量的人与自然的关系不被法律所调整。例如，月球与我们人类早就存在着，但是只有美国的登月计划成功之时，"人类与月球"这一人与自然关系才最终能够上升为人与人之间的社会关系，才进入了国际法的调整范围。

2. 对"以社会关系的性质为主，以法律的调整方法为辅"的部门法划分标准的新解读

"以社会关系的性质为主，以法律的调整方法为辅"是传统的部门法的划分标准。如若这一标准是科学的且可行的，那么，关于科技法独立部门法地位的论证就依此展开；如若该标准是不科学的或者不可行的，那么，科技法之独立的部门法地位的论证就需要改弦更张、另起炉灶。笔者认为：①这一标准存在一定的不足；②科技法独立部门法地位的证成，需要另辟蹊径。

（1）这一划分标准本身违反了逻辑分类标准所要求的一元性。

"以调整对象为主，以调整方法为辅"的部门法划分标准，实际上没有用一个统一的标准去讨论整个法律体系的部门法的划分问题。用两个不同的标准来划分一国法律体系，在逻辑上就不能一以贯之，这便犯了便易主义错误，因而是不足取的。兹举一简单例子：我们可以按照性别把某小学五年级某某班的学生分为男生和女生，也可以按照身高标准把全班的学生划分为 1.2 米以下的、1.2 米的和超过 1.2 米的三部分。但是，我们不能混合地按照身高和性别两个标准把他们分为男生、女生和超过 1.2 米的男生，或者男生、女生和 1.2 米以下的女生。可见，采用两个标准来划分某一类事物就产生了逻辑的混乱。

再进一步分析，按照法律的调整方法分类，我们可以把法律体系中的实体法划分为刑罚法和非刑罚法。非刑罚法包括民法、行政法、程序法、仲裁法等。由此，刑法就不能简单地与民法、行政法等相并列，而是与这些非刑罚法之部门法全体之和相并列的，足见"以调整对象为主，以调整方法为辅"的部门法划分标准的错误。所以，部门法的多元划分标准的见解是不可取的。

"以调整对象为主，以调整方法为辅"来划分法律部门，这种主张的初衷是为了兼顾说明刑法的部门法地位。不过，近年来，刑法学界不少学者深入研究了刑法的调整对象，对刑法的部门法地位有了新认识。"刑法是规定犯罪、刑事责任和刑罚的法律规范的有机统一体，换言之，刑法禁止的是犯罪行为，规定的主要是刑罚法律后果。所以，刑法所调整的社会关系是重要的

社会关系，而且只有在这种社会关系受到严重损害，以至统治者认为如果不动用刑罚来惩治破坏者，就不足以维护现行统治，或者如果任其发展下去，就会动摇现行的整个国家法律秩序时，便纳入刑法的调整范围。反之，非重要的社会关系，如友谊关系、同学关系等刑法不去理会；而且，虽属重要的社会关系，但受损不严重时，刑法也不去管，如健康权、所有权被轻微侵害的情形便是。"所以，刑法调整的对象是属于整个社会关系网的"纲"和"目"，或者归纳为"关系到国家整体法秩序存亡的"的社会关系，或者称之为"国家整体法秩序"。❶ 刑法调整的社会关系具有"片断性"，或者"刑法调整对象利益的整体性"❷ 都是意思相同的不同表述。也正是从这个意义上讲，刑法是综合法而且居于法律体系的第二防线之地位（保障法地位）；与其说刑法是部门法，毋宁说刑法是综合法。

　　佟柔先生早就反对用两个标准划分法律部门，而主张法律的调整对象是法律部门划分的唯一标准，认为："划分法律部门的标准是不同性质的社会关系。"❸

　　（2）"划分法律部门的标准是不同性质的社会关系"之真实含义。

　　"划分法律部门的标准是不同性质的社会关系"这一判断基本上是正确的。之所以说它是正确的，是因为该标准立足于法律的社会性考察，并且坚持了一元的标准，能够一以贯之地将一国的法律体系划分为若干个部门法；之所以说它是基本正确的，是因为这一标准只适应于社会关系比较简单的社会背景之下，而在当今社会关系错综复杂，性质相同的社会关系可以由许多法律规范来调整，从而产生出不同性质的权利义务关系的情况下，我们必须深刻洞悉这一标准的真实含义。

　　只要深入考察民法、行政法、民事诉讼法、刑事诉讼法等传统意义的部门法，则会发现这些法律部门都不是"以不同性质的社会关系"作为划分法律部门标准划分的结果。例如，婚姻家庭关系是一类具有特殊性质的社会关系，大家不会对此存有疑问。那么，难道仅仅由民法来对婚姻家庭关系这一类社会关系进行调整吗？答案显然是否定的。实际上，不仅民法，而且民事诉讼法、行政法、行政诉讼法、刑法和刑事诉讼法等法律部门都调整婚姻家庭关系：婚姻家庭关系中的收养关系、婚姻关系需要民政部门依行政法律予

---

❶　牛忠志. 科技法律秩序的刑法保护研究［M］. 北京：知识产权出版社，2019：70.

❷　陈忠林. 刑法（总论）［M］. 北京：中国人民大学出版社，2003：4.

❸　佟柔. 划分法律部门的标准是不同性质的社会关系［J］. 湖北财经学院学报，1982，（1）：129.

以行政登记；行政机关不作为时，相应的当事人可以提起行政诉讼以保护自己的权益；刑法为保护公民的婚姻家庭关系方面的权益规定了遗弃罪、暴力干涉婚姻自由罪和虐待罪等。再如，财产关系是一定性质的社会关系。同样地，对财产关系的调整，也不是只有民法，而是同时包括民事诉讼法、行政法、行政诉讼法、刑法和刑事诉讼法等部门法。所以，按照社会关系的性质无法划分出民法、行政法和诉讼法等。

那么，"划分法律部门的标准是不同性质的社会关系"之真实含义是什么呢？笔者考虑再三，认为划分传统部门法的标准是"特定权利义务关系的性质"。比如，权利可分为实体性的权利和程序性的权利，所以，传统意义上可把部门法分为实体法和程序法。实体性的权利可再分为民事性的权利、行政性的权利等，程序性的权利也可以依次细分下去。所以，我国法律体系是按权利义务的性质为标准划分出民法、行政法、各种诉讼法等法律部门的。这一见解是正确的。首先，其符合事物分类标准的一元性和科学性要求。因为：①一事物区别于他事物，就在于事物的质的规定性不同；②部门法是某一类性质相同的法律规范的有机统一体；③法律规范在现实社会中发挥作用，就是调整社会关系并在特定的主体之间形成特定的权利和义务；④按照法律规范调整社会关系后在特定的主体之间形成特定的权利和义务来划分部门法律，就是抓住了由质的差别所决定事物的属性。其次，这一见解有法律根据。《民法典》："我国民法的调整对象是平等主体的公民、法人之间、公民与法人之间的财产关系和人身关系。"其中，这里的"财产关系"是"平等主体之间以自愿为基础的具体的经济关系"，这里的"人身关系"具有"主体地位平等、与人身不可分离、不直接体现财产利益"等特点。❶ 仔细分析这些限定性表述，无论是法条本身或者是对法律条文的权威注释，我们不难发现，对民法调整的"财产关系和人身关系"进行诸多修饰和限定，其用意就在于把民法调整的对象限定为"平等主体之间的特定性质的权利义务关系"。当然，还可举出很多例子说明行政法、诉讼法等都是以作为法律关系内容的权利义务性质为标准划分的结果。

那么，为什么人们长期坚持认为"划分法律部门的标准是不同性质的社会关系"没有出现明显的问题，而基本上能够行得通呢？这是因为我国社会长期以来商品交换一直欠发达，现实社会中的社会关系十分简单，社会关系的性质因而也往往过于单一、单纯。于是，社会关系的性质与该社会关系被

---

❶ 魏振瀛. 民法（第七版）[M]. 北京：北京大学出版社、高等教育出版社，2017：2-5.

法律调整之后形成的相应权利义务的性质基本相同。

总之，划分传统的部门法的标准是权利义务关系的性质。

现在的问题是，能否以这一科学的标准来说明科技法在我国法律体系中的独立地位呢？答案是否定的。因为科技法律法规本身包含民商法规范、行政法规范、经济法规范、劳动法规范、法定技术规范、刑法规范乃至国际法规范，遍及了全部的传统法律部门。换言之，科技社会关系被法律调整后所形成的科技法律关系的权利义务的属性是多元化的，而不是单一的。科技权利有实体性的权利和程序性的权利。实体性的权利可再分为民事性的科技权利、行政性的科技权利、刑事性的科技权利；程序性的科技权利也可以依次细分下去。

我们不能用"划分传统的部门法的标准——权利义务关系"来说明科技法的部门法地位。由此也同时表明了科技法绝对不是与民商法、刑法、行政法、各种诉讼法等相并列的。任何企图论证科技法是与民商法、刑法、行政法、各种诉讼法等相并列之独立法律部门的尝试，终将是要失败的。

二、"科技法是独立的部门法"之含义

基于前文所述，不能用"划分传统的部门法的标准——权利义务关系的性质"来论证科技法的部门法地位，科技法不是与民商法、刑法、行政法，以及各种诉讼法等相并列的，那么，科技法是怎样的独立部门法呢？

这需要我们先来考察一国的法律体系。法律体系是指由一国内部各现行法律部门所构成的有机统一整体。任何国家的法律体系，作为法律部门的有机统一整体，具有一系列的基本属性——主观性与客观性、统一性与和谐性、稳定性与变动性、层次性等。尽管法律体系最终决定于社会的生产方式或者经济关系，因而法律体系的构建不能随心所欲，但是，法律部门的划分和法律体系的建构，反映了一定时代法学家的理论、一个国家立法者的理念，是一定范围的社会阶层的主观愿望和意志的结晶。既然法律体系具有一定的主观性，那么，法律部门划分的标准当然也就具有一定的主观性。

法律部门的划分和法律体系的构建具有一定的主观意志性，这一点说明，对于一国法律体系的构建，既可以采取此标准，也可以采用彼标准，还可以采用其他标准来划分和构建——只要不脱离当时社会的物质生活条件，只要是按照人们理性认识分类的结果，只要不违背逻辑规律等，都是可行的。正如一个西瓜，你可以把它竖着切开，也可以把它横着切开，还可以把它斜着

切开，只要有这个必要。

基于这一认识，科技法是按照社会生活领域的标准将一国的法律体系划分而出的独立的部门法。实际上，在我国，人们已经自觉不自觉地按照社会生活领域的标准来划分部门法❶，如环境与资源保护法❷、军事法、国际法等，而教育法、卫生法、体育法等概念也日益深入人心❸。

随着社会的发展，将调整某一特定领域社会关系的法律规范统称为某种"领域法"的情况将会越来越多。调整军事领域、教育领域、卫生领域、生态环境保护领域、体育领域等特定社会领域的法律部门已经形成，或正在形成，并将越来越多地形成。可以断言，将来这一划分标准有可能成为一国法律部门划分和法律体系构建的主要标准。

综上所述，科技法是调整科技活动领域的社会关系的法律规范的有机统一体。

三、科技法的特点

作为新兴的部门法，科技法具有如下特点。

（一）立法目的旗帜鲜明地促进科技进步

科技法是国家促进科技进步的重要手段。我国的科技进步法明确规定，科技法的立法宗旨是促进国家科学技术进步，发挥科学技术的第一生产力作用，创新驱动发展，推动科学技术为经济建设和社会发展服务。同时，我国的科技法在贯彻落实科学发展观、尊重人才、体现以人为本和人本主义精神方面具有鲜明的时代进步性。独特的立法目的，科学的、人本的立法目的，是科技法十分重要的内在品质，是科技法成为一个独立的部门法之关键所在。

（二）科技法调整对象的相对广泛性

任何部门法都是调整一定社会活动领域内的社会关系的，科技法也不例外。科技法是调整科技活动领域社会关系的法律规范的有机统一体，由此，

---

❶ 最初意义上存在的首先是按照社会生活领域对立法文件的汇编，此后，逐步地在立法层面上把社会某一领域的立法一体考虑，直至作为独立的部门法进行立法。

❷ 严格意义上，经济法也是按社会生活的领域划分的部门法。但考虑到经济法已经不再包含"平等主体之间的经济关系"以及"与人身关系联系的那一部分财产关系"，因而严格地说，经济法不是纯粹意义的社会生活领域法，而是介于传统的部门法与社会生活领域法之间。

❸ 2007年5月19日至20日，山东省法学会体育法学研究会在山东大学成立。

它所调整的是科技活动领域内的社会关系。

科技法学界一般认为，科技法所调整的科技社会关系具体包括科技管理关系、科技协作关系和科技权益关系。

（1）所谓科技管理关系是指国家及各种科技组织对科学技术活动进行计划、组织、协调、监督和指导所产生的社会关系。具体包括宏观科技管理关系和微观科技管理关系。①宏观科技管理关系是国家的政府机构对社会生产各部门，包括信息技术、能源技术、生物技术、交通技术、原材料技术、国防技术、农业技术、环境保护技术、海洋工程技术等科学技术事业，进行领导、组织、指挥和协调的管理过程中发生的纵向关系。这方面的科技法规范集中地体现在《科技进步法》《促进科技成果转化法》《科学技术普及法》等法律文件之中。②微观科技管理关系是调整作为科学技术活动"细胞"的科技机构及其科技人员在科技活动中发生的权利和义务关系，也就是科技组织内部的组织机构、管理体制、权利义务等关系，通过对微观科技管理关系的调整，使科技机构增强活力，科研人员的合法权益得到保护，以保证科技活动正常进行。这方面的科技法律文件如《科技进步法》《促进科技成果转化法》、各地颁布的科技奖励办法、国家（各地）自然科学（社会科学）基金管理办法，以及高新技术立法及高科技园区法律制度等。

（2）科技协作关系是指不同科技部门、不同科技领域之间在技术研究、开发、转让、咨询、服务等过程中发生的横向关系。根据科技协作关系主体涉及的范围不同，又可以分为国内科技协作关系和涉外科技协作关系。科技协作的特点是法律关系主体之间地位平等，体现出自愿、等价、有偿等特点。调整科技协作关系的科技法律文件主要有民法、商法和合同法等。

（3）所谓科技权益关系，是指科技组织和科技人员通过科技活动对所创造的科技财富享有的权利和利益关系。根据内容和表现形式的不同，科技权益可以分为科技人身权益和科技财产权益两大类。科技人身权益是与技术成果完成者的人身不可分离的身份权，科技财产权益是指科技组织和科技人员在使用、转让科技成果的过程中所获得的物质利益。科技法律关系的这一特殊客体，也是科技法与其他法律部门的重要区别之一。

科技法调整以上社会关系，则可以形成相应的科技法律制度。科技法律制度首先可划分为科技进步的基本法律制度和具体的法律制度。具体的法律制度又再分为研究开发法律制度、科技成果法律制度、技术市场和技术贸易法律制度、高技术法律制度、国际科技合作法律制度和科技领域纠纷解决法律制度。这也是展示科技法调整范围之综合性的一个视角。

（三）科技法律规范存在形式的多样性

科技法律规范集中地存在于《科技进步法》《科技成果转化法》《科学技术普及法》《农业技术推广法》等专门的科技法律法规中。此外，其他立法中有关调整科技领域社会关系的法律规范，比如民商法行政法、经济法、刑法等部门法（尤其是行政法、商法、经济法）也存在一定的科技法律规范。例如，有关技术入股、技术股权、期权问题，可能会在公司法、证券法及相关法律中去解决，但是这些法律规范仍然属于科技法的范畴；有关对高技术产业的税收、财政和金融信贷等方面的优待制度可能散见于税法、财政法、金融法等法律法规之中，但这些相应的法律规范仍属于科技法的范畴；关于高科技犯罪、知识产权犯罪、网络犯罪等方面的规范存在于刑事法律法规之中，但它们也同时属于科技法的范畴。科技法的这一特点表明科技法律规范存在形式的多样性。

（四）调整方式的综合性和以激励性为主

科技法是调整科技活动领域的社会关系的法律规范的有机统一体。科技法属于调整科技领域的法律部门，因而对该社会领域的违法行为（民事违法行为、行政违法行为等）和犯罪行为的制裁是综合采用民事的、行政的、刑事的手段进行的。

法律后果包括肯定性法律后果和否定性法律后果。科技法的法律后果具有多元性特点，即违反科技法可能产生民事法律责任、行政违法责任或者刑事犯罪责任。而且，由科技创新活动的特殊性所决定，科技法除了否定性法律后果，它在调整社会关系时更多地采用给予鼓励、奖励合法行为的肯定性法律后果的方式，这是科技法律的一个显著特点。其合理性根据大致有：科技创新是引领社会发展的龙头，十分重要；而科技创新并非一般人都能为，科技创新需要人力、物力、财力的高投入，而且风险极大；科技法的宗旨在于促进科技进步和科技成果的合理使用，它必须调动各种有利于科技进步的积极因素，通过法律形式强化人们积极地从事科技创新行动，鼓励人们投身于科技进步事业，尤其是科学研究应是自由度最大的领域，法律更多地保护科研自由而不应滥加限制。正因为如此，科技法律规范大多具有肯定性的法律后果。只是在为了保护科技成果权、制止科技成果的滥用等场合，法律才设定了否定性的法律后果。

（五）科技法集中反映了科技发展的客观规律，具有专业知识性强的特点

科技法是对科技领域的社会关系进行调整，以促进国家科技进步为宗旨的法律。这就要求科技法在反映国家意志、体现阶级性的同时，不得不充分地遵从客观规律，反映科技本身的规律，体现技术规范的法律化。科技法的许多内容，如关于核装置安全保障的规定、国家信息安全的规定、涉及人类的生命工程的规定、对重组 DNA 的控制性规定、技术规范等，实际上是将人类对客观规律、科技发展规律的认识上升为法律规范的结果。也正是因为如此，许多科技立法的内容涉及科技领域的专门知识。科技法的这种专业性、知识性特点也决定了相应的科技立法、执法、司法和法律监督工作的特点，要求有关人员应同时兼具法律知识和专业的科技知识。

科技法的技术规范性表明其反映客观规律和客观真理从而更多地具有客观性和法的社会性，由此也使同一时代的各国科技法相通相容，尤其是先进国家的科技法具有世界意义，可资其他国家借鉴。

（六）科技法的时代同步性

科学技术是第一生产力。科学技术是生产力中最革命、最活跃的因素。在当今知识大爆炸时代，科技发展迅猛，用日新月异来描述科技发展之迅速也并不夸张。科技法作为调整科技活动的法律规范，必须紧跟时代发展步伐，及时反映科技发展所引发的社会关系的新变动，及时更新法律内容以适应科技发展的需要。科技法体现出与科技发展的同步性，由此导致科技法的立、改、废与其他法律相比而言，更加及时、更加频繁，其内容更加前卫。科技法这一特点，也决定了具体的科技法规范寿命较为短暂的特征。

（七）科技法具有一定程度的软法性质

软法，是指那些难以运用国家强制力保证实施的法规范。软法是相对于硬法而言的，后者是指那些能够依靠国家强制力保证实施的法规范。软法规范主要有四类形态：一是国家立法中的指导性、号召性、激励性、宣示性等非强制性规范，在中国现行法律体系中，此类规范约占1/5；二是国家机关制定的规范性文件中的法规范，它们通常属于不能运用国家强制力保证实施的非强制性规范；三是政治组织创制的各种自律规范；四是社会共同体创制的

各类自治规范。

软法研究者认为，法作为一种社会关系的调节器，应当区分各种社会关系秩序化的难易程度选择强弱有别的规范去调整，滥用国家强制力不但会浪费法治资源，还会损及法律之治的正当性。建设法治国家，特别是法治社会，要倚重软法之治，现代法治应当寻求更多协商、可以运用更少强制、能够实现更高自由。事实上，伴随着公共治理的崛起，软法与硬法正在发展成为现代法的两种基本表现形式，法正在从传统的单一的硬法结构朝着软硬并重、刚柔相济的混合法模式转变。

软法概念最先源起于国际法研究领域。在国内法领域，国家制定的被视为正式法律渊源的规范文件中，也含有不少不具有强制约束力，仅仅是宣示性、引导性、号召性的规范；同时，国家机关还会制定许多不被视为正式法律渊源且不具有强制执行力的指南、纲要、意见、准则、基准等规范文件，但这些文件确实发挥着实际的影响。

科技法律规范具有明显的政策性。由于科学技术日新月异，飞速发展，所以，科技法规范往往不能事无巨细地对科技进步事项作出具体规定。而且，即使有所规定，也必须保持足够的弹性。这不仅是来源于科技法中大量的行政法规范本身的特点，也是由科技法的软法性质所决定的。科技法的许多规范表述呈现出方向引导和鼓励，《科技进步法》第3条第1款规定："国家保障科学技术研究开发的自由，鼓励科学探索和技术创新，保护科学技术人员的合法权益。"其第6条规定："国家鼓励科学技术研究开发与高等教育、产业发展相结合，鼓励自然科学与人文社会科学交叉融合和相互促进。国家加强跨地区、跨行业和跨领域的科学技术合作，扶持民族地区、边远地区、贫困地区的科学技术进步。国家加强军用与民用科学技术计划的衔接与协调，促进军用与民用科学技术资源、技术开发需求的互通交流和技术双向转移，发展军民两用技术。"其第9条规定："国家加大财政性资金投入，并制定产业、税收、金融、政府采购等政策，鼓励、引导社会资金投入，推动全社会科学技术研究开发经费持续稳定增长。"其第34条规定："国家利用财政性资金设立基金，为企业自主创新与成果产业化贷款提供贴息、担保。政策性金融机构应当在其业务范围内对国家鼓励的企业自主创新项目给予重点支持。"等等。这里多次使用了"保障""鼓励""加强""加大""重点支持"等弹性术语。正因为如此，在一些国家或者地区，科技法又被称作科技政策法，这一称谓揭示了科技法律规范一定程度的软法性质。

第二节 科技法的渊源和体系

一、我国的科技法渊源

"法律渊源"一词在法学理论中通常有三种含义。其一是指"法律产生根据",即决定法律存在的力量。法律渊源经历了"神（上帝）的意志""君主的意志""人的理性""人民的意志"的历史发展过程。我国是人民民主专政的社会主义国家，人民是国家的主人，国家意志是人民意志的凝聚；宪法是国家的根本大法，集中地体现了人民意志，科技法以宪法为根据，实质是以人民的意志为根据。其二是指"法律的历史形态"。例如，《民法总则》（2017年3月15日通过、自2017年10月1日起施行）是《民法通则》的渊源；1993年7月颁布的《科学技术进步》是现行的《科学技术进步法》（2007年12月修订）的渊源；由全国人民代表大会常务委员会于1996年5月15日发布《促进科技成果转化法》（自1996年10月1日起施行）是现行的《促进科技成果转化法》的渊源（2015年8月29日修订）。其三是指法律规范的"认识渊源"，即法律规范载体，是法律在现实社会中人们据以认识的存在形式。如，我国刑法的渊源包括刑法典、单行刑法和附属刑法。我们这里讨论的"科技法渊源"是指科技法的认识渊源，即科技法律规范的存在形式。

对于科技法的渊源，理论界有不同认识。

有学者认为科技法规范的立法来源于❶如下规范：①宪法关于科技进步的规范。②综合性科技立法，即《科技进步法》。③专门性科技立法，包括：一是关于科技成果的立法，如知识产权法、《植物新品种保护条例》；二是《促进科技成果转化法》；三是关于农业科技进步的立法，如《农业法》《农业技术推广法》《农业机械化促进法》等；四是关于技术标准化立法；五是关于科学技术普及立法，即《科学技术普及法》；六是关于科技奖励的立法，如《国家科学技术奖励条例》《国家科学技术奖励条例实施细则》等。④附属性科技法，其他法律中直接的或者间接的科技法律规范。⑤加入的国家公约以及双边协定。

有的学者认为，科技法的渊源主要包括❷：①宪法。②科技法律，如《科技进步法》《促进科技成果转化法》《专利法》《电子签名法》等。③国务院发布的科技法规、决议和命令，如《国家科学技术奖励条例》《计算机软件保

❶ 易继明等.科技法学［M］.北京：高等教育出版社，2006；37-43.
❷ 孙玉荣.科技法学［M］.北京：北京工业大学出版社，2013；11-12.

护条例》《集成电路布图设计保护条例》等。④最高人民法院的指导性文件，即司法解释。⑤国务院各部委依据法律、行政法规所制定的规范性文件，如科技部发布的《省、部级科学技术奖励管理办法》（1999年12月发布）、《科技评估管理暂行办法》（2000年12月颁布）、《国家科学技术奖励条例实施细则》（1999年12月24日公布、2004年12月27日修改）等。⑥地方性科技法规，如《北京市技术市场条例》《北京市科学技术进步奖励办法》《海南省促进科学技术进步条例》《珠海市科学技术奖励办法》等。⑦国际条约和国际惯例。我国缔结或者参加的国际公约有《国际植物新品种保护公约》《生物多样性公约》《国际原子能机构规约》《不扩散核武器条约》《核材料实物保护公约》《核安全公约》等。国际惯例是不成文习惯法。

上述把科技法渊源划分为专门性科技法、单行的科技法和附属性的科技法，是一个不错的思路。但笔者也不完全赞同上述观点。现根据我国《立法法》（2015修正）关于法律法规的规范效力规定，对科技法渊源作如下说明❶：

（1）有关科技发展的宪法规范，是制定科技法的宪法依据，不是科技法的认识渊源。例如，我国现行《宪法》序言关于国家的任务中"逐步实现工业、农业、国防和科学技术的现代化"的规定；其第14条第1款："国家通过提高劳动者的积极性和技术水平，推广先进的科学技术，完善经济管理体制和企业经营管理制度，实行各种形式的社会主义责任制，改进劳动组织，以不断提高劳动生产率和经济效益，发展社会生产力。"其第20条："国家发展自然科学和社会科学事业，普及科学和技术知识，奖励科学研究成果和技术发明创造。"其第47条规定："中华人民共和国公民有进行科学研究、文学艺术创作和其他文化活动的自由。国家对于从事教育、科学、技术、文学、艺术和其他文化事业的公民的有益于人民的创造性工作，给以鼓励和帮助。"这些宪法规范是抽象规定，没有设置具体的权利义务。严格意义上，不宜把宪法中的上述规范作为科技法的渊源。

（2）科技基本法律。科技法律规范被集中地规定在《科学技术进步法》（2007年12月修订）中，它确立了科技法的法律目的、功能和任务，规定了法律调整科技进步的基本原则和基本制度，对科技进步问题的规制具有全面和基础性的特点，是调整科技创新问题的基本法律。其他的科技法律

---

❶　不少学者把宪法中的有关科技法的规范纳入科技法的范畴，这是不可取的，因为宪法不是部门法而是根本法，宪法规范高于科技法规范体系，而不是属于科技法体系。不过，由于宪法规范是部门法的立法根据，因此，本书在法律规范梳理时，也会援引有关的宪法规范，但这与笔者宪法规范不是部门法的渊源的观点并不矛盾。

都应该以此法的原则和内容作为立法依据而不能与其规定相抵触。

（3）单行科技法。是指针对促进科技进步问题的某一具体领域、某一方面的问题加以规制的科技法律。如《促进科技成果转化法》（2015 年修订）、《科学技术普及法》等就属于专门的科技立法。

（4）附属的科技法。是指散存于《专利法》《著作权法》《技术合同法》《计算机软件保护条例》《反不正当竞争法》《农业技术推广法》《植物新品种保护条例》《集成电路布图设计保护条例》《电子签名法》等民法、行政法、经济法、知识产权法和刑法等法律中的科技法规范。

（5）关于立法解释。我国宪法和全国人大常委会《关于加强法律解释工作的决议》第 1 条规定："凡关于法律、法令条文本身需要进一步明确界限或作补充规定的，由全国人民代表大会常务委员会进行解释或用法令加以规定。"该条规定了法律的立法解释主体是全国人大常委会。立法解释是解释主体（即全国人民代表大会常务委员会）根据立法原意，对构成法律规范的条文之含义以及所使用的概念、术语所作的说明。法律解释的目的是更准确地理解和阐释法律的内涵，以便准确地适用法律。立法解释与被解释的法律具有同等的法律效力。法律解释的内容"当然地存在于"现行的法律规范（法律条文）之中，而不是"重新赋予"法律规范（法律条文）的"新的内容"，因而立法解释不是独立的、新的法律渊源。

（6）科技行政法规。是指国务院制定的行政法规中的科技法规范。《立法法》第 65 条规定："国务院根据宪法和法律，制定行政法规。行政法规可以就下列事项作出规定：（1）为执行法律的规定需要制定行政法规的事项；（2）宪法第 89 条规定的国务院行政管理职权的事项。"

这方面的科技法渊源，如国务院发布的《中华人民共和国自然科学奖励条例》《中华人民共和国发明奖励条例》《中华人民共和国科学技术进步奖励条例》（1999 年废止）《实施〈中华人民共和国促进科技成果转化法〉若干规定》（2016 年 2 月发布）等。

（7）地方性科技法规。省、自治区、直辖市地方人民代表大会及其常务委员会，以及设区的市等地方人民代表大会及其常务委员会颁布的专门的地方性科技法规或者地方性科技法规中的科技法规范。

《立法法》第 72 条第 1 款规定："省、自治区、直辖市的人民代表大会及其常务委员会根据本行政区域的具体情况和实际需要，在不同宪法、法律、行政法规相抵触的前提下，可以制定地方性法规。"《立法法》第 72 条第 2 款规定："设区的市的人民代表大会及其常务委员会根据本市的具体情况和实际需要，在不同宪法、法律、行政法规和本省、自治区的地方性法规相抵触的前提下，可以对城乡建设与管理、环境保护、历史文化保护等方面的事项制定地方性法规，法律对设区的市制定地方性法规的事项另有规定的，从其规定。"

比较上述两款立法可知，省级人大及其常委会的地方法规制定权，比设区的市级人大及其常委会的权限要大得多。这里着重分析一下后者。

2015年3月15日，第十二届全国人民代表大会第三次会议审议通过的《全国人民代表大会关于修改〈中华人民共和国立法法〉的决定》对设区的市一级地方立法权限作了重大修改，取消了"较大的市"的表述，对地方立法主体进行扩容。由此，使得市级的地方立法权从原来的49个较大的市（包括27个省会市、18个经国务院批准享有地方法规制定权的较大的市以及4个经济特区所在地的市），扩大到所有共计284个设区的市。同时，《立法法》对地方立法权限进行一定范围的调整和限制。该法第72条第2款中规定："设区的市的人民代表大会及其常务委员会根据本市的具体情况和实际需要，在不同宪法、法律、行政法规和本省、自治区的地方性法规相抵触的前提下，可以对城乡建设与管理、环境保护、历史文化保护等方面的事项制定地方性法规，法律对设区的市制定地方性法规的事项另有规定的，从其规定。"该规定，对于普通的设区的市来说，其立法权从无到有，增加了"城乡建设与管理、环境保护、历史文化保护等"的立法权。但是，对于原先享有立法特权的较大的市而言，其立法权限范围是被缩减的：在2015年《立法法》修改之前，较大的市的立法权的范围不受限制，只要是除《立法法》第8条法律保留的事项外，都可以进行立法；而《立法法》修改之后，较大的市被并入设区的市范畴，其立法权也同时被缩减在城乡建设与管理、环境保护、历史文化保护等方面，不再享有其他方面的立法权。

除了上述省级和设区的市级两类地方性科技法，在经济特区实施的地方性法规、民族自治地方的自治条例和单行条例，也是属于地方性法规范畴。《立法法》第74条规定："经济特区所在地的省、市的人民代表大会及其常务委员会根据全国人民代表大会的授权决定，制定法规，在经济特区范围内实施。"《立法法》第75条规定："民族自治地方的人民代表大会有权依照当地民族的政治、经济和文化的特点，制定自治条例和单行条例。""自治条例和单行条例可以依照当地民族的特点，对法律和行政法规的规定作出变通规定，但不得违背法律或者行政法规的基本原则，不得对宪法和民族区域自治法的规定以及其他有关法律、行政法规专门就民族自治地方所作的规定作出变通规定。"

就实际情况而言，许多地方结合本地区的科技发展具体情况，根据上位法，都制定了适合本地、具有自己特色的地方性科技法规。如《北京市技术市场条例》（由北京市第十一届人民代表大会常务委员会第 35 次会议于 2002 年 7 月 18 日通过，自 2002 年 11 月 1 日起施行）、《海南省促进科学技术进步条例》（1999 年 11 月 26 日海南省第二届人民代表大会常务委员会第 10 次会议通过）、《青岛市促进企业技术创新条例》（2002 年 8 月 22 日，青岛市第十二届人民代表大会常务委员会第 36 次会议通过；2002 年 9 月 28 日，山东省第九届人民代表大会常务委员会第 31 次会议批准）、《青岛市科技创新促进条例》（2011 年 6 月 28 日青岛市第十四届人民代表大会常务委员会第 28 次会议通过，2011 年 7 月 29 日山东省第十一届人民代表大会常务委员会第 25 次会议批准）等。

（8）科技规章（包括国务院各部委的规章和地方政府的规章）。《立法法》第 80 条规定：“国务院各部、委员会、中国人民银行、审计署和具有行政管理职能的直属机构，可以根据法律和国务院的行政法规、决定、命令，在本部门的权限范围内，制定规章。部门规章规定的事项应当属于执行法律或者国务院的行政法规、决定、命令的事项。没有法律或者国务院的行政法规、决定、命令的依据，部门规章不得设定减损公民、法人和其他组织权利或者增加其义务的规范，不得增加本部门的权力或者减少本部门的法定职责。”《立法法》第 82 条规定：“省、自治区、直辖市和设区的市、自治州的人民政府，可以根据法律、行政法规和本省、自治区、直辖市的地方性法规，制定规章。地方政府规章可以就下列事项作出规定：（1）为执行法律、行政法规、地方性法规的规定需要制定规章的事项；（2）属于本行政区域的具体行政管理事项。设区的市、自治州的人民政府根据本条第 1 款、第 2 款制定地方政府规章，限于城乡建设与管理、环境保护、历史文化保护等方面的事项。已经制定的地方政府规章，涉及上述事项范围以外的，继续有效。除省、自治区人民政府所在地的市，经济特区所在地的市和国务院已经批准的较大的市以外，其他设区的市、自治州的人民政府开始制定规章的时间，与本省、自治区人民代表大会常务委员会确定的本市、自治州开始制定地方性法规的时间同步。”

国务院部委的科技规章，在全国范围有效。如科技部发布的《国家科学技术奖励条例》《发明奖励条例》（第二次修订）、《计算机软件保护条例》《集成电路布图设计保护条例》《科技部关于进一步鼓励和规范社会力量设立科学技术奖的指导意见》（2017 年 7 月发布）等，又如教育部发布的《高等学校预防与处理学术不端行为办法》（2016 年 6 月发布）、《高等学校科技成果转化和技术转移基地认定暂行办法》（2018 年 5 月发布）、《学位论文作假行为处理办法》（2012 年 11 月发布）等，还有科技部、财政部、发展改革委发布的《科技评估工作规定（试行）》（2016 年 12 月发布），科技部、财政部发布的《国家重点研发计划管理暂行办法》（2017 年 6 月）等。

地方性政府规章，只在一定的地域生效。例如，《北京市科学技术进步奖励办法》只在北京市有效，青岛市政府颁布的《青岛市科学技术进步奖励办法》只在青岛市有效，《珠海市科学技术奖励办法》只在珠海市有效。

二、关于有关科技法的司法解释、行政解释、科技政策和国际条约（国际惯例）的性质

科技法的司法解释、行政解释、中国共产党和国家的科技政策，以及国际条约（国际惯例），它们是否为法律渊源，这是一个法学理论的共性问题，对于各个部门法学又有各自的特点，故有必要展开论述。

不少学者不加区分地把它们列入法的渊源范畴，这是不正确的。

（一）关于司法解释和行政解释

全国人大常委会《关于加强法律解释工作的决议》第 2 条规定："凡属于法院审判工作中具体应用法律、法令的问题，由最高人民法院进行解释。凡属于检察院检察工作中具体应用法律、法令的问题，由最高人民检察院进行解释。最高人民法院和最高人民检察院的解释如果有原则性的分歧，报请全国人民代表大会常务委员会解释或决定。"其第 3 条规定："不属于审判和检察工作中的其他法律、法令具体应用的问题，由国务院及主管部门进行解释。"由此，在我国，有权作出司法解释的机关，只能是最高人民法院和最高人民检察院，而且"两高"也只能就审判或检察工作中如何具体应用法律的问题作出解释。除了司法解释，由于科技行政法法律规范大量存在，加上科技法的政策性、原则性较强，所以，行政解释对科技法的适用是非常重要、不可或缺的。司法解释和行政解释与法律解释一样，是现行的法律规范"所自有"的内容，是解释主体按照解释规则从法律条文中努力发掘出来的内容，因而同样不是独立的、新的法律渊源。

（二）中国共产党和国家的科技政策

改革开放初期，由于科技事业的突飞猛进、快速发展，加之立法的滞后性，因此出现了法律空白现象。那时，中国共产党和国家的科技政策也就成为规范科技活动的依据，从而起到了规范科技活动的作用。之后，由于法律制度的不断完备，无论党的政策还是国家的政策，对科技活动的调节作用和领域都被压缩。从实质而言，政策毕竟是政策，而不是法律，政策往往因为概括和抽象而很难据以产生明晰的权利义务。

不过，党的十九大报告对十八大以来5年党的制度建设的总结，提出了"党的建设制度改革深入推进，党内法规制度体系不断完善"的新提法。法学界成立了多层次"党内法规与法律研究机构"，旨在把二者之间的隔膜打通。笔者认为：第一，党内法规是约束党员的，其中就包括身份为科技工作者和科技管理人员的中共党员，而对于非党人士没有约束力，这个原则不能突破；第二，由于中国共产党是执政党，党内法规，包括党的政策，能够以一定的程序上升为国家政策或者法律，所以，及时地将党的政策转化为国家政策或者及时立法，就能够消除二者的矛盾。一旦党的政策上升为国家政策之后，国家政策对法律的制定和法律实施具有指导作用；一旦党的政策通过立法程序转化成法律之后，国民便有一体遵守法律的义务。

（三）关于我国缔结或者加入的国际条约以及国际惯例

迄今，关于条约在中国的适用问题，我国还没有在《宪法》或者《立法法》作出统一的规定，而是散见于一些部门法、行政法规、司法解释和外交声明之中。概括起来，我国主要采用以下两种方式来适用国际条约。①直接纳入国内法体系使之产生约束力。即直接宣布国际条约在国内具有约束力，法院可以直接适用国际条约（除声明保留条款外）。如曾经的《民法通则》第142条❶、现行的《民事诉讼法》第260条❷和现行的《商标法》第17条❸

---

❶　《民法总则》没有保留《民法通则》第142条第2款适用国际条约的规定和第3款适用国际惯例的规定的内容："中华人民共和国缔结或者参加的国际条约同中华人民共和国的民事法律有不同规定的，适用国际条约的规定，但中华人民共和国声明保留的条款除外。中华人民共和国法律和中华人民共和国缔结或者参加的国际条约没有规定的，可以适用国际惯例。"按照第2款规定，我国缔结或者参加的国际条约，除声明保留的条款之外，是我国现行法之一部。其适用规则是：如国际条约的规定与民事法律的规定不同，则应适用该国际条约的规定；如国际条约的规定与民事法律的规定相同，则应适用民事法律的规定。按照第3款规定，如果我国现行法律和我国缔结或者参加的国际条约都没有规定，可以适用有关国际惯例。现行《民法典》删除了《民法通则》的"涉外民事关系法律适用编"。因为《涉外民事关系法律适用法》的调整范围、立法目标、具体规则等方面与《民法典》存在较大差异，所以，《民法典》不宜设立"涉外民事关系法律适用编"，涉外民事关系法律适用的问题由《中华人民共和国涉外民事关系法律适用法》调整。

❷　2012年8月31日颁布的《民事诉讼法》第260条规定，中华人民共和国缔结或者参加的国际条约同本法有不同规定的，适用该国际条约的规定，但中华人民共和国声明保留的条款除外。

❸　2013年8月30日第十二届全国人民代表大会常务委员会第四次会议《关于修改〈中华人民共和国商标法〉的决定》第三次修正的现行《商标法》第17条规定："外国人或者外国企业在中国申请商标注册的，应当按其所属国和中华人民共和国签订的协议或者共同参加的国际条约办理，或者按对等原则办理。"

等。除了法律明确规定直接适用国际条约，我国的一些行政法规、行政规章、司法解释等中也有这样的规定。如 1990 年国务院发布的《海上国际集装箱运输管理规定》第 12 条❶。在直接采纳的情况下，国际条约直接在国内具有约束力；而且，一旦出现国际条约与国内法发生冲突的情形，国际条约优于国内法。②转化。为了履行我国已加入的国际条约，要求依据国际条约的规定制定相应的国内法，以便将有关的条约内容"转化"为国内法而对国民产生约束力。如，根据《联合国海洋法公约》关于领海、毗连区的具体规定，我国制定了《领海及毗连区法》；根据《维也纳外交关系公约》和《维也纳领事关系公约》，制定了我国的《外交特权与豁免条例》和《领事特权与豁免条例》。根据 1990 年《缔结条约程序法》的规定，凡是缔结与我国国内法有不同规定的条约，必须经全国人大常委会决定和批准。在这种情况下，或者对条约的特定内容作出保留，或者对有关国内法中与有关条约内容不一致的部分作出修改或补充。这种修改或补充，是将条约内容转化为国内法的重要方式。

鉴于国际条约的缔结往往是多方力量博弈的结果，其条文表述比较具有原则性，所以，国际条约要真正地在现实生活中贯彻，通常需要转化为国内立法，这样才能对国民产生约束力并在国内适用。但是，在例外的情况下也才可以直接适用。这一结论，既有立法依据（如前述"直接纳入"的立法例），又有实践根据。例如，在我国的司法实践中，改革开放之初也曾经出现过直接适用的案例，当国内民商法还没有来得及依照国际条约的要求修改、补充时，加上有关国际条约具有可操作性，司法判决就直接引用了国际条约的有关内容作为判案依据——这种情况下，有一个前提即国际条约的条文内容具体，权利义务明确，可供法律适用。

国际惯例是在国家交往中逐渐形成的一些习惯做法和先例，是国际法的渊源之一。例如，《国际法院规约》第 38 条第 1 款第（2）项明确确立了国际习惯的法律规范地位："国际习惯，作为通例之证明而经接受为法律者。"在国际实践中反复使用形成的，具有固定内容的习惯做法或常例，具有国际法的地位和效力。我国是成文法国家，所以，国际惯例只是在没有国际条约相应规定的前提下对国际科技活动进行调整的补充性规范。

最后还需说明的是，由于历史的原因我国实行"一国两制"，香港、澳门特别行政区的科技法律法规也是中华人民共和国科技法的渊源。我国台湾地

---

❶ 《海上国际集装箱运输管理规定》第 12 条规定："用于海上国际集装箱运输的集装箱，应当符合国际集装箱标准化组织规定的技术标准和有关国际集装箱公约的规定。"

区的科技法律法规也应该纳入我国科技法的渊源体系。

三、我国的科技法体系

(一) 法律体系建构 (划分) 标准的多元性

按照系统论，体系是由若干元素按照一定的结构排列组合而成的有机统一整体。这里有三大要点：一是体系的建构离不开若干元素，一个元素不能组成体系；二是这些元素需要按一定的标准来排列组合；三是体系在组合性的基础上更加强调整体性。构建体系的目的是让体系具有特定的功能，所以，体系的元素选择和排列方式的选择，取决于我们构建该体系的目的；体系的整体性要求对其子项划分的逻辑周延性，即体系在外延上追求完全性。

一般而言，法律体系是指由一国现行的全部法律规范按照不同的法律部门分类组合而形成的一个互相协调一致的有机联系的统一整体。这个意义上，法律体系也即部门法体系。部门法，又称法律部门，是立法者根据一定标准、原则所制定的同类规范的总称。既然体系的组成要素的选择、划分和排列方式取决于我们选择的分类标准（其中就注入了建构体系者的主观意志），对事物的分类标准不是唯一而是多元的，那么，体系的划分和建构就不是只有一个思路，其划分或者建构的结果就不是一个结论。

复杂的系统可以划分为若干子系统，子系统还可以继续再分为更细小的系统。科技法体系属于我国的法律体系的一个子系统。我们可以按照自己的价值取向，选择不同的价值标准来构建不同的科技法体系。除了前述按照科技法的渊源（即按照科技法律法规的效力层次标准），当然还可以按照科技创新过程的诸个环节或者其他标准来建构科技法体系。

有学者认为，应该首先区分科技法的立法体系与科技法作为一个部门法的法律体系。科技法的立法体系是指科技法有哪些法律、法规等立法生成的规范性法律文件系统，它表明的是科技法渊源的存在形式，即科技法的渊源体系；科技法法律体系是指部门法体系，即科技法作为一个部门法主要有哪些法律规范（而不是法律条文或规范性法律文件）构成，它是按照科技法的内容对科技法规范所作的分类。笔者认为，科技法的立法体系和科技法的法律体系是既密切联系又相互区别的两个概念。区分科技法的立法体系与科技法的法律体系是必要的、合理的。长期以来，人们不注意二者的区别，一般是将法律渊源与法律体系较为紧密地联系在一起，而法律渊源在此场合就是指法律的认识渊源，也即法律在现实社会中的存在形式。但是，科技法的立法体系和科技法的法律体系二者并不能简单地等同。首先，即使是专门的科技法规范性文件，其内容也并非全部是科技法规范。其次，科技法的立法体系是按照科技法的渊源建构的体系，在一个国家的某一时期具有固定性；科技法的法律体系是把我国现行的、所有的科技法律规范作为一个体系。由此可见，科技法的立法体系（科技法的渊源体系）是最重要的科技法法律体系的一种构建方案；科技法的法律体系却不限于科技法的立法体系（科技法的渊源体系）这种体系方案。

（二）对学界关于科技法规范的分类的评述

鉴于科技法是法律规范的集合，所以，理论上可以按照不同的标准对科技法律规范加以分类研究。按照学说产生的时间顺序，将国内学者对科技法规范分类的见解梳理，并加以简评：

（1）有的学者按科技法律规范所隶属的传统法律部门，将科技法划分为民法中的科技法律规范、行政法中的科技法律规范、知识产权法中的科技法律规范，以及科技刑法规范等子系统。❶ 这一分类容易让我们理解科技法与传统法律部门的交叉关系，但不利于突出科技法作为一个部门法的整体特殊性质（特点）。

（2）有学者认为，按照法律效力的顺序划分，我国科技法体系应该包括以下内容：①《宪法》中有关科学技术的规范；②科学技术基本法；③科学技术基本法以外的科学技术法规范；④国务院制定发布的科学技术行政法规；⑤各级地方人大制定的地方性科技法规和政府各部委制定的规章；⑥其他有关的技术标准和安全标准等。❷ 这是从法律渊源（效力层次）上对科技法律规范的分类，有助于理解科技法的效力位阶，但是不利于对科技研发进程某一环节法律制度的集成和把握。再说，宪法规范能否降格为部门法的法律规范的范畴还值得推敲（因为宪法规范是部门法的立法根据）。

（3）有的学者根据科技活动进程［包括科研决策、科研条件的准备（物资、资金、仪器）、主体实施、过程管理、科研成果归属、科研成果转移，甚至包括科技成果的国际流动、科研成果的转化和收益分配、科技争议的解决等环节］把科技法规范加以分类。该学者认为，国家为开拓社会生产力和合理利用自然，在推动、组织与制导科技研究开发及其成果应用过程中，其活动规律是：第一，作出发展科学技术的基本决策并予以法制化；第二，要解

---

❶ 王家福. 为科技法学的繁荣而奋斗［J］. 科技法学（现更名为科技与法律），1989（1）：6

❷ 马治国. 中国科技法律问题研究［M］. 西安：陕西人民出版社，2001：8.

决科技研究开发条件；第三，要组织好科技研究开发主体；第四，要对科研开发过程中共性的管理问题予以规范；第五，要规范科技研究开发成果的一般性管理与奖励问题；第六，要规范科技成果的权益问题；第七，要规范科技成果的转移（交易）问题；第八，要规范国际科技合作与交流问题。科技法的体系结构，即是由这八个方面的法律规范分类组合成若干具体的法律制度所构成。❶ 这种分类有利于对科技研发进程某一环节的法律规范进行全面把握。

（4）有的学者主张按照科技活动纵横联系，把科技法规范划分为调整科研纵向关系的科技法规范和调整科研横向关系的科技法规范。调整科研纵向关系的科技法规范，即科技行政法律规范。科研横向关系的科技法规范，需要着重讨论。他们认为在宪法的统领下，我国科技立法体系在横向上可以分为几个方面：①综合性科技方面的立法（科技进步基本法律制度）；②研究开发方面的立法（科技研发法律制度）；③科技成果方面的立法（科技成果法律制度）；④技术市场与技术贸易方面的立法（技术市场法律制度）；⑤条件保障与激励方面的立法（研发条件保障和奖励法律制度）；⑥高新技术及产业发展方面的立法（高技术法律制度）；⑦国际科技交流与合作方面的立法（国际科技合作法律制度）；⑧科技领域纠纷解决法律制度。❷

从纵向和横向两个维度来对科技法律规范进行分类是很好的思路，也是十分必要的。但是，论者对此种分类的具体内容有混淆横向与纵向科技法规范的情况。例如，综合性科技方面的立法（科技进步基本法律制度），就包括了纵向的科技基本制度和横向的科技基本制度。

（5）有学者主张，科技法体系应包括基础性科技法和高新技术法两大方面❸。①基础性科技法包括：第一，科技进步的宪法规范；第二，科技基本法；第三，科技主体法律制度，包括科技组织和科技人员法律制度；第四，科技财产法律制度，包括科技经费法、科技物资法、科技财税法等；第五，科技管理法律制度，它指的是狭义上的科技管理，包括计划管理法、科技档案法、科技保密法、科技监督法等；第六，科技标准法律制度，包括标准化法、计量法等；第七，科技成果法律制度科技成果等级、奖励、推广、专利技术和技术秘密的保护等；第八，科学技术转移法律制度，包括促进科技成果转化法、技术合同法、技术市场管理法等；第九，科技教育法律制度，包

---

❶　曹昌祯.中国科技法学［M］.上海：复旦大学出版社，1999：13.

❷　罗玉中.科技法学［M］.武汉：华中科技大学出版社，2005：43.

❸　孙玉荣.科技法学［M］.北京：北京工业大学出版社，2013：10.

括科技普及法等；第十，国际科技合作与科技贸易法律制度；第十一，科技
争议的法律解决机制。②高新技术法具体应包括信息技术法、生物技术法、
新能源与可再生能源法律制度、空间技术法、海洋技术法、新材料技术法、
高科技园区与风险投资法律制度、高新技术产业知识产权法等。

把科技法体系分为基础性科技法和高新技术法两大方面值得肯定，因为
基础性科技法与高新技术法有许多不同之处。但存在的问题如下：一是科技
进步的宪法规范能否归属于科技法规范是一个疑问；二是国际科技合作与科
技贸易法律规范，与国内科技法规范能否直接等同，也不无疑问（这涉及国
际法与国内法的关系问题）。

（6）有学者把科技法律体系划分为：①科技政策法，包括尊重与保障人
权的政策、促进科技进步的政策、保障国家科技安全的政策；②科学研究法，
包括科学研究人员法律制度、科学研究机构法律制度、科学研究基金法律制
度、科学技术奖励法律制度；③知识产权法，包括专利法律制度、商业秘密
法律制度、著作权法律制度、商标法律制度等；④科技贸易法，包括技术合
同法律制度、电子商务法律制度、科技财税与投资法律制度、产业技术法律
制度。❶

以上梳理表明，我国学者对科技法规范体系的构建还处于一个仁者见仁
智者见智、百家争鸣的现状。按照多个标准对科技法规范划分所构建的体系
是允许的，有助于百花齐放局面的形成。不过，无论依据什么标准构建何种
科技法体系，一定要符合法律逻辑的考量，服务于一定的体系构建之目的。

（三）笔者关于科技法规范分类的见解

（1）科技法的渊源是科技法律体系之主要的认识路径之一，按照科技法
渊源构建科技法律体系是最为常见的一种方式。具体内容在前面的科技法律
规范渊源部分已有详述。

（2）按照科技法规范的地位和功能，可以把科技法规范分为关于科技法
原理的法律规范和关于科技法基本制度的法律规范。关于科技法原理的法律
规范包括规定科技法律目的、任务、基本原则等规范。关于科技法基本制度
的法律规范包括调整纵向科技关系的科技法律规范和调整横向科技关系的科
技法律规范。其中，调整纵向科技关系的科技法律规范主要包括科技创新制
度、研究开发机构和科技人员的管理制度、研究开发项目管理制度、科技投

---

❶ 易继明等. 科技法学 ［M］. 北京：高等教育出版社，2006：47.

入法律制度、科研信息情报管理制度、计量和标准化法律制度、科技成果权属制度、科技成果的评价制度、促进科学技术成果转化法律制度、科技成果的知识产权保护制度、科技奖励法律制度、技术市场管理制度、国内技术合同法律制度（开发、转让、咨询与服务）、国际技术贸易法律制度、国际技术合作法律制度等。调整横向科技关系的科技法律规范则主要指企业科技进步法律制度、农业科技进步法律制度、高新技术法律制度、信息技术法律制度、生物技术法律制度、新能源与可再生能源法律制度、海洋技术法律制度、航空航天技术和纳米技术立法、人工智能法律制度等。

对科技法原理与纵向的科技法律制度的分析，形成《科技法总论》；对横向的科技法律制度的分析，形成《科技法分论》。

第二章
科技法的基本原理

第一节 科技法的指导思想、立法目的和任务

一、法律指导思想、立法目的和任务的一般理论

（一）法律指导思想、立法目的和任务的概念

这里的指导思想，是指在做某项实践活动时，人脑中占有压倒性优势的想法，人们进行此项活动时将依照此想法去进行。立法指导思想是指立法主体据以进行立法活动的重要理论根据，是为立法活动指明方向的理性认识，属于政治策略范畴。统治阶级以一定的思想指导立法，目的在于有效地通过立法活动形成阶级的意志并上升为法律，成为国家意志，取得人人必须遵守的形态，从而更好地以立法来维护自己的利益。它反映立法主体根据什么宗旨、理论进行立法和立什么样的法。立法指导思想直接制约着立法目的、法律任务和基本原则。

立法根据，即立法活动的前提或基础。在法治时代，部门法的立法根据包括宪法根据和实践根据。"宪法是国家的根本法，是治国安邦的总章程，是党和人民意志的集中体现。"宪法是根本法，各部门法的立法必须以宪法为根据，不能同宪法相抵触；宪法的内容在于规定国家的根本制度（国体、政体、公民的基本权利和义务等），是国家的总章程，所以，宪法的规定具有原则性、纲领性，一般无具体奖励或者惩罚性，故严格意义上说，"宪法不是法"，在笔者看来，宪法是国家政治与法律的接口。实践根据即立法时国家的政治、经济、文化、地理、历史等社会条件。经济基础决定上层建筑和生产关系与生产力的统一构成了一定社会的物质生产方式，这是立法的社会现实基础，即实践根据的主要内容。立法要适应社会的需要，这符合唯物主义原理。格

言"一部法律永远是那个时代的法律"讲的就是这个意思。脱离实践所制定的法，要么超前，要么滞后，都不能很好地发挥规范社会的功能。

制定法律的目的是立法者创制法律所要达到的理想状态，其包括立法目的、执法目的和司法目的等方面的内容。其中，立法目的起着决定作用，它决定着执法目的和司法目的。立法是由特定的主体依据一定的职权和程序，运用一定的技术，制定、认可和变动法这种特定社会规范的活动。这一过程包括的程序有提出法案、审议法案、表决通过法案、公布法律。立法是创制法律之有意识的有目的的活动，自古以来，立法目的都是立法活动之始就首先被确定的。古代就有"王者制事立法"（司马迁《史记·律书》）、"圣人制礼作教，立法设刑"（东汉班固《汉书·刑法志》）的记载。就今天而言，我国的法案起草过程可以分为十个步骤：①社会现实出现了一类情况，于是产生立法的需求，立法者作出法案起草的决策；②确定起草机关；③组织起草班子；④明确立法意图；⑤进行调查研究；⑥拟出法案提纲；⑦正式起草法案；⑧征求意见和协调论证；⑨反复审查和修改；⑩正式形成法案正式稿。❶在这一过程中，立法目的就已确定。

成文法，特别是现代成文法，就其内容和结构安排来说，通常包括总则、分则和附则三个部分。其中，总则是对法具有统领地位，在法的结构中与分则、附则等相应的法律条文的总称。总则是关于整个法律的纲领和事关全局的内容的总称。总则的内容主要包括立法目的、立法根据、法的原则、法律制度（基本制度和具体制度）、法的效力、法的适用。任何法律都有立法目的。目的的条文一般应该放在法的正文第 1 条，采用"为了……，制定本法"的格式来写。

法律的任务是为实行法律的目的而要克服一系列障碍。法律任务的条文表述一般情况下是与立法目的合在一起用一个条文来表述的。如《科学技术进步法》第 1 条规定："为了促进科学技术进步，发挥科学技术第一生产力的作用，促进科学技术成果向现实生产力转化，推动科学技术为经济建设和社会发展服务，根据宪法，制定本法。"又如《促进科技成果转化法》第 1 条规定："为了促进科技成果转化为现实生产力，规范科技成果转化活动，加速科学技术进步，推动经济建设和社会发展，制定本法。"

（二）法律指导思想、立法目的和任务的联系

立法目的是一部法的心脏，集中凝结着立法的指导思想，决定着法律的

---

❶ 周旺生．立法学（第二版）［M］．北京：法律出版社，2018：310-324.

任务设置，决定着法律基本原则的确定。

法律的指导思想、立法目的和任务是密切相关联的：立法指导思想是关于立法的观念化、抽象化、系统化的理性认识；立法基本原则是规范化、具体化的立法指导思想。立法指导思想通过立法目的、基本原则等来体现和具体化，立法基本原则须根据立法指导思想、立法目的来确定。立法指导思想、立法目的二者"构成一定的立法内在精神品格的主体框架"。

如果说法律的指导思想、法律目的是形而上，那么，法律任务则属于形而下，是本和用的关系。法律的任务是为实现法律的目的而要克服一系列障碍，故其直接根源于法律目的，受制于法律目的。

可见，法律的指导思想、立法目的和任务是既相互区别又密切联系的三个概念。

二、科技法的指导思想、立法目的和任务

(一) 科技法的指导思想

马列主义毛泽东思想、邓小平理论、"三个代表"、科学发展观、习近平新时代中国特色社会主义思想，是指导我们事业的政治理论基础，也是我们科技法的总的指导思想。不过，在当今社会条件下，我国科技法的"理论基础""总的指导思想"则具体化为"科教兴国战略"和"可持续发展战略"。所以，我们的科技法治必须贯彻坚持科学发展观，实施科教兴国战略和可持续发展战略。

"科学技术是生产力"是马克思主义的基本原理。马克思曾指出："生产力中也包括科学……社会劳动生产力，首先是科学的力量"。1988年9月，邓小平同志根据当代科学技术发展的趋势和现状，在全国科学大会上提出了"科学技术是第一生产力"的论断。"科教兴国"指全面落实邓小平同志关于科学技术是第一生产力的思想，坚持教育为本，把科技和教育摆在经济、社会发展的重要位置，增强国家的科技实力及向现实生产力转化的能力，提高全民族的科技文化素质，把经济建设转移到依靠科技进步和提高劳动者素质的轨道上来，加速实现国家的繁荣强盛。

1995年5月6日颁布的《中共中央国务院关于加速科学技术进步的决定》首次提出在全国实施科教兴国的战略。1996年八届全国人大四次会议正式提出了国民经济和社会发展"九五"计划和2010年远景目标，"科教兴国"成为我们的基本国策。

党的十六届三中全会进一步提出了坚持以人为本，树立全面、协调、可持续的发展观，促进经济社会和人的全面发展，提出了统筹城乡发展、统筹区域发展、统筹经济社会发展、统筹人与自然和谐发展、统筹国内发展和对外开放的要求，提出了人才强国的战略。这是我们党准确把握世界政治经济发展形势，总结改革开放二十多年经验形成的战略指导方针，是解决当前经济社会发展中诸多矛盾必须遵循的基本原则，是我国现代化建设必须长期坚持的重要指导思想，也为我国科技事业发展指明了方向。

习近平总书记提出了新时代中国特色社会主义理论中的创新驱动发展战略。2012年年底召开的十八大明确提出："科技创新是提高社会生产力和综合国力的战略支撑，必须摆在国家发展全局的核心位置。"强调要坚持走中国特色自主创新道路、实施创新驱动发展战略。这是我们党放眼世界、立足全局、面向未来作出的重大决策。由此，要以全球视野谋划和推动自主创新，着力增强创新驱动发展新动力，加快形成经济发展新模式，推动经济社会科学发展、率先发展。

我们要紧紧抓住发展这个第一要务，坚持科学发展观，更加注重统筹兼顾，更加注重以人为本，着力解决关系人民群众切身利益的突出问题，推动经济社会全面、协调、可持续发展。我们必须依靠科技进步，促进经济结构调整，拓展发展空间，提高国家综合实力，保持经济社会全面协调发展；必须依靠科技进步，大幅度降低资源消耗，改善环境，提高资源利用效率，建立资源节约型和环境友好型社会；必须依靠科技进步，提高全社会科技文化素质，使科技进步真正惠及广大人民群众。

有学者把习近平新时代中国特色社会主义思想中关于科技创新思想包括的科技创新的地位、道路、动力、关键等内容概括为八个方面。①把科技创新摆在国家发展全局的核心位置。这是习近平科技创新思想的核心观点，科技创新是提高社会生产力和综合国力的战略支撑，必须摆在国家发展全局的核心位置。②坚定不移走中国特色自主创新道路。这是习近平科技创新思想的根本观点，也是学习领会与贯彻落实习近平科技创新思想、推进全面创新发展必须满足的根本要求。③推动科技创新与经济社会发展紧密结合。这是习近平科技创新思想的着力点，也是学习领会与贯彻落实习近平科技创新思想、推进全面创新发展必须遵循的最优路径。④以改革释放创新活力。这是习近平科技创新思想的动力要点，必须深化体制机制改革，进一步增强创新活力，充分调动各方面积极性，使全社会的创造能量充分释放，创新活动蓬勃开展。⑤把人才资源开发放在科技创新最优先的位置。这是习近平科技创新思想的关键点，也是学习领会与贯彻落实习近平科技创新思想、推进全面创新发展必须珍视的第一资源。⑥绿色科技。绿水青山就是金山银山，是习近平科技创新思想的立足点，也是学习领会与贯彻落实习近平科技创新思想、推进全面创新发展必须追求的最高境界。唯有始终把科技创新纳入服务绿色发展、支撑绿色发展的生态文明建设轨道中，科技创新才能既为经济社会发展创造更大的综合效益，又为自身的进步繁荣创造可持续发展的生存环境。⑦以全球视野谋划和推动科技创新。这是习近平科技创新思想的宽广视野。我们既要把科技创新的自主权牢牢抓在自己手里，赢得主动、赢得竞争、赢得未来，又要积极主动整合和利用好全球创新资源，深化国际交流合作，实现科技创新的互利共赢。⑧让科技为人类造福。这是习近平科技创新思想的落脚点，也是以人民为中心的新发展观的充分体现。❶

综上所述，科技进步必须以人为本，生产力的竞争逐步演变为科技实力的竞争，科技实力的竞争最终体现为人才的竞争。因此，贯彻科教兴国的战略，就是以人为本。总之，以人为本的科学发展观应当是我们科技法治必须贯彻的指导思想和重要策略。

（二）科技法的立法目的

《科技进步法》第 1 条规定："为了促进科学技术进步，在社会主义现代化建设中优先发展科学技术，发挥科学技术第一生产力的作用，推动科学技术为经济建设服务，根据宪法，制定本法。"《促进科技成果转化法》第 1 条规定："为了促进科技成果转化为现实生产力，规范科技成果转化活动，加速科学技术进步，推动经济建设和社会发展，制定本法。"其他专门的科技法律法规都直接或间接地重申了"促进社会科技进步"这一科技法目的。

我国科技法理论界还没有对科技法的目的展开全方位的研讨。笔者的观点是：

（1）根据《科技进步法》第 1 条规定，基于笔者的前鉴，从立法学和法律学的视角看，科技法的立法目的应该突出强调。

（2）科技法不仅有立法目的，而且科技法的立法目的具有层次性。首先，科技法的总的立法目的是"兴科技之利，除误用、滥用科技之弊"。首先，促进科技进步，同时防止和制裁科技的误用、滥用。其次，中观层次而言，科技法的立法目的是建设创新型国家，使我国立于世界科技强国之林。我国已

---

❶ 周国辉. 科技创新思想的八个维度［N］. 学习时报，2016-10-27.

经确立了到 2020 年建成创新型国家的目标。最后，微观层次而言，每一部科技法律法规，每一个法律条文，无非是上述"科技法总的目的"和"科技法中观的目的"的重申或者细化。这里仅对总目的展开论证。

（3）《科技进步法》第 1 条正面强调了科技法在促进科学技术第一生产力作用的发挥，推动科学技术为经济建设服务的积极作用，这是很必要的。但是我们不能够忘记另一方面：防范、禁止科技成果的误用、滥用，同样是科技法的立法目的。例如，核技术在用于发电、造福人类的同时，曾被制成原子弹投放到日本广岛和长崎；娴熟的电脑技术成为某些高科技犯罪的手段；尖端的激光技术和生物技术也曾经被用来制造激光武器和生化武器使用；违法犯罪分子利用高科技手段制造假币、伪劣产品危害社会的现象更是司空见惯；科技成果的剽窃、假冒等科技侵权现象也很严重；特别是近几十年随着科技进步，环境污染、自然资源的过度开发问题已经影响到我们的生活，并且日益加剧。凡此种种危害社会的行为，仅靠其他社会规范（如道德、团体章程、村规民约等）的调整并不足以有效制止或者消除，而不得不借助于科技法予以引导、防止或者对违法违规者严加制裁。

（三）科技法的任务

我国科技法理论界同样没有对科技法的任务展开深入的研讨。有学者指出，我国科技法的基本任务应包括四个方面内容：确定科技进步在国家建设中的战略地位；保障科技人员的特定权益；规定科技宏观管理体制和政府责任；促进科技成果产业化。❶

任务直接承继着立法目的，并受制于立法目的。《科技进步法》第 1 条关于该法立法目的的规定为我们确定科技法的任务提供了依据。同时，该法第 2 条规定："国家坚持科学发展观，实施科教兴国战略，实行自主创新、重点跨越、支撑发展、引领未来的科学技术工作指导方针，构建国家创新体系，建设创新型国家。"基于此，并考虑到与科技法的不同层次的立法目的相适应，科技法的任务也有宏观、中观与微观之分。所以，总体上，科技法的任务是为保证科技进步克服一切障碍，调动一切有利于科技创新的因素，全方位促进科学技术进步，尽力为科技创新营造良好的法治环境，通过确立科技创新在国家战略中的地位、选择优先发展的科技领域，以法律的形式奖励科技创新成果，规定科技投入体制以解决科技经费问题，充分发挥科学技术促进社会经济、政治、文化、教育等全方位的第一生产力的作用，促进科学技术成果尽快向现实生产力转化，推动科学技术为经济建设和社会发展服务；惩治违反科技法的各种行为，为我国科技创新保驾护航等。在现阶段尤其要着重实行自主创新，在关键领域和基础部门做到重点跨越，有相应的原始创新和自主创新，彻底改变我国在关键技术上受制于人的局面；切实以科技创新来驱动和支撑社会发展，早日把我国建成创新型国家，逐步实现中华民族伟大复兴的中国梦。中观和微观层面的任务，是对总任务的分解和具体落实，限于篇幅，不作详述。

第二节　科技法的功能和价值

一、科技法的功能

（一）法的功能的一般理论

法律的功能，也即法律的机能❶，是指为实现立法目的，完成法律任务，由法律的性质所决定的、法律所固有的、内在的、可能的做功活力。法的功能即法的做功能力或者效能，是指法内在所具有的，对社会有益的功用和效能。它具有内在性、应然性、有益性的特点。法律功能有别于法律作用。法律作用是法在社会中所产生的各种影响的总称。它具有外在性、实然性、正负混合性（法律作用包括积极作用和消极作用两个方面）。

法的功能就其外延而言，包括法的规范功能和法的社会功能。前者可以再分为法律的指引功能、评价功能、教育功能、预测功能和强制功能，后者可再分为法的经济功能、政治功能、文化功能等。

（二）科技法的功能

科技法具有法律的共性，它也具有法的规范功能和法的社会功能。前者包括科技法的指引功能、评价功能、教育功能、预测功能、强制功能，后者包括科技法的经济功能、政治功能、文化功能等。

---

❶ "机能"现代汉语的注释是"细胞组织或者器官等的作用和活动能力"。"功能"现代汉语的注释是"事物或方法所发挥的有利作用；效能。"比较二者，我们认为，"机能"更加强调整体观念，注重系统性考量。不过，法学界对"功能"一词的使用较早、较为普遍，故这里也使用"功能"的提法。

1. 指引功能

法的指引功能是指法所具有的，能够为人们的行为提供一个既定行为模式，从而引导人们在法所允许的范围内从事社会活动的功能。科技法的指引功能是指科技法所具有的，能够为人们的科技活动提供一个既定行为模式，从而引导人们在法所允许的范围内从事科技活动的功能。例如，人们可以根据科技法所鼓励的研究领域及鼓励的力度，选择研究项目；可以根据科技法关于知识产权的规定，不去实施侵权行为；可以根据国家发明的授予范围去申请专利权等。

2. 评价功能

法的评价功能是指法所具有的，能够衡量、评价人的行为的法律意义的功能。科技法的评价功能是指科技法所具有的，能够衡量、评价人与科技相关行为的法律意义的功能。例如，可以根据科技法鼓励或者禁止哪些研究领域和项目，评价某人正在进行的研究项目将来受到法律的鼓励还是禁止；可以根据科技法关于知识产权的规定，评价一个不经权利人许可又无法律根据而擅自实施他人专利的行为为"侵权行为"（其结局是将要承担法律责任）；可以根据有关科技法律规定，评价一个正在从事计算机病毒制造的人将会受到法律的制裁；等等。

3. 教育功能

法的教育功能是指法所具有的，通过其规定和实施，影响人们的思想，培养和提高人们的法律意识，引导人们依法行为的功能。科技法的教育功能是指科技法所具有的，通过其具体的权利义务之规定和实施，影响人们的思想，培养和提高人们的科技法律意识的功能。例如，人们可以根据科技法的规定获知科技法律的价值取向，不去实施计算机病毒制造行为，不去侵犯他人的知识产权；人们看到某人不经权利人许可，又无法律根据而擅自实施他人专利的行为人接受审判并承担了法律责任，于是自己不去实施类似行为；一个从事计算机病毒制造的人，以身试法，受到法律的制裁，由于感受到了法律制裁的痛苦，故今后就不再制造计算机病毒；等等。

4. 预测功能

法的预测功能是指法所具有的，人们可以根据法律对某些行为的肯定或者否定的评价及其必然导致的法律后果，事前预先地估计到自己的行为将会产生怎样的法律后果，从而决定行为取舍，选定行为方向的一种功能。科技法的预测功能是指科技法所具有的，人们可以根据科技法对某些与科技有关的行为的肯定或者否定的评价及其必然导致的法律后果，预先地估计到自己行为的法律后果，从而决定自己的行为取舍和行为方向的一种功能。例如，人们可以根据科技法鼓励那些研究领域并根据鼓励的力度，预测到我们选某项科技研究项目，一旦成功，就会获得什么样的奖励；可以根据科技法关于禁止侵犯商标权规定，预测一旦实施商标侵权行为，轻则会受到民事制裁和行政制裁，重则可能构成相应犯罪而受到刑罚的惩罚；等等。

5. 法的强制功能

法的强制功能是指法所具有的，依靠国家力量保障权利人之权利，强制义务人必须履行其义务的功能。科技法的强制功能是指科技法所具有的，依靠国家力量保障权利人之科技权利，强制义务人必须履行其科技义务的功能。例如，某人进行科技研究获得成功并申请了专利，于是他获得了专利权。据此，他作为权利人就依法享有一定的排他性的权利：表明他是该专利发明人的权利、实施该专利权、许可他人实施其专利并获得报酬权、转让该专利权等。其他人就有义务不去侵犯该专利权，假如有人侵犯该专利权，轻则会受到民事制裁和行政制裁，重则可能构成相应犯罪而受到刑法的惩罚等。

6. 科技法的经济功能

法的经济功能是指法律具有确认某种经济制度、调整经济社会关系和促进经济发展的功能。科技法的经济功能是指科技法律具有确认某种经济制度、调整经济社会关系和促进经济发展的功能。例如，知识产权法具有确立知识产权权利人与其他社会主体的权利义务关系的功能；当生活中出现知识产权侵权案件，发生知识产权纠纷时，知识产权法便发挥规范作用，调整相应的经济关系，使权利人的权利得到保护，强制义务人履行其相应的义务。《科技进步法》第1条规定："为了促进科学技术进步，在社会主义现代化建设中优先发展科学技术，发挥科学技术第一生产力的作用，推动科学技术为经济建设服务……"《促进科技成果转化法》第1条规定："为了促进科技成果转化为现实生产力，规范科技成果转化活动，加速科学技术进步，推动经济建设和社会发展……"这些规定，都强调了科技法经济调节功能的首要地位。

7. 科技法的政治功能

法律的政治功能是指法律确认国家政权并保障国家政权的存续、组织国家机构以及确立其他国家制度的功能。科技法律的政治功能突出地体现为科技法律确认国家重要的科技战略并保障科技战略的贯彻实施，划分各有关机关的职能范围，组织国家科技管理机构并赋予其科技管理职能，以及确立各种国家科技制度等功能。我国已经把科学发展观和科教兴国战略、创新驱动发展等战略、方略规定在科技法之中；科技法对科技管理机关的地位、职权及其范围作出了规定；对科技成果评价制度、科技进步奖励制度、科技成果转移制度、科技国际交流与合作制度等作出了规定。这都是科技法作为上层建筑的一部分所发挥的应有功能。

8. 科技法的文化功能

法律的文化功能是指法律确认国家所选定的文化形态的统治地位，并保证该文化形态健康发展，排斥相反的文化形态，协调相近的文化形态的功能。科技法律的文化功能是指科技法律确认国家所选定的科技文化形态的统治地位，并保证该科技文化形态健康发展，排斥封建迷信文化形态，协调相近的文化形态的功能。例如，在我国，马克思列宁主义、毛泽东思想为总的指导思想，邓小平理论、"三个代表"科学发展观、习近平新时代中国特色社会主义理论为我们社会主义建设事业的指导思想；崇尚实事求是、求真务实、尊重客观规律，反对迷信、反对弄虚作假；选定科学的、大众的社会主义文化为我们的文化形态，反对封建文化，反对资产阶级的拜金主义、享乐主义等。我国的科技法律倡导"追求真理、崇尚创新、实事求是的科学精神"（《科技进步法》第 3 条），规定科研机构和科技人员"不得在科学技术活动中弄虚作假，不得参加、支持迷信活动"（《科技进步法》第 44 条、第 55条）等，对于促进中国特色的社会主义先进科技文化的进步、促进中国特色的社会主义文化和道德建设、增强我们文化自信有重大功能。

二、科技法的价值

（一）法的价值一般理论

1. 法的价值的内涵与外延

价值，即表达在对象中的主体需要，即客体能够满足主体的一定需要。价值作为主体衡量客体的尺度，其实质乃是标示了人在各种价值关系中的主体性。尽管人们对这一概念有不同理解，但归纳起来，"价值"这一概念中应当包含三个要点：第一，价值最终要以客体（事物）的性状、属性或作用为基础（判断的对象或者说材料是客观的）。第二，判断标准带有主观意志色彩，判断的标准是主体选择的，融入了一定的主观偏好。第三，价值主体运用一定的标准对客体的存在性状、属性或作用的主观评价是以客体的这种存在、属性或作用对于主体的需要具有满足性为基础的（价值判断的结果之主观性进一步增强）。可见，价值，既不是完全的评价者的主观嗜好、念想，也不是纯粹的中性的客观存在物。

法的价值是以法与人的关系为基础的法对人所具有的意义，是法对人的需要的满足。法律价值应包括以下几方面的内容：第一，法律内在要素、功能及其关系。这是法律价值存在的内在根据或者前提。第二，社会主体对法的需求。如果没有这种主体需求，就谈不上法律的价值问题。第三，要有法律实践这一重要环节。否则，法律价值则是无从展现和实证的。❶

法的价值就其外延来看，包括法的正义价值、自由价值、秩序价值、平等价值、安全价值、效率价值、人权价值等。

2. 法的价值冲突问题

在讨论法的价值时，还必须注意法的价值冲突问题。

（1）法的价值是主体的人对客体的法的价值判断，由于人们评价的标准不同，评价的观念不同，因此，就会出现在价值衡量和价值取舍上的差异。不同法的价值准则和法的价值观念各自内部和相互之间的矛盾，就是法的价值冲突。例如，自由与平等的冲突、自由与秩序的冲突、秩序与正义的冲突等就属于法的价值准则的冲突；同一主体自身在不同时期、不同场合对法的价值观的冲突，不同主体之间对法的价值观的冲突等就属于法的价值观念的冲突，如个人自由与社会秩序的冲突、行使个人自由可能导致他人利益的损失、国际人权与一国人权之间可能出现的冲突等。

（2）这些冲突是由主体差异或者其他社会因素（如不同时期的政治、经济、教育等条件）等所致。

（3）解决法的价值冲突的原则有法定价值优先原则、适当成本原则、最佳效益原则、补偿有余原则。❷

（二）科技法的价值

1. 科技法的价值概述

科技法的价值是科技法在主体与科技法所结成的价值关系中具有或应该具有的主体所希望的性状、属性、应有作用等，即科技法对人的需要的满足性。科技法作为一门新兴的部门法，不仅以其调整对象和主要功能与其他法律相区别，而且以其独具的价值属性来满足人们的依靠其他法律所不能获得的需要。

法的价值包括法的正义价值、自由价值、秩序价值、平等价值、安全价值、效率价值、人权价值等，由此，科技法的价值也应该具有正义价值、自

---

❶ 卢云. 法学基础理论［M］. 北京：中国政法大学出版社，1994：193.
❷ 卓泽渊. 法理学［M］. 北京：法律出版社，2019：290.

由价值、秩序价值、平等价值、安全价值、效率价值、人权价值等。只不过
科技法的价值是应科技发展之需而产生和发展起来的，是通过科技法调整科
技进步活动所能起到的积极作用，因而具有自己的特性。科技法的价值体现
为它所能发挥的社会功能，通过协调、规范各种科技社会关系，平衡不同主
体之间的科技权利义务关系，保障并促进科学技术的进步，推动生产力的发
展，预防科技发展的消极作用，从而推动人类社会的全面发展和进步，使得
人类所追求的正义、秩序、自由、平等、效率、安全、人权等价值得到充分
的实现。

科技是双刃剑，法律是双刃剑，科技法也是双刃剑。除了对科技的正能
量助推，科技法特别地具有"克服科学技术发展中的盲目性、不确定性"，以
便使人类社会在享受科技进步所带来的益处的同时"尽可能地避免科技这把
双刃剑带来的负面后果"。所以，科技法的价值包括能够在多大程度上为人类
"兴科技之利，避科技之害"两个方面。

作为一种社会存在，科技法对处于一定历史阶段中的人发挥作用或效用，
所以，科技法的价值具有客观性、社会性和历史性。尽管科技法是由人们制
定的，但当科技法运行于社会之中并对相应的科技领域中的社会关系加以调
整时，它能够发挥什么样的具体作用就不再以人们是否承认、如何认识，以
及如何评价为转移了。这就是科技法价值的客观性。科技法具有平衡个体利
益与社会利益的价值，即社会价值：当科技法作为一种有效力的调节器在科
技领域社会关系中发挥调整个人利益与整体利益、个别利益与普遍利益的功
能时，科技法价值的社会性即凸显出来。人类社会科学技术进步的飞速发展，
科技法能够适时地满足人类日益高质量的需要起到应有的作用，科技法价值
就呈现出动态发展的历史性、过程性。

2. 科技法的价值分述

（1）科技法的自由价值。自由作为人的权利，即人具有自主地作出选择
的可能性。自由是人类社会永恒的追求。

根据现行《宪法》第 47 条的规定，公民进行科学研究、从事科学探索和
技术创新是一项宪法赋予的基本人权范畴的自由权利。《科学技术进步法》第
3 条第 1 款规定："国家保障自由，鼓励科学探索和技术创新，使科学技术达
到世界先进水平。"这是科技基本法对科学研究自由的明确肯定，是对我国宪
法关于保障科学研究自由权利的重申。

科学研究自由意味着研究人员在从事科学研究活动中有思想的自由，具
有独立、自主地展开研究活动的自由；具有坚持和表达不同学术观点、采用

不同研究方法的自由；在研究方向和研究范围上依法享受充分的自由，不受任何与科学精神相左的权威的限制等。科学研究在拓展人对客观世界的认识方面所取得的成功，有助于我们利用客观规律以更有效地实现我们的目标。而且，尽管科学研究只是社会中少数人的事业，但在现实中却能使整个社会享受到科学技术的繁荣发达所带来的种种好处。

人类历史在认识和改造客观世界并进而改造我们的主观世界的科技事业中，记载了人们争取自由的轨迹。有史以来，人类的劳动手段、劳动资料和劳动对象不断随着科技进步而提升或者扩大。自古迄今，人在应用能源上已经从古老的钻木取火到煤炭，到石油，到太阳能，到原子能，到中子能，将来还要到夸克层面；在使用工具上，已经从石斧到水磨，到蒸汽机，到电动机，到自动机，到互联网、物联网、火星探测车，将来还要发展到区块链；在开发原材料上，已经从天然石块到铜，到铁，到人工合成材料，到智能材料；在活动空间上，已经从陆地到海底，到天空，到月球，将来还要到其他星球。人们既在科技活动中体验到了一种认识自然、改造自然的自由，也通过科技活动不断地提升人类社会的生产力水平，从而越来越广泛、越来越快速地扩展着人类的自由领域。所以，科学研究不仅本身就是人追求自由的一个重要领域，而且科学研究通过增进人们认识和提高改造世界的能力，也在多维的空间扩展了整个人类社会的自由。

科技法对科学研究自由的维护和鼓励，是人类对自由的追求在科技法中的一个体现。科技法就是在尊重客观规律的基础上，以法律的强制力保障人的科学研究自由，最终保障人的自由权利。科技法中的自由原则就是充分保护和鼓励人认识的自由，维护和保障人存续的自由，规范和保证人实践的自由，实现人、社会与自然和谐共处，由此，人类不断迈向自由的王国。

（2）科技法的秩序价值。权利的边界构成秩序。法律作为社会规范，规范人的行为，调整社会关系，其结果必然形成相应的法律秩序。秩序是自然和人类社会存在的基础。人类社会与自然的根本区别就在于它是社会主体有秩序的活动。没有秩序，人类社会一刻也不能存在。而且，科学技术的每一次突破，使人类认识和改造自然与社会的自由得以飞跃性的扩展，人在与自然的关系中争取到越来越大的自由，人在认识和改造自然方面就获得越来越大的主体性、自主性和能动性，人自觉地与自然发生互动的方式就更多，范围更大，程度更深。与此同时，原来的旧秩序就被打破，就需要建立与发展了的社会条件相适应的新的秩序。人的认识活动是为了寻求人与自然、人与社会及人与人之间关系的规律性，人的立法活动则是为了维护人与自然、人与社会及人与人之间关系的确定性。法律秩序一方面划定了人们的自由的范围，在秩序许可的范围内，人们享有充分的行为自由；另一方面对侵犯他人自由的（超出许可范围的）行为予以适当制裁，从而保证全体社会自由价值的实现。科学技术的进步不断推陈出新，新的知识和新的技术需要新的科技法来推动科技法律秩序不断被打破和重建。例如，科技的发展已使南极、太空的资源开发日益成为现实问题，于是俄罗斯、美国、加拿大等国在南极、太空展开竞争，南极洲的法律地位、太空的和平利用等问题引起国际社会密切关注。又如，网络空间的秩序问题。当今，网络技术的迅速发展和网络的全球性扩展，又使法律遭遇到了一个全新的空间——网络空间（Cyberspace）。网络所提供的交叉互动的交流环境，促进了各种文化和文明碰撞与对话，加速了全球化。但网络虚拟空间以一种前所未有的社会模式展现出来，使政治、经济结构面临着重大的甚至是颠覆性的变革，置人类社会于被解构和重组的境遇之中，人们在尽情享受网络空间带来的从未有过的自由和便利的同时，也面临着一系列新问题，如网络犯罪、侵犯知识产权、侵犯个人信息权和隐私权，以及国防建设和国家安全面临严峻挑战和威胁等。可以说，虚拟空间给人们提供的极大自由度，已超出了现有社会的道德和法律水准所能适应的范围，从而亟须在网络空间中建立新的法律秩序。

（3）效益价值。效益是指有效产出减去实际投入的结果。效益包括经济效益和社会效益等。法的效益价值是指法律能够使社会或者人们以较少或者较小的投入，获得较大的产出，从而能够满足人们的需要。

科学技术不断发展的历史，就是人类有目的地改造自然、利用自然，并不断提高社会效益的历史。随着科学技术持续不断地进步，人类社会的生产力水平也不断提高。自18世纪以来，人的劳动生产率已经在工业上攀升了200倍，在农业上至少提高了20倍，每单位自然资源和能耗的产出率也上升了大约20倍。

科技法中含有大量的技术规范，这些技术规范的内容包含了不同行业不同领域的科技规律；科技法激励科技创新、鼓励科技的推广应用等，都集中体现了它的效益价值。科技法通过规范科技领域中的社会关系、协调相关的权利义务、规定研究开发活动的规则以及有关的技术标准，有力地推动科学技术健康、迅速发展，有力地促进科技成果大量生成以及推广和应用，由此极大地提高社会生产效率等，而充分表现其效益价值。

（4）正义价值。正义常被解释为公正、公平、正义观念。正义既具有客观性，又具有主观性；正义既具有绝对性，又具有相对性。正义可分为实体正义和程序正义。亚里士多德把社会正义分为"平均的正义和分配的正义"。罗尔斯是现代西方社会正义论的代表，他认为，正义是至高无上的，"作为人类活动的首要价值，真理和正义是决不妥协的"。正义有两个相反相成的侧面：一方面，作为利益交换的规则，正义是有条件的，因为具有正义愿望的人能否实际遵守正义规范取决于其他人是否也这样做；另一方面，作为道德命令，正义又是无条件的。否则，一部分人的非正义行为可能导致的其他人的非正义行为，就会使非正义行为蔓延至全社会，社会的正义局面则难以维持。

科技，在总体上从其独立于人的客观性来说，它能克服人类活动的盲目性，有利于促进人类社会正义的实现，但同时科技也常常带来不公平的结果。科学技术究竟会在人类社会中产生什么样的客观结果，取决于科学技术被人们掌握和运用的正确与否或准确程度有关。例如，高科技物证技术（如录音录像）对司法公正具有重要意义，物证技术的产生和发展有利于提高办案的公正、公平；但是高科技的物证技术（如录音录像）也可能被误用、滥用，侵犯人权、隐私。另一方面，科学技术在社会中的应用也会引出不公正的后果。19世纪，以蒸汽机为标志的工业革命给人类带来了高度的物质文明的同时，又扩大了社会的贫富差距，导致了更多的社会罪恶；生命技术上取得的突破，也在人与人之间，特别是在强势群体和弱势群体之间产生了"基因歧视"，基因编译如果不加限制，则后果不堪设想。

科技法确定科技的自然公正、效益价值，抑制科技的副作用，通过规制技术预测和技术评价制度、基因隐私保护与反基因歧视制度、规定原子能的非军事化应用等，力图防止或减弱科技的负面影响，从而实现科技法的正义价值。

（5）安全价值。安全价值作为一种法律价值，对社会而言，意味着安宁与和平；对于个人而言，意味着生命、身体财产和各种权利免受侵犯。安全可分为国家安全、社会安全和个人安全。法律对于满足人们的安全需要的作用是十分显著的。法律是社会规范，用以规范人的行为，没有法律就会乱套，就无安全可言。例如，没有交通法规，交通安全就无保障；不打击背叛国家、分裂国家等危害国家安全的犯罪行为，国家就永无宁日。

在当代，国家安全、环境安全、信息安全、网络安全、生物安全等都已经成为人们关注的焦点。科技无处不在，科技对上述诸类安全的巨大影响是毋庸讳言的。只有解决和面对由科技进步带来的诸如上述的安全问题，通过给予个人、社会、国家乃至全人类以必要的安全保障，人类社会才有可能不在人类自己的科学技术面前崩溃。因此，运用科技法律对科技成果的应用实行强有力的监控；运用科技法严密防治高智能犯罪；运用科技法严禁原子能技术、生化技术掌握在恐怖分子和战争狂人手中；运用科技法限制基因技术的应用，严禁克隆人；运用科技法惩治侵犯他人的知识产权行为，保护其财产利益，以保障个人与社会的安宁与安全，并通过法律的规范尽可能把无知的盲目性行为屏蔽于未造成危害之前，最终达到保障国家安全、社会安全和个人安全的目的，都属于科技法安全价值的范畴。

（6）人权价值与人类的尊严。一般地，人权就是人之所以成为人所应具有的权利。它包括生存权、健康权、行动自由权、尊严权等人身权，知政权、参政权、议政权、督政权等政治人权，以及平等发展权、劳动权和财产权等经济权三大类。❶

人的尊严意味着人类中的每一个个体都存在内在的价值，每一个人都值得尊重，每一个人都有不可让渡的权利去捍卫自己的价值，这些内容已构成《国际人权法案》的基础。人格尊严（或人性尊严）的存在基础在于人之所以为人，乃至于其心智使其有能力区别于非人的本质（动物性），并且基于自我的决定去意识自我、决定自我、形成自我。《宪法》第 38 条规定，中华人民共和国公民的人格尊严不受侵犯。《民法总则》第 101 条规定，公民的人格尊严受到法律保护。强调人格尊严，就是把人真正当作"人"来看待。

尊严是人类较高层次的需要。一方面，只有保障人权，通过维护人在强大的科学技术力量面前的尊严，通过人庄严地履行与自己所享有的尊严相配的责任，尊重自然，尊重生命，科技给人类社会带来的发展和安全才是有意义的。科学技术可以从两方面作用于人的尊严：一是相对于自然物的尊严，表现为人利用和控制自然物的主体地位。这里的尊严主体是指整个人类。二是人相对于人工制造物的尊严，尤其是人在某些方面对科技手段表现出来的优越地位，这里的主体可以是整个人类，也可以是作为个体的人。另一方面，科技进步对人的尊严的损害，主要表现为人在日益强大的科学技术面前沦为自己创造出来的科技文明的附庸，以及某些个人或群体相对于其他占有科技资源特别是关键性科技资源的个人或群体而言处于被选择、被决定、被剥夺的不由自主的地位。这种因科技进步而造成的一部分个人或群体伤害另一部分个人或群体的尊严，实质上就是对人的尊严的践踏。现代高新技术的兴起，特别是信息技术、生物技术的突破，在使人的权利明显扩张的同时，也在使

---

❶　卓泽渊．法理学［M］．北京：法律出版社，2019：243.

维系人的尊严所必需的基本权利，如人格权、隐私权、生命权等更容易受到侵害。例如，影响生命权的技术包括能决定或影响出生及死亡的科学（生物学、医学等）和技术（基因技术、核技术等）。涉及生命价值的主要问题有堕胎与体外授精、胚胎移植、安乐死技术、未经试验的药物造成健康损害问题等。由于生育过程已被深入透彻地研究展示出来，而且也由于其外部操作的机会激增，所以，法律控制显得十分必要。为此，我国制定了《人类精子库管理办法》和《人类辅助生殖技术管理办法》，以保证人类辅助生死技术安全、有效应用和健康发展。再如，克隆人问题确已涉及人的尊严、人的自主自决权、人的平等权等一系列基本权利，也涉及研究者的科研自由。目前，就人体克隆问题有两种观点：一种观点认为任何人体克隆都是亵渎人类的尊严，应予以禁止；另一种观点则认为，生死性克隆不应支持，但医疗性克隆即人体器官克隆有利于挽救人的生命，也可避免暗中以重金引诱、驱使他人"自愿"捐献器官的不人道的行为，特别是可以杜绝黑社会非法贩卖人体器官、严重践踏人的尊严的行为，应予允许。科技法必须对这一问题作出规范。欧洲有些国家的科技法则已明确允许医疗性人体克隆技术的试验。

第三节 科技法在法律体系中的部门法地位

这个问题要通过阐述其独立的部门法地位，以及其他部门法的关系来把握。

一、科技法是我国法律体系中独立的部门法

科技法律、法规的立法文件包含了大量的行政法规范、经济法规范、民商法规范、劳动法规范、刑法规范乃至国际法规范，遍及全部传统法律部门，这样的特点之法学意义，表明了我们要论证科技法在我国法律体系中独立的部门法地位，必须改弦更张，转换视角。

前文关于科技法内涵的论述部分分析了我们不能按照传统的部门法划分标准来说明科技法的部门法地位，科技法是按照社会生活领域的标准划分的结果，这只是从可能性的角度论证了其部门法地位。要想证成科技法是部门法，还需要从必然性角度加以论证：科技法成为我国法律体系中独立部门法的必然性。

（1）马克思主义哲学告诉我们，物质决定意识，社会存在决定社会意识，经济基础决定上层建筑。由此，科技法要想成为一个独立法律部门的起码条

件是科学技术在当今社会的经济、政治、文化生活中具有举足轻重的重要作用。如果科技本身对社会来讲可有可无、无足轻重，那么，调整科技活动之法律的独立地位当然就难以为大家所认同。现实社会的实际情况是，科学技术不仅是生产力，而且已经成为第一生产力，成为经济发展的关键，成为决定一国国际地位的关键要素，成为改善人们文化生活的支柱力量。一句话，在当今社会中，科学技术已经成为决定一国综合国力的核心要素，掌握先进的科学技术成为一个民族能否跻身于强者之林的必备条件。科技如此重要，这就为科技法成为一个独立的法律部门奠定了物质基础。

当然，法律的客观性除了指法律的内容主要取决于当时社会的物质生活条件外，当时社会的社会文化、地理环境、人口因素等对法律内容也有重大的影响作用。而且，系统地观察上层建筑的内部要素，包括政治制度、经济制度、政治思想及社会意识等对法律内容的影响作用也不可忽视。即除物质性因素外，精神性因素，包括思想道德、文化、历史传统、风俗习惯、科学技术，尤其是相关学科知识的发达程度对法律内容有着重要的影响。由此，决定社会历史的发展（包括决定法律的产生、存在和发展）的物质力量，应该是一个综合的概念。恩格斯教导我们，"权利永远不能超出社会的经济结构以及由经济结构所制约的社会文化的发展"，"法的关系正像国家的形式一样，既不能从它们本身来理解，也不能从所谓的人类精神的一般发展来理解，相反，它们根源于物质的生活关系……物质生活的生产方式制约着整个社会生活、政治生活和精神生活的过程"。这里的物质的生活关系或者物质生活条件主要包括生产方式、地理环境和人口因素等。总之，科技法成为一个独立的法律部门有着坚实的社会条件基础。

（2）科技领域存在的问题已成为当今社会突出的问题之一，使国家意识到必须对科技活动强化干预、强化管理。这是科技法成为独立法律部门的又一个必要条件。

尽管科技对社会发展的促进作用很大，但如果科技没有带来社会问题，那么，仍然不能引起国家的注意，国家就不可能专注于对科学技术的管理和规范。只有当科学技术的飞速发展和巨大作用，在造福人类的过程中，还同时有可能被误用或滥用进而产生许多副作用（不利于社会的发展），统治阶级认识到如果任其发展，则会危及其统治秩序，单靠法律之外的社会规范不可能达到调整目的而不得不选用法律手段时，才会制定科技法律规范；当且仅当大量科技法律规范存在，才可使科技法成为一个独立的法律部门。

应对社会问题可供选择的手段有道德规范、团体组织规约（章程）、政党政策、国家政策和法律规范等多个选项。与其他社会规范相比，在对人们的行为进行指引评价和强制方面，在发挥教育功能、预测功能等方面，只有法律才具有最强国家强制力的效力。法律是统治阶级的意志上升为国家意志的结果，法律的产生是统治阶级主观能动的产物。没有统治阶级有目的、有意识的活动，法律就不可能产生。梅利曼曾指出："他们（即立法者，笔者注）必须把经济上和社会上的要求与立法上的活动联系起来，制定出反映人民意志和愿望的法律。"马克思曾教导我们，"法的生成体现了高度的国家意志性"，而且，"从当今世界现代化进程看，国家总体上在法制建设中发挥着更加积极的作用"，从而"体现出国家对经济乃至整个社会生活的积极干预"。法的生成还同时具有社会性。一方面，作为现代法的主要渊源的制定法、成文法更多地表现为国家意志的产物；另一方面，制定法只有符合并满足一定的社会需要时，才能有效地发挥作用。

（3）科技立法的指导思想、立法目的和科技活动的独特品性，内在地要求科技法成为独立的部门法。这是科技法成为一个独立的法律部门的本体根据。

立法是由特定的主体依据一定的职权和程序，运用一定的技术，制定、认可和修改补充"法"这种特定社会规范的活动。立法是一个有目的、有意识的活动，绝对不是无意识的条件反射。开展立法活动，首先是在一定的指导思想指引下确定立法目的。"任何法律都有立法目的，一般情况下应当将这种目的形成条文。""目的的条文一般应该放在法的正文第一条"，采用"为了……，制定本法"的格式来写。立法目的，是一部法的心脏，集中凝结着立法的指导思想，决定着法律基本原则的确定。"法律目的是全部法律条文的创造性者。"因此，我们必须强调立法指导思想、立法目的的重要地位。科技法有自己独特的指导思想和立法目的，正是科技法的立法指导思想和立法目的的特殊性，决定了科技法能够并且必须成为一个独立法律部门。

科技研发活动环环相扣、密切衔接的整体性，科技社会关系的复杂性与多样性，尤其是科研风险、科技转化过程的未知性以及国家和社会对科技活动的鼓励态度，也决定了科技法的独特品质。这就要求科技法必须从传统的法律中分立出来而成为独立的部门法。

（4）因为"独木不成林"，所以，科技法的部门法之形成需要积聚大量的科技法律规范（群）。立法者不断制定科技法律规范，我国的科技立法体系的快速发展和初步完善，为形成相对独立的科技法律部门提供了足够"量"的积累。以宪法中对科技是生产力、国家要提高全民族的科技文化水平、发展自然科学和社会科学事业、奖励科学研究成果和技术发明创造的原则规定为依据，我国制定了《中华人民共和国科技进步法》《中华人民共和国专利法》《中华人民共和国技术合同法》《中华人民共和国计量法》《中华人民共和国标准化法》《中华人民共和国农业技术推广法》等科技法律；制定了《中华人民共和国自然科学奖励条例》《中华人民共和国发明奖励条例》《科学技术保密规定》《科学技术成果鉴定办法》等科技行政法规。目前，我国的科技立法现状，为正式形成相对独立的科技法律部门提供了足够的量的基础。

（5）随着社会的发展，人类的实践活动越来越深入，人们对客观事物（包括社会存在）的认识，已经历着由"整体混沌"到"专业分化"的细化过程。过去我们"诸法合体""民刑不分，实体法与程序法不分"；现在，我们的法律部门不断细化并划分为传统的民法、刑法、行政法、民事诉讼法、刑事诉讼法等；而且，将来随着法律的日益发达，还要进一步分化或者改组。科技法成为独立的部门法，代表着这一发展趋势。

（6）从优化调整上去考虑。系统论告诉我们，即使系统组成元素不变，我们也可以通过改变系统的组成结构来达到改善系统功能的目的。法律最优化调整的基本含义是指某类社会关系通过某一个部门法的调整，能够达到另一法律部门调整时所不能达到的最佳状态。根据系统的整体功能大于系统各个组成部分之和的原理，将科技领域的所有法律规范作为一个法律部门（子系统），能够实现相关法律规范对科技活动的最优化调整。

（7）要成为一个独立的部门法，务须存在一个统一的相应的部门法典。有人或许会认为：现在没有，即使是将来相当一个时期也很可能没有一部统一的科技法典，故科技法难以成为一个独立的部门法。其实，有没有一个统一的相应的部门法典，与是否能够成为一个独立的部门法是两个概念。直到目前，行政法、民法、经济法在许多国家，仍没有一个相应统一的法典，但并不妨碍行政法、民法、经济法之独立的部门法地位。持此论者，实际是将一国的立法体系与其部门法体系混同了。正如前文所述，应该区分一国的立法体系与其部门法体系的异同关系。

综括上述，结合关于科技法的内涵与外延的分析，科技法是我国法律体系中独立的部门法，它是以法律所调整的社会领域为标准对一国法律体系划分所得的独立部门法。

二、科技法与其他法律的关系

要掌握科技法，仅仅对科技法本身进行分析是不够的，还要从纵横维度研究它与其他法律的关系。科技法是以宪法为根据制定的，因而与宪法有关系。科技法作为一个新兴的部门法，是从传统的部门法中分立出来的。它是按照社会生活领域的标准来划分我国法律体系的结果。因而它就必然既与传统的部门法密切相连，又与传统的部门法存在实质的区别。随着社会的发展，应社会发展的需要，产生了经济法、环境法、教育法、体育法等社会领域法。改革开放是我国的基本国策，全球化、世界一体化是时代发展的总趋势，科技法与国际法的关系也需要讨论。这里简要分析这四类法的关系。

（一）科技法与宪法（根本法）的关系

宪法是我国整个法律体系的龙头，是其他所有法律、法规的立法依据。现行《宪法》规定了国家的各项基本制度、原则、方针、政策，公民的基本权利和义务，各主要国家机关的地位、职权和职责等，它是我国的根本法，具有最高法律效力，其他法律、法规不能与它相抵触。各政党、各级国家机关、团体、企业、事业单位都必须在宪法的范围内活动，而不能超越宪法。科技法是以宪法为根据制定的、调整科技活动领域社会关系的法律规范的有机统一体。其区别是显而易见的。

但科技法与宪法又有密切联系。第一，宪法是科技法的立法根据。科技法的制定必须以宪法为法律根据，而不能与宪法相抵触。宪法中的有关科技活动的法律规范，就是科技法律规范制定的具体依据，这就决定了科技法的调整范围和价值取向。第二，宪法只对科技在国民经济和社会发展中的地位、促进科技进步和科技管理问题作概括性和原则性规定，无法对具体的科技问题进行调整。这就需要具体的科技法律规范使之具体化。许多科技法律规范，实际上是宪法中对科技问题规定的制度、原则、方针、政策以及公民的基本权利和义务等的具体化、规范化或者具体落实。而许多科技法律规范的内容则不能写到宪法中，只能由科技立法加以规定。第三，科技法的发展和完善，也会反过来充实宪法的内容，促使宪法本身得以发展。因此，科技法和宪法又有一种互相促进的关系。

（二）科技法与传统部门法的关系

科技法与传统部门法，如行政法、民法、刑法等实体法和民事诉讼法、刑事诉讼法等程序法的关系怎样呢？

科技法是调整科技活动领域的社会关系的法律规范的有机统一体。科技法与行政法、民法、刑法、民事诉讼法、刑事诉讼法不同，二者是按照不同的分类标准对我国现行法律体系划分的结果。总体上看，科技法与传统的法律部门在调整社会关系的范围、立法目的和任务、法律的基本原则、具体制度和调整的手段等方面既具有本质的区别，又具有密切的联系。

1. 其区别方面

（1）与行政法的区别。行政法主要调整国家行政关系，科技法则调整科技活动领域的社会关系。经由行政法调整而发生的行政法律关系，当事人双方往往处于不平等的地位，行政法律关系之发生也不以当事人之间意思表示一致为前提，行政法律关系的当事人必有一方是国家机关。而经由科技法调整而发生的法律关系，其当事人可能有国家机关参与，但并不是必须有一方是国家机关，大多数科技法律关系都是在平等主体之间发生的。就调整社会关系的原则或手段而言，科技法在大多数情况下都以平等、有偿作为调整的原则，而行政法的调整，一般以具有权力性、命令性和双方关系的不平等性为特征。行政法对违法行为所规定的制裁方式主要是行政制裁，科技法则兼有行政制裁、民事制裁、刑事制裁等方式。现代行政法的立法目的是限制政府权力，使政府的行政行为在法律的框架下行使，政府行使权力时不侵害公民的合法权益。科技法的立法目的是促进科技对社会发展的积极作用，抑制其作用。

（2）与民法的区别。民法调整平等主体之间的财产关系和与财产关系密切相关的人身关系。科技法虽然也是调整科技活动领域内平等主体之间的财产关系（如技术贸易）和人身关系（如专利权中表明发明人身份的规定），但并不限于此，它也调整不平等主体之间的所谓纵向的关系，如执行指令性科研计划而产生的社会关系。民法坚持以等价、有偿为原则，科技法调整虽然尽力坚持有偿原则，却很难以等价为原则。因为精神财富（科技成果）往往很难像物质财富那样计算其精确的价值。民法的调整通过民事诉讼、民事制裁方式实现，而科技法的调整虽然常常通过这些途径，但不限于此，还可以通过行政法律制裁、行政诉讼以及刑事制裁的方式实现。而科技法惯常通过科技奖励的方式调整社会关系，这是民法和其他部门法很难采用的。

2. 其相互联系方面

科技法是从行政法、民法、刑法等传统的部门法中分立出来的，因而它与行政法、民法、刑法等传统的部门法之间又具有一定的交叉和关联关系。

以行政法为例，有些法律和法规（主要是有关国家对科技领域行政管理方面的法律、法规）原来归属于行政法部门，科技法作为一个部门法独立以后，这些法律、法规也同时归属于科技法部门。考察科技法的规范组成会发现科技法体系中存在着大量的行政法律规范。因此，两者的组成元素之间有交叉关系。当然，这一部分法律、法规归属科技法部门以后，并不妨碍行政法仍把它们作为研究对象之一。这也就是说，科技法学和行政法学都可以研究这些法律、法规，但各自研究的重点却是不同的：行政法学着重研究国家如何对科技活动进行合理的行政管理，科技法学着重研究如何通过行政管理以促进科技进步和对科技成果的合理使用。前者旨在促进行政管理本身的合法、高效，后者旨在促进科技事业的快速、和谐和可持续发展。

再以民法为例，科技法与民法有着历史渊源关系。例如，科技法部门中的有些立法，原来归属于民法部门，如专利法，由于法律和法学的发展，这些法律规范才转归科技法部门。从传统来说，知识产权方面的立法乃是民法必不可少的组成部分，只是现代有关科技研究方面精神成果的保护性立法才转归科技法部门。科技法体系中也包含着相当数量的民法规范。当然，这并不意味着民法部门不能再容纳这些法律，也不意味着民法学不能再将它们列为研究对象，而只是意味着与科技活动密切相关的立法可以集中于科技法部门，以便使这些法律更加合理和系统化。

（三）科技法与经济法、环境法、体育法、教育法等新兴的领域法的关系

1. 以经济法为例的分析

（1）经济法调整纵向经济关系，科技法调整因科技活动引起的科技关系。这两个领域的界线是清楚的。不过，纵向经济关系、科技关系往往同时存在于某一方面的社会领域中，于是二者发生交叉。如科技拨款，既是一种纵向经济关系，又是一种科技关系，两者重叠。鉴此情况，大而言之，有的法律法规从不同角度观察，既可归为经济法，又可归为科技法。例如，关于科技税收管理的法律、法规，无疑是调整科技税收关系的，但是科技税收关系既是一种因科技活动引起的社会关系，又是一种行使行政权力而引起的纵向经济关系，因而有关科技税收方面的法律法规是可以分别归入科技法和经济法的。

再则，传统地看，税收关系属于典型的行政关系，但科技法学和经济法学都基于本学科视角（科技法学主要研究税收优惠政策对科技创新的激励，经济法学是把税收作为一个调控手段对地区、产业、产品加以宏观调控）将之列为研究对象。这里，我们看到了行政法、经济法、科技法之间的交错现象。

（2）与经济法的区别。经济法是国家干预经济的法律，故仅仅调整纵向的经济关系；科技法调整因科技活动引起的社会关系，既有不平等主体之间，即因一方行使权力而引起的纵向关系，也有平等主体之间的横向关系。科技法的调整范围，除涉及一部分科技经济关系以外，还涉及其他关系。经济法和科技法两者的调整手段也有差异性：经济法既然仅仅调整纵向经济关系，因而调整手段主要是行政性的；而科技法的调整手段在不同的时期，行政手段、民事手段则可能居于不同的地位。

2. 以环境法为例加以说明

环境与资源保护法（简称环境法）是保护环境和自然资源、防治污染和其他公害的法律部门。环境法调整环境社会关系，主要包括两个方面：与合理开发利用自然资源和保护生态环境有关的社会关系（生态环境保护社会关系），防治环境污染和其他公害、改善环境质量过程中发生的社会关系（污染防治关系）。由此形成了两个法律群：自然资源法和环境保护法。自然资源法主要指对各种自然资源的规划、开发、利用、治理和保护等方面的法律，如《森林法》《草原法》《渔业法》《矿产资源法》《土地管理法》《节约能源管理暂行条例》等。环境保护法是指保护环境、防治污染和其他公害的法律，如《环境保护法》《海洋环境保护法》《水污染防治法》《大气污染防治法》等。

关于科技法与环境法的关系，我国法学界存在不同认识。曾有观点认为，环境保护是科技领域的活动，因而环境法不是一个独立的部门法，而应是科技法之下的第二层次的小部门。❶ 这样，科技法对环境法便是一种包容关系。我们不赞成这种见解。科技法与环境法都有自己的立法目的，都有自己的特殊的调整对象，都属于按照不同的社会生活领域的标准对我国法律体系划分的结果，因此，二者是不同部门法。但是，现实社会中，科技领域与环境领域又是相互渗透的，于是，二者之间不可避免地存在某种交错关系。于是，有的法律法规，从这一角度看可归入环境法部门，若从另一角度看则又属于科技法部门。这种现象是客观存在的。不同的只是，科技法是以促进科技创新、促进科技成果社会效用的最大化，同时抑制科技的副作用为目的的法律；环境法的主旨是有节制地开发利用自然资源、保护环境，实现社会的可持续发展。同时属于科技法和环境法的法律规范，其功能则二者兼具。

（四）科技法与国际法的关系

从逻辑上讲，国际法与国内法相对应，而科技法是国内法法律体系之组

---

❶ 罗玉中. 科技法学 [M]. 武汉：华中科技大学出版社，2005：30.

成部分之一。国际法是调整国家、国际组织等国际主体之间的国际关系，确定国际主体之间权利义务的法律原则、规则和制度。国际法是特殊的社会领域法，其国际主体包括主权国家、国际组织或者民族解放阵线等实体；国际法调整的对象是国际关系，具体包括政治关系、经济关系、外交关系等，也可将国际关系划分为全球性国际关系和区域性国际关系、多边国际关系、双边国际关系等。国际法的创立方式是国际法主体之间（主要是国家之间）的协议，通过国际主体之间的磋商等程序而形成的。国际法的强制执行依靠各个主权国家采取单独的或集体的措施，这也与国内法不同。

当今社会，全球化浪潮下的国际政治、经济等一体化进程的加剧，不断促进科学技术越来国际化，国内科技市场与国际科技市场愈加融合。鉴于此情况，现代科技法调节科学技术的国际交流的地位将越来越重要，发挥作用的空间越来越大，科技法与国际法的关系将越来越密切。同时，由于各个国家的发展阶段不同，各国的利益、文化传统、价值观念等不同，各国对待同一问题的态度会有差异。鉴于当代国家之间的竞争越来越依靠高科技的竞争，谁占领科技制高点，谁就会在竞争中处于有利地位，所以，各国出于对自己安全的考虑，一方面加大自身自主创新、引进外国技术，另一方面都会采取措施限制自己的尖端科技的对外交流。主权国家既想维护本国科技优势，又想借用外国先进的科技力量，在这一矛盾中各种国际力量博弈，各种利益反复折中、调和，最终在最大的公约数上取得共识，缔结国际条约。所以，不难理解，国际法的规范内容往往是原则规定、弹性规定、模糊规定，从而不具有可直接实施性（往往是授权各主权国家按照国际条约的精神和原则来制定各国的具体措施）。因此，尽管前述关于科技法渊源的分析，国际条约中规范科技活动的内容可以通过纳入或者转化的模式在国内法适用，但直接纳入国内法体系的国际法规范是较少的，而把国际科技法规范通过国内立法的形式转化为国内科技法规范的方式是多数的。

第三章
科技法的基本原则

第一节　科技法基本原则的内涵与外延

一、科技法基本原则的内涵

基本法律原则，或者法律基本原则，是指体现法的根本价值的法律原则，它体现着整个法律的指导思想和立法目的。基本法律原则是一部法律的神经中枢，是充分发挥法律的调整功能的调控器，是完成法律任务不可逾越的基准。例如，现代法律中的法律面前人人平等原则。基本法律原则上承立法指导思想和立法目的，下启和统率具体原则和基本法律制度（具体法律制度）。

科技法学界对科技法的基本原则的讨论还欠深入。理论界多是在阐述"科技进步法律制度"时论证科技进步法的基本原则，而且也没有刻意地区分基本原则与具体原则。例如，权威的科技法学教科书根据《科学技术进步法》第 1 条至第 9 条的规定，把《科学技术进步法》的基本原则概括为优先发展科学技术的原则、以科技实现经济和社会协调发展的原则、科学研究自由的原则、尊重知识与人才和尊重科技工作者的原则、全面推进科技发展的原则、全社会参与和支持科技进步的原则、加强政府对科技发展的协调与管理的原则、科学决策原则、全方位开展国际科技交流与合作的原则。❶ 许多教材或者专著则疏于对科技法基本原则的专门讨论。鉴于此，应该加强对科技法基本原则的理论研究，从整体上深入研讨科技法的基本原则。

（1）我国现行的《科学技术进步法》（于 1993 年颁布，至 2007 年修订）是当时根据我国的政治、经济、文化情况，以宪法为根据制定的，今昔对比，不仅我国的政治、经济、文化等方面的情况发生了巨大的变化，而且

---

❶　罗玉中. 科技法学［M］. 武汉：华中科技大学出版社，2005：96.

这一科技基本法实属科技领域专门立法的初创，因此，依据上述 9 条规定概括"科技法的基本原则"是把问题简单化了，而必须与时俱进，站在整个科技法治的高度来概括科技法的基本原则。

（2）法治时代的基本原则应由法律来明确规定，且不宜过多。如我国现行《刑法》明文规定罪刑法定原则、适用刑法平等原则和罪责刑均衡原则三大基本原则；《民法典》规定了当事人的民事地位平等原则、民事活动自愿和公平原则、诚实信用原则、公序良俗原则及禁止权力滥用原则等七个基本原则；行政实体法的基本原则包括依法行政的基本原则、尊重和保障人权原则、越权无效原则、信赖保护原则和比例原则❶。

国外科技法中的基本原则。1976 年《日本科学技术基本法（建议草案）》（1995 年正式颁布实施）确立的科学研究的原则仅为两条：①科学领域间协作、综合、和谐发展原则；②科学研究自由原则。1985 年《墨西哥协调和促进科学技术发展法》第 6 条规定，全国科技体系的一切活动均应尊重自由原则和人类尊严并为国家利益服务。一向重视判例法传统的英美国家，基于科技领域的特殊性，也大多采用制定法来宣示原则性规定。如美国 1976 年《科学技术政策、组织和重点法》所规定的基本原则有三条：①增进人类自由、尊严与幸福；②增加资源的充分利用和稳定增长；③支持和维护美国的技术优势。

（3）科技法基本原则的标准。根据立法学基本原理，法律的基本原则在一部法里起"承上启下"作用，即上承"法律目的和任务"，下启"具体的法律原则和法律制度"。科技法的基本原则也是一样，它上承"科技法律的目的和任务"，下启"科技法具体的法律原则和法律制度"。详言之，作为科技法的基本原则应该具有如下标准。①必须符合原则的内涵。所谓原则，即观察或处理问题的准绳。因此，规定具体的权利义务的法律规范不是法律原则。至于法律原则和法律规则（法律规范）的区别，美国法学家德沃金认为二者之间有三个差别：第一，规则的内容是具体的，这一规则或者有效或者无效；第二，法律原则是人们在一定情况下必须考虑的，但因为原则的抽象性和概括性，其本身并不能直接拿来解决问题；第三，在几个原则发生冲突时，需要权衡几个原则的分量，而法律规则的适用却是按照新法优于旧法、特别法

---

❶ 信赖保护原则的基本含义是政府对自己作出的行为或承诺应守信用，不得随意变更，不得反复无常；比例原则也被称为最小损害原则，是指行政机关实施行政行为，其目的和手段必须相对称和相适应，行政机关不得采取超过目的需要的过度措施，应尽可能地使行政相对人的损失减少到最低程度。姜明安. 行政法［M］. 北京：北京大学出版社、高等教育出版社，2016：71.

优于普通法的规则来适用的。②必须是科技法这个部门法所特有的（以区别于其他法律）或者是因具有现实针对性需要在科技法领域中特别予以重申的原则。各法律部门所共有或者其他法律部门所特有的法律原则，不是科技法的基本原则，如更高层次的法治原则，又如民法中等价有偿原则等。③必须贯穿于整个科技法规范，并对整个科技立法、执法和司法活动，对科技法的解释具有普遍的指导意义。有的科技法原则，如"决策科学化、民主化""保护知识产权原则"等只有局部性的指导意义，因此就不能确定为科技法的基本原则。④科技法的基本原则既要考虑国家历史传统、文化特点，具有中国特色，又要反映我国社会主义精神文明、政治文明建设的最新成果，具有与时俱进的先进性。

综上所述，科技法的基本原则是科技法的指导思想、法律目的等内在精神的集中体现，贯穿于科技法律条文之中，是决定科技法律的统一性和稳定性的纽带，也是解释和适用科技法律规范的基准。

二、我国科技法基本原则的外延

笔者不赞成目前理论界过多地认定的科技法的基本原则。既然是基本原则，就一定是"基本"的，那些非基本的原则只可以是具体原则。由此主张，我国科技法的基本原则只限于：①依靠科技创新促进社会发展、建设创新型国家原则；②尊重知识、尊重人才，保护知识产权，保障科学研究自由原则；③科技活动的国家主导与全社会参与和支持科技进步相结合原则；④不断改革与完善科学技术管理的体制、机制原则❶；⑤全面推进科技发展与重点突破相结合原则；⑥倡导生态科技原则，保证科技安全原则；⑦以激励为主，惩罚为辅原则；⑧全方位开展国际科技交流与合作原则。以上八大科技法基本原则，构成了一个协调的基本原则体系。

（一）依靠科技创新促进社会发展、建设创新型国家原则

这一原则包含着优先发展科学技术，充分发挥科学技术的第一生产力作用，实施创新驱动发展战略，强调科技在社会政治、经济和文化的关键作用、科技发展要全面推进（如农业和企业行业以及基础研究）与重点（高技术领

---

❶　本书之所以把"不断改革与完善科学技术体制、机制的原则"定位为科技法的基本原则，是因为我国的科技体制机制脱胎于计划经济体制，我国的政治体制改革（包括科技体制改革）尚处在不断深化的历史关头，加上当今科技的飞速发展也会对科技管理的体制机制构成冲击，所以在今后相当长的时期内，我国的科学技术管理体制、机制将不断调整和逐步趋于完善。

域）推进相结合原则等丰富内容。这一基本原则体现在《科学技术进步法》的有关条文中。

《科学技术进步法》第 1 条规定："为了促进科学技术进步，发挥科学技术第一生产力的作用，促进科学技术成果向现实生产力转化，推动科学技术为经济建设和社会发展服务，根据宪法，制定本法。"其第 2 条规定："国家坚持科学发展观，实施科教兴国战略，实行自主创新、重点跨越、支撑发展、引领未来的科学技术工作指导方针，构建国家创新体系，建设创新型国家。"其第 4 条规定："经济建设和社会发展应当依靠科学技术，科学技术进步工作应当为经济建设和社会发展服务。"

优先发展科技已经成为世界各国在激烈的国际竞争中立于不败之地的法宝。世界上发达国家都将科技优先发展作为科技法的第一原则。如法国 1982 年颁布的《法国研究和技术发展方针和规划法》在第 1 条中宣布："科学研究和技术发展是国家的优先领域。"美国 1976 年颁布的《国家科学技术政策、组织重点法》第 1 条宣布："国会认识到科学技术对社会的深远影响，认识到科学技术、经济、政治及制度等因素的关系，要求在完成国家目标中，有力地或明显地支持和使用科学技术。"

社会主义的本质在于解放和发展社会生产力，而科学技术是第一生产力。作为中国伟大的战略家，邓小平同志率先肯定了"科学技术是第一生产力"的地位，在国家发展部署中反复指出："没有现代科学技术，也就不可能建设现代农业、现代工业、现代国防。没有科学的高速度发展，也就不可能有国民经济的高速度发展。"现在，"坚定不移地树立和落实科学发展观，坚定不移地实施科教兴国战略，充分发挥科技进步和创新在经济社会发展中的巨大作用，并将这一思想作为我国的科技发展战略"不仅是党和国家的政策，而且也被法律固定下来，成为我国科技活动的首要原则。

2012 年年底召开的党的十八大明确提出："科技创新是提高社会生产力和综合国力的战略支撑，必须摆在国家发展全局的核心位置。"强调要坚持走中国特色自主创新道路、实施创新驱动发展战略。"创新驱动发展"战略意味着中国未来的发展要靠科技创新驱动，尤其强调自主创新，而不是传统的劳动力以及资源能源驱动；意味着创新的目的是驱动发展，而不是发表高水平论文或者其他。2015 年 7 月 16 日至 18 日，习近平在吉林调研时讲："要大力推进创新驱动发展，下好创新这步先手棋，激发调动全社会创新创业活力，加快形成以创新为主要引领和支撑的经济体系。"

自主创新，是当前我国科学技术工作指导方针"十六字方针"的灵魂和核心。我们必须主要依靠自己的力量，必须把自主创新作为调整经济结构、转变增长方式的中心环节，自主创新是实现我国创新型国家建设目标的根本保证，具体而言，就是提高三种创新能力：①必须高度重视提高原始创新能力，要在关系国计民生的关键领域掌握更多的自主知识产权，在高科技领域占据一席之地；②集成创新能力是一个国家创新能力的重要标志。国家今后注重提高国家集成创新能力，使各种相关技术有机融合，形成具有市场竞争力的产品和产业。③在引进技术的基础上消化吸收再创新也是创新。不能简单引进使用就算完事，我们更要吸收、消化，并进一步再创新，在引进的基础上逐步实现国家科技水平的不断提高。

创新型国家是指以技术创新为经济社会发展核心驱动力的国家。主要表现为：整个社会对创新活动的投入较高，重要产业的国际技术竞争力较强，投入产出的绩效较高，科技进步和技术创新在产业发展和国家的财富增长中起重要作用。作为创新型国家，应具备以下四个特征：①创新投入高，国家的研发投入即 R&D（研究与开发）支出占 GDP 的比例一般在 2% 以上；②科技进步贡献率达 70% 以上；③自主创新能力强，创新型国家的对外技术依存度指标在 30% 以下；④创新产出高，发明专利多。目前，世界上公认的创新型国家有 20 个左右，包括日本、瑞士、芬兰、美国、韩国、德国、瑞典等。

科技进步与创新只有面向经济、促进经济发展才具有价值，才会获得动力和支持。当今世界，全球性科技革命蓬勃发展，高新技术成果向现实生产力的转化越来越快，特别是一些战略高技术越来越成为经济社会发展的决定性力量。我们必须认清形势，居安思危，奋起直追，按照科学发展观的要求，加快发展我国的科学技术，为推进经济结构的调整优化、实现经济增长方式的根本性转变，为推动经济社会全面协调可持续发展提供更加有力的科技支撑。

科学技术是一把双刃剑，它可以将人造卫星送上太空，也可以造出毁灭人类的大规模杀伤性武器；它可以生产出先进的交通、通信工具和化学制品，也会造成环境污染、生态失衡、资源浪费；它可以提高人类的生活质量，也可以被用作犯罪的工具；它可以利用基因成果拯救人的生命，也可以引发克隆人等伦理、社会和法律问题……可见，如果人们不重视科学技术与社会发展的协调，科技自身引发的社会问题与人们的落后观念将会遏制科技的进步，经济也将随之走上下坡路。鉴于此，《科学技术进步法》第 13 条和 21 条明确规定，"国家依靠科学技术进步，推动经济建设和社会发展，控制人口增长，提高人口素质，合理开发和利用资源，防御自然灾害，保护生活环境和生态环境"，"国家鼓励运用先进的科学技术，促进教育、文化、卫生、体育等各项事业的发展"。

中国共产党的十九届四中全会《中共中央关于坚持和完善中国特色社会主义制度、推进国家治理体系和治理能力现代化若干重大问题的决定》中说："弘扬科学精神和工匠精神，加快建设创新型国家，强化国家战略科技力量，健全国家实验室体系，构建社会主义市场经济条件下关键核心技术攻关新型举国体制。加大基础研究投入，健全鼓励支持基础研究、原始创新的体制机制。"

（二）尊重知识、尊重人才，保护知识产权，保障科学研究自由的原则

《科学技术进步法》第3条第1、2款规定："国家保障科学技术研究开发的自由，鼓励科学探索和技术创新，保护科学技术人员的合法权益。全社会都应当尊重劳动、尊重知识、尊重人才、尊重创造。"该原则集中地体现了"科技以人为本"的理念。

科学研究自由主要包括以下内容：第一，研究人员在从事科学研究活动中的思想自由，即允许科研人员按照自然规律、科学发展规律和各种现实条件，自主地选择科研课题，在研究过程中独立思考，以得出科学的观点和结论。第二，科研人员从事科研活动的相对独立。科学研究的自由不仅指科研活动中的思想自由，而且指这一活动本身的自由。如果科研活动本身受到人为的干扰，便难以保障科研思想的自由。第三，允许科研人员持有和表达不同的学术观点，采用不同的研究方法。这是前述两种自由的必然延伸，也是科学研究自由的重要内容之一。这三个方面的自由，都是科学研究自由不可缺少的内容，它们是相互联系的统一体，缺少任何一个方面，都不能说达到了保障科学研究自由的境界。任何行为只要侵犯了其中任何一个方面，都构成对科学研究自由权利的侵犯，都应当受到法律的制止。

只有尊重知识、尊重人才、尊重创造、以人为本，才能激发科技工作者从事科技创新的积极性。尊重知识、尊重人才、尊重创造、尊重科技工作者的创造性劳动的内容主要有：第一，要在全国、全社会创造人才流动、量才录用的环境和条件。离开这种环境和条件，这"四尊重"便会流于一句空话。第二，要大力培养人才、用好人才、爱护人才。这一点既是现实的要求，也是国家和全社会的责任，自然也是"四尊重"原则的基本内容。第三，充分尊重科技工作者的创造性劳动。具体表现为：一方面应当尊重科技工作者的科学探索和技术创新的精神，鼓励和支持他们的科学探索和技术创新活动；

另一方面通过健全的知识产权制度保护其智力创造的劳动成果。第四，要建立和完善正确评价知识价值和人才水平的制度。要建立技术市场、信息市场、人才市场，实行公开、公平、公正的竞争规则，保障科学技术工作者获得公正待遇和合理的工作条件、生活条件。

"四尊重"宣告了国家对于知识、人才和科技工作者创造性劳动的基本政策，为各项相应制度的制定、完善和实施提供了依据和指引。同时，它也为保护科技工作者的合法权益提供了法律指南。

2014年8月18日，习近平在中央财经领导小组第七次会议上讲："创新驱动实质上是人才驱动。为了加快形成一支规模宏大、富有创新精神、敢于承担风险的创新型人才队伍，要重点在用好、吸引、培养上下功夫。"

（三）科技活动的国家主导与全社会参与和支持科技进步相结合原则

国家主导科技活动的原则，是指在我国科技事业亟待飞速发展的今天还要大力突出国家对科技活动的协调与管理作用，保证政府科技决策的正确性，保证国家对科技的强有力推动作用。在动员和组织全社会的力量推进科技进步的过程中，对科技进步活动进行宏观管理、统筹协调并提供环境、条件和服务方面，政府负有不可推卸的责任。

党的十九大四中全会《中共中央关于坚持和完善中国特色社会主义制度、推进国家治理体系和治理能力现代化若干重大问题的决定》指出，我国作为社会主义国家具有"坚持德才兼备、选贤任能，聚天下英才而用之，培养造就更多更优秀人才的显著优势"。

《科学技术进步法》在许多条文中都采用了"国家建立""国家支持""国家鼓励""国家引导""国家推进""国家选择""国家组织推广应用""国家实行""国家保障"一类的词语来表述"国家"在科学技术进步事业中的地位、作用、权力和责任，涉及这一方面的条文有32条之多。综观这些条文的内容，集中体现了加强政府对科技发展的协调和管理的原则。这主要体现在两个方面的内容：一方面，协调技术进步与外部环境的关系。这主要是指为科学技术进步创设良好的环境和条件，推动科学技术为经济建设和社会发展服务，使科技体制与经济体制和其他体制相适应。另一方面，协调科技进步内部各环节、各方面的关系。这包括协调基础研究和应用研究、技术开发与科技成果的推广应用之间的关系，协调一般技术开发和高新技术的研究开发之间的关系，协调研究开发部门、工业性试验部门、技术采用部门之间的关系，协调农业科技、工业科技和其他行业科技发展之间的关系，协调这一地区和另一地区科技发展之间的关系。

《科学技术进步法》第 5 条第 2 款规定："国家鼓励机关、企业事业组织、社会团体和公民参与和支持科学技术进步活动。"这便是确立了全社会参与和支持科技进步的原则。科技进步法确立的这一原则，为动员和组织全社会的力量共同推进科技进步提供了法律依据，为我国科技事业持续不断地前进提供了保障。

全社会参与和支持科技进步的原则要求一切国家机关、一切企业事业组织、一切社会团体以及全体公民，都应当积极地、自觉地参与和支持科学技术进步活动，这既是他们的一项职权或权利，也是他们的一种神圣的职责和义务。法律对于积极履行职责或义务，对在推动科学技术进步活动中做出突出贡献者，提供了奖励、减免税收等鼓励措施。鼓励全社会参与和支持科学技术进步活动是一项应当长期坚持的基本国策。

我国经济发展正处于转型升级的经济新常态阶段，为保证经济中高速增长，遏制经济下滑趋势，2018 年 9 月 18 日国务院下发《关于推动创新创业高质量发展打造"双创"升级版的意见》。

为落实"全社会参与、支持科技进步"，自 20 世纪末期以来我国高等教育无论是大学本科生还是研究生教育先后扩招，意在为全民参与和支持创新培养主体力量，提供创新主体条件。2014 年 9 月夏季达沃斯论坛上李克强总理的讲话提出，要在 960 万平方千米土地上掀起"大众创业""草根创业"的新浪潮，形成"万众创新""人人创新"的新势态。此举措旨在激发民族的创业精神和创新基因。

为增强公民的科技创新能力、普及科学知识，我国除了实行九年制义务教育，普及高等教育、职业教育，还特意制定了《科学技术普及法》（2002年 6 月 29 日通过，自公布之日起施行）。

（四）不断改革与完善科学技术管理的体制、机制原则

1993 年生效的《科学技术进步法》第 4 条规定："国家根据科学技术进步和社会主义市场经济的需要，改革和完善科学技术体制，建立科学技术与经济有效结合的机制。"尽管该条在 2007 年修改时被删除了，但是科技体制改的精神却保留在一些法律条文中。

笔者主张将不断改革与完善科学技术体制机制的原则作为科技法的基本原则，具有现实针对性。在传统计划经济体制下，我国的科技组织是以科学院和各部门、各地区所属的研究院所为主体的。科技人员闭门造车，其研究

成果往往脱离生产建设实际而束之高阁；或者重复研究，造成资源浪费。由于科研经费与科技人员的收入完全来源于国家财政拨款，给国家财政造成很重的负担，同时受国家财力的限制，有限的科研经费限制了科研项目的开展，科技人员也由于收入微薄而失去了从事科学研究的积极性。科研机构中人浮于事，真正在科研第一线的人员很少，而在分配时行政人员却又优先于科技人员，科技人员的人才价值得不到充分认同。因此，科技体制、机制的改革势在必行。所以，必须不断改革与完善科学技术体制机制。

社会主义市场经济体制下政府与市场两种手段有机结合，政府要有所为有所不为，并充分发挥市场调节的即时性。科学技术体制、机制的改革方向要朝着适应"市场经济的需要""与经济有效结合"的方向进行。科技体制改革首先必须打破科研机构、科研经费完全由国家大包大揽的状况，走产、学、研相结合的道路，科研课题来自生产实践，科研经费来自科研成果的受益人，科研成果直接为企业服务，为生产建设服务，并产生直接的经济效益。与此同时，科技体制的改革就是要体现尊重知识、尊重人才，多劳多得、不劳不得，劳动者的贡献应当与他们的经济利益挂钩。科研机构必须精简，分配制度必须改革。

创新体制、机制包括三方面内容：一是对市场的应变能力。产品随市场的变化而变化，销售随市场的变化而变化，服务随市场的变化而变化，决策随市场的变化而变化。二是内在的发展动力。加快企业的发展、地方的发展，有一种自觉的、主动的、不懈的活力。三是调动人的积极性的机制。用工制度、分配制度、奖惩制度都有利于调动人的积极性，奖勤罚懒，优胜劣汰。

现行《科学技术进步法》有很多条文体现了推动科技体制机制改革的宗旨。①对于基础领域、事关国计民生的重要领域、重大攻关项目，国家紧抓不放全力支持，而对其他的发明进步推向市场。这一改过去所有科研院所都是事业单位的大锅饭局面，而要求一般的应用型科研院所必须适应市场的需要而转型。②强化企业科技创新主体地位、军用与民用科学技术创新活动的衔接与协调。传统的市场体制下，企业没有应有的市场主体地位，政府大包大揽，包办代替；国家机构也是条块分割。《科学技术进步法》的现有规定有利于打破这种僵死的局面。如其第30条规定："国家建立以企业为主体，以市场为导向，企业同科学技术研究开发机构、高等学校相结合的技术创新体系，引导和扶持企业技术创新活动，发挥企业在技术创新中的主体作用。国家加强军用与民用科学技术计划的衔接与协调，促进军用与民用科学技术资源、技术开发需求的互通交流和技术双向转移，发展军民两用技术。"③在传统计划经济体制下,科研经费主要由政府投资,渠道单一;受制于国家财政,科研经费投入有限。《科学技术进步法》规定鼓励社会多渠道筹措,有助于扭转科技投资不足的局面。如其第9条规定:"国家加大财政性资金投入,并制定产业、税收、金融、政府采购等政策,鼓励、引导社会资金投入,推动全社会科学技术研究开发经费持续稳定增长。"其第35条规定:"国家完善资本市场,建立健全促进自主创新的机制,支持符合条件的高新技术企业利用资本市场推动自身发展。国家鼓励设立创业投资引导基金,引导社会资金流向创业投资企业,对企业的创业发展给予支持。"

党的十九大四中全会《中共中央关于坚持和完善中国特色社会主义制度、推进国家治理体系和治理能力现代化若干重大问题的决定》要求:"完善科技创新体制机制。弘扬科学精神和工匠精神,加快建设创新型国家,强化国家战略科技力量,健全国家实验室体系,构建社会主义市场经济条件下关键核心技术攻关新型举国体制。加大基础研究投入,健全鼓励支持基础研究、原始创新的体制机制。建立以企业为主体、市场为导向、产学研深度融合的技术创新体系,支持大中小企业和各类主体融通创新,创新促进科技成果转化机制,积极发展新动能,强化标准引领,提升产业基础能力和产业链现代化水平。完善科技人才发现、培养、激励机制,健全符合科研规律的科技管理体制和政策体系,改进科技评价体系,健全科技伦理治理体制。"

（五）全面推进科技发展与重点突破相结合原则

《科学技术进步法》第6条规定:"国家鼓励科学技术研究开发与高等教育、产业发展相结合,鼓励自然科学与人文社会科学交叉融合和相互促进。国家加强跨地区、跨行业和跨领域的科学技术合作,扶持民族地区、边远地区、贫困地区的科学技术进步。"全面推进科技进步的原则,就是要涵盖自然科学和社会科学,在科学技术领域从研究开发到科学技术成果的推广应用的各个环节全面地推进科技进步;就是要发达地区和不发达地区、优势产业和落后产业平衡推进科技进步。

关于重点突破,《科学技术进步法》第10条规定:"国务院领导全国科学技术进步工作,制定科学技术发展规划,确定国家科学技术重大项目、与科学技术密切相关的重大项目,保障科学技术进步与经济建设和社会发展相协调。"其第19条规定:"国家遵循科学技术活动服务国家目标与鼓励自由探索相结合的原则,超前部署和发展基础研究、前沿技术研究和社会公益性技术研究,支持基础研究、前沿技术研究和社会公益性技术研究持续、稳定发展。"其第 24 条规定:"国务院可以根据需要批准建立国家高新技术产业开发区,并对国家高新技术产业开发区的建设、发展给予引导和扶持,使其形成特色和优势,发挥集聚效应。"

重点突破就是在国家科学技术重大项目、与科学技术密切相关的重大项目方面有所突破;就是要发展高新技术,在信息技术、生物技术、新能源与可再生能源、海洋技术、航空航天技术和纳米技术领域获得新的突破,以占领科技领域的制高点。

全面推进科技发展与重点突破相结合原则要求,科技工作应当按照科技发展规律作全面部署,既要做到从科技研究开发到科技成果的推广应用的合理部署,又要做到经济建设和社会发展主战场、建立和发展优势的高技术产业、加强基础性研究这三个层次科技工作的合理部署,以全面地推动科技进步。

2014 年 8 月 18 日,习近平总书记在中央财经领导小组第七次会议上的讲话指出:"要坚持问题导向,从国情出发确定跟进和突破策略,按照主动跟进、精心选择、有所为有所不为的方针,明确我国科技创新主攻方向和突破口。"2016 年 1 月 18 日,习近平总书记在省部级主要领导干部学习贯彻党的十八届五中全会精神专题研讨班上的讲话又强调:"要以重大科技创新为引领,加快科技创新成果向现实生产力转化,加快构建产业新体系,做到人有我有、人有我强、人强我优,增强我国经济整体素质和国际竞争力。"2019 年 6 月 14 日,习近平总书记在上海合作组织成员国元首理事会第十九次会议上的讲话指出:"要坚持创新驱动发展,在数字经济、电子商务、人工智能、大数据等领域培育合作增长点。"

(六) 倡导生态科技原则,保证科技安全原则

倡导生态科技原则,保证科技安全原则,这是"科技以人为本""可持续发展战略"的直接要求,包括科学技术的绿色化和对科技发展的引导与约束,以防止科技的误用,禁止科技的滥用等内容。将倡导生态科技原则、保证科技安全原则作为科技法的基本原则,具有现实针对性。2018 年 7 月 25 日,习近平总书记在金砖国家工商论坛上的讲话指出:"作为世界最大的发展中国家,我们将牢牢把握时代发展脉搏,深入贯彻创新、协调、绿色、开放、共享发展理念,加快推进创新驱动发展战略,深入参与国际创新和技术合作,积极开展南南合作,努力为新兴市场国家和发展中国家共同发展创造更大机遇。"

《科学技术进步法》第 29 条规定："国家禁止危害国家安全、损害社会公共利益、危害人体健康、违反伦理道德的科学技术研究开发活动。"第 20 条第 3 款规定："项目承担者依法取得的本条第一款规定的知识产权，国家为了国家安全、国家利益和重大社会公共利益的需要，可以无偿实施，也可以许可他人有偿实施或者无偿实施。"其第 28 条规定："国家实行科学技术保密制度，保护涉及国家安全和利益的科学技术秘密。国家实行珍贵、稀有、濒危的生物种质资源、遗传资源等科学技术资源出境管理制度。"

（七）以激励为主，惩罚为辅原则

科技法对于科技创新、科技成果的推广和应用等科技行为以奖励为主，对违法科技法律，侵犯法定权利的行为的惩罚为次要的和辅助的。因为科技创新并非人人都可办得到，只有具有深厚的学术功底、勤于思考、踏实钻研的人，才会有所发明或者发现，故要奖励，并且奖励的力度要大。此外，要保障权利主体的权利，对于侵害智力成果的违法犯罪行为（如侵犯商业秘密、侵犯著作权、假冒专利等行为），决不姑息迁就。

为激励创新，我国制定了专门的《国家科学技术奖励条例》（1999 年 5 月 23 日国务院令第 265 号发布。此后于 2003 年 12 月 20 日国务院令第 396 号第一次修订，2013 年 7 月 18 日国务院令第 638 号第二次修订）。为进一步做好国家科学技术奖励工作，保证国家科学技术奖的评审质量，科学技术部对 1999 年 12 月 24 日公布了《国家科学技术奖励条例实施细则》（此后先后于 2004 年 12 月 27 日第一次修改，2008 年 12 月 23 日第二次修改）。同时，除了直接的奖励规定，国家还运用知识产权制度加以激励，设定了允许并宽容科研正常的失败制度以营造有利于科研人员大胆创新、敢于冒险的科研氛围。《科学技术进步法》第 20 条第 1、2 款规定："利用财政性资金设立的科学技术基金项目或者科学技术计划项目所形成的发明专利权、计算机软件著作权、集成电路布图设计专有权和植物新品种权，除涉及国家安全、国家利益和重大社会公共利益的外，授权项目承担者依法取得。项目承担者应当依法实施前款规定的知识产权，同时采取保护措施，并就实施和保护情况向项目管理机构提交年度报告；在合理期限内没有实施的，国家可以无偿实施，也可以许可他人有偿实施或者无偿实施。"该条规定有利于激励项目承担者进行科技创新并积极推广其研究成果，被认为是"中国的拜杜法"，其立法价值得到了全社会的广泛肯定。《科学技术进步法》还用专条（第 56 条）规定了宽容失败制度。2016 年 4 月 19 日，习近平总书记在网络安全和信息化工作座谈会上的讲话指出："要建立灵活的人才激励机制，让作出贡献的人才有成就感、获得感。要构建具有全球竞争力的人才制度体系。不管是哪个国家、哪个地区的，只要是优秀人才，都可以为我所用。"

（八）全方位开展国际科技交流与合作的原则

《科学技术进步法》第9条规定："中华人民共和国政府积极发展同外国政府、国际组织之间的科学技术合作与交流，鼓励研究开发机构、高等院校、社会团体和科学技术工作者与国外科学技术界建立多种形式的合作关系。"

一般来说，全方位开展国际科技交流与合作主要包括以下三个方面的内容：①全方位的开放。超越意识形态的壁垒，发展同不同社会制度国家的双边科技合作，发展同联合国和其他国际组织之间的多边合作。②多层次的开放。不仅发展中央政府之间的科技合作、省市政府之间的科技合作，而且支持民间科技合作。③大跨度的开发。这要求既要开展科技人员交流、科技信息交换、合作研究、共同开发、成果共享、技术贸易、具有高度技术含量的产品和服务贸易等活动，同时也应鼓励中外高技术研究开发机构和高技术企业通过独资、合资、合作等多种形式创办企业、重点实验室、研究开发机构、高新技术产业开发区，把科技合作与经济合作和贸易结合起来。当然，在对外科技交流与合作过程中，应充分注意知识产权保护和技术产品市场份额的分配。

科技合作是当今科技发展的趋势。首先，科学技术的发展过程是一个从综合学科到分支越来越细，又从分支越来越细到多学科融合的一个过程。比如，一架航天飞机即是航天、航空、材料、动力、化工、信息等多学科技术融合的产物。其次，一项科技成果的产生，需要从研究发明到反复实验予以验证，往往是科研机构研究发明，企业协助进行实验，企业为科研机构提供实验数据，科研人员根据实验数据不断地完善技术，然后再将完善后的技术成果投入企业，实现产业化。在这个过程中没有科研机构、科技人员与企业的合作，科学技术就不能成熟，也就谈不上产业化。再次，信息技术的飞速发展，使我们有了以最快速度获得信息的渠道，信息共享与信息交流能够促进科技进步已成为共识。在这样的一个时代，也为科学技术的合作与交流创造了条件，使科技合作成为可能。2014年8月18日，习近平总书记在中央财经领导小组第七次会议上的讲话中重申要扩大开放，全方位加强国际合作，要坚持"引进来"和"走出去"相结合，积极融入全球创新网络，全面提高我国科技创新的国际合作水平。党的十九大四中全会《中共中央关于坚持和完善中国特色社会主义制度、推进国家治理体系和治理能力现代化若干重大问题的决定》强调："推进合作共赢的开放体系建设。坚持互利共赢的开放战略，推动共建'一带一路'高质量发展，维护完善多边贸易体制，推动贸易和投资自由化便利化，推动构建面向全球的高标准自由贸易区网络，支持广大发展中国家提高自主发展能力，推动解决全球发展失衡、数字鸿沟等问题，推动建设开放型世界经济。健全对外开放安全保障体系。构建海外利益保护和风险预警防范体系，完善领事保护工作机制，维护海外同胞安全和正当权益，保障重大项目和人员机构安全。"

第二节　科技法基本原则的作用和意义

科技法基本原则是连接科技法目的和具体科技法规范的桥梁和纽带，具有承上启下的作用和意义。

一、科技法基本原则对科技立法的指导作用和意义

科技法要取得独立的部门法地位，就必然要有自身的基本原则。科技法基本原则是"科技法的灵魂和建构科技法体系的依据"。首先，科技法的基本原则要求国家的权力机关——立法者，在制定科技法律法规时，都必须贯彻依靠科技进步，促进我国各项事业的全面发展，保证科技研究、科研活动、科技成果的转移和利用等相对自由，保障科技安全，促进社会的可持续发展的原则。其次，科技法基本原则有助于从宏观上检验科技法体系是否完备。科技立法必须遵守科技法基本原则，这是问题的一面；另一方面，科技法的基本原则必须最终落实大局体现法律原则和法律制度，所以，如果我们发现某一基本原则或者某一基本原则的某些内容没有被法律规范充实，就说明在这方面需要填补空白或者丰富科技立法。

二、科技法基本原则在解释科技法、执行科技法和科技司法实践活动中的作用和意义

科技法律法规的抽象性和概括性，与丰富多彩、千奇百怪的具体科技纠纷之间永远是一对矛盾。执法人员和司法人员要正确地运用自由裁量权，就需要坚持科技法的基本原则。只有以科技法的基本原则为指导去理解法律规范，才不至于把法律看成僵死的教条，才能正确地理解法律意图，而不至于曲解法律，最终做到正确地适用法律，合情合理地处理科技纠纷。

三、科技法基本原则为科技法学的发展规划了航道

我们虽然反对法学理论研究绝对服从于法条，从而退化为立法者的奴仆，但是学术研究的重要使命是阐述法律的真实含义。如果不遵照基本原则，甚至背离基本原则去解释法律规范，必将得不出正确的结论，而且必将把法学理论研究引向歧途。鉴于基本原则的承上启下的地位，理论研究必须遵从而不能背离基本原则。

第四章
科技法的实施、实现和科技法律秩序

第一节　科技法的实施和实现

一、科技法的实施

（一）科技法实施的概念

法的实施，作为法的运行❶的主要内容，是指法在社会生活中的贯彻，是作为抽象行为模式的法律规范指导现实生活中人们的具体行为，以实现立法者的立法目的，发挥法律的规范作用的过程，是最终实现法的价值的必由之路。法的实施包括前后相继的四个环节：守法、执法、司法和法律监督。

科技法的实施，属于法的实施范畴，是作为抽象行为模式的科技法律规范指导现实生活中人们的具体科技活动行为，以实现科技法的目的，发挥科技法律的规范作用的过程，是最终实现科技法的价值的必由之路。

（二）科技法实施的四个环节

科技法实施的具体内容包含四个环节：人们依据科技法律规定而形成具体科技法律关系，享有权利和履行义务；法律授权的国家机关（如科技管理机关、教育管理机关等）和社会组织（如法学会、科协、高校等）在法律授权范围内执行科技法律；司法机关适用科技法律，以及有关国家机关（检察院、监察委、各级人大、政协等）、社会和公民等对科技法律运行的监督活动，切实保证科技法的实现。

---

❶　法的运行的全部内容则包括法的创制和法的实施两部分。在此只讨论科技法颁行之后的运行，即实施问题。

1. 科技法的遵守

（1）守法也叫法的遵守，是指公民、社会组织（政党）和国家机关以法律为自己的行为准则，依照法律行使权利、履行义务的活动。法律规范形成并生效以后，并不会自动现实化为特定的法律关系。其只有与一定的法律主体相联系的法律事实出现之时，具体的法律关系才会产生，法律规定抽象的权利和义务才会转化为现实生活中具体的权利和义务。例如，合同法规定了技术合同当事人的权利和义务，但它并不自动现实化为特定当事人的权利和义务。只有特定的当事人依据合同法和相关法律的规定，签订了技术转让合同或其他形式的技术合同时，才会在特定的当事人之间产生具体的技术合同权利义务关系。当事人依法签订技术合同的行为，是使技术合同法中规定的抽象的权利和义务现实化的必不可少的桥梁。

（2）科技法规定了法律主体的权利和义务，同样地，这种权利和义务仅是以一种抽象的形式存在着，科技法规范只是对某些科技社会关系的抽象化、模式化。人们根据科技法律规定而形成权利和义务关系，是科技法实施的重要形式。

具体法律关系建立之后，科技法还要继续运行。具体法律关系虽然将法律规范的要求转化为现实中特定法律主体之间具体的权利和义务，但还不等于这些特定的权利义务已经实现。只有当事人实际享受了具体的权利和履行了相应的义务，科技法的运行才告一段落。例如，技术合同的订立，只意味着当事人之间合同关系确立，相应的权利和义务得到具体确定，但这些权利和义务仍属可能实现的范畴，当事人还没有实际享受权利和履行义务。只有当事人按照法律规范的要求而具体履行合同以后，合同确定的权利和义务才切切实实现，于是，技术合同法的功能得以发挥，法律目的得以实现。

如果当事人不履行法律义务，则有可能引起执法或者司法活动。

2. 行政执法

（1）科技执法概念和特点。执法❶，也称法的执行或行政执法，是指国家行政机关、法律授权的组织及其公职人员依法行使管理职权，履行职责，贯彻和实施法律的专门活动。

执法行为的内容是作出具体的行政行为和抽象行政行为。具体行政行为，是指国家行政机关和行政机关工作人员、法律法规授权的组织、行政机关委托的组织，或者从事公务管理的人员在行政管理活动中行使行政职权，针对

---

❶ "执法"，有时被广义地理解，还包括司法活动和法律监督，例如人大和政协组织的执法检查，就包括对司法机关执行法律的活动的监督。此处采狭义。

特定的公民、法人或者其他组织，就特定的具体事项作出的有关该公民、法人或者其他组织权利义务的单方行政行为。简言之，即指行政机关行使行政权力，对特定的公民、法人和其他组织作出的有关其权利义务的单方行政行为。具体行政行为的表现形式包括发布行政命令、行政征收、行政许可、行政确认、行政监督检查、行政处罚、行政强制、行政给付、行政奖励、行政裁决、行政合同、行政赔偿等。

抽象行政行为是指行政机关在进行行政管理中，针对不特定的人和事制定普遍适用的规范性文件的活动。因行为结果是抽象行为规范的产生，故称抽象行政行为。如国务院制定行政法规的行为。抽象行政行为虽然不对某一具体事件或特定人作出具体处理，但一切具体事件和特定人的行为合乎抽象规范的，均在其适用范围以内，抽象行政行为的结果，往往是具体行政行为的依据和条件。抽象行政行为并不直接对具体人或事作出处理，在中国不能针对其提起行政诉讼。抽象行政行为的合法性审查属于国家权力机关和上级行政机关的职权。对于抽象行政行为，可以分为执行性、补充性、自主性几种类型。执行性的抽象行政行为，是指为执行法律或者上位规则制定具体实施细则的行政行为，其特征是不创设新的权利义务。补充性的抽象行政行为，是指根据法律或者上位规则规定的基本原则和基本制度，对原法律或者上位规则需要补充完善的事项作出规定的抽象行政行为，其特征是在基本原则和基本制度约束下创设一部分补充性的、新的权利义务规范。自主性的抽象行政行为，是指行政机关直接对法律或者上位规则尚未规定的事项，在宪法和组织法规定的管理权限内，根据行政管理的实际需要自主创设权利义务的抽象行政行为。

科技执法是国家科技行政机关、教育管理机关、法律授权的组织及其公职人员依照科技法规定行使管理职权、履行职责，贯彻和实施科技法律的专门活动。在我国，大部分的法律法规都是由行政机关贯彻执行的。在科技法运行中，行政执法是最大量、最经常的工作，是科技法立法目的实现的重要环节。科技立法为调整社会科技法律关系提供了法律依据，而科技执法则是科技法得以贯彻实施的重要渠道。

科技执法的特点主要有：

第一，科技执法具有强制性。一切法律都是以国家强制力作为后盾来保证其实施的。科技法也一样，国家科技行政机关组织、贯彻和执行科技法律法规，同样具有强制性。在行政执法中，当义务主体不履行法定义务时，国家行政机关有权采取强制措施以迫使其履行特定义务或者限定其相应的权利，以切实保证科技法律关系正常运行。

第二，科技执法具有特定性。一方面，科技执法主体只能是科技行政机关或法律授权组织，其他任何机关或者组织都不享有科技行政执法权；另一方面，科技执法的对象是特定的，总是同特定的人（包括自然人、法人或者其他组织）、行为或者事实相联系的。具体的科技执法行为的特定性比较容易理解，抽象的科技执法行为也具有特定性，因为科技法律的抽象性和概括性，才使得抽象的科技执法行为成为必要。

第三，科技执法具有综合性和复杂性。由于科技法律法规繁多、内容复杂，科技执法机关都应执行和适用，而且科技执法涉及的对象和内容也非常广泛，既涉及公民、法人和其他组织等各种主体，也涉及政治、经济、文化等社会生活的各个方面。因此，科技执法具有综合性和复杂性的特点。

第四，科技执法具有较大的理由裁量空间，因而具有及时、高效的特点。由于行政机关管理的国家行政事务纷繁复杂，加上社会不断发展变化，再缜密的科技立法也不可能对每一项实务作出明确而严格的具体规定，因而有必要赋予执法机关较大的自由裁量权，以便执法人员对具体的科技实务在一定的幅度和范围内自由斟酌，加以妥处。当然，执法活动自由裁量权的行使，也不可以任性妄为，必须符合法律的目的，符合合理、公正的要求。

迅速、简便、快捷是科技行政执法的生命力之所在。科技已经渗透到社会生活的各个方面，科技执法是否有效率，直接关系到整个社会的科技活动是否有效率。科技执法机关需要拥有一大批不同专业的技术人员，使其能够准确、及时地认定事实，处理科技实务。

第五，科技执法具有主动性和经常性。行政执法是掌握国家政权的阶级动用国家力量对社会实行全方位组织管理，其目的在于促进由国家立法机关向各种社会主体所分配的权利义务得以正常实现。因此，行政执法不像司法那样处于被动的角色，秉持中立的态度。科技法也一样，具有对国家科技活动积极主动引导管理的特点。科技执法是科技行政机关最频繁、最主要的公务活动。可以说，科技行政机关的绝大部分公务活动都属于科技执法活动。

（2）科技执法原则。科技执法原则主要有以下两个：

第一，依法行政原则。即科技执法机关必须根据法定权限、法定程序和法治精神进行管理，否则，不但行政行为无效，而且要追究执法主体的责任。这是现代法治国家行政活动的一条最基本的原则。只有依法行政，使科技执法机关依照体现了人们对客观必然性认识的法律行事，才能避免、克服行政活动本身可能产生的任意性和偶然性，有效地促进科技进步，保证国家稳定和社会发展。依法行政还可以防止科技执法机关滥用权力。法律一方面赋予科技执法机关对社会生活及国家事务进行管理的权力，另一方面对行政权的行使规定了限度、限制和程序，从而在实体上和程序上防止滥用行政权。

依法行政原则主要包括有限权力原则、正当程序原则和责任行政原则。其一，法治，对于国家机关而言，法不授权皆禁止；对于民众而言，法不禁止皆自由。所以，法律授予权力，从另一个角度看，就等于权力限制，所以，依法行政的首要的底线是权力有限。没有授权，则执法机关不得行使相应的职权。其二，正义不仅要实现，更重要的是要以看得见的方式来实现。我国具有重实体法、轻程序法的不良传统，所以，必须遵从程序的要求，以保证当事人的程序权利，进而保证其实体权利。不经过正当的程序，实体利益便很难保证，一切违背程序的行政行为，毫无例外地都是无效的。其三，责任行政原则，即行政执法主体必须对自己的行政行为承担责任。现代法治不允许只实施行政活动，而对自己的行为不承担责任。该原则的主要内容：一是行政活动应该处于责任状态，每一项职权均有相应的责任与之相对应；二是行政责任的承担以违法、不当或者损害为前提；三是对行政赔偿应该合理归责；四是对侵害和损失，应予行政救济；五是行政救济用尽之后司法最终解决。

第二，讲求效能原则。讲求效能原则是指科技执法机关应当在依法行政的前提下，讲求效率，主动有效地行使其权能，以取得最大的行政执法效益。与国家权力机关、司法机关相比，行政机关更强调效率，要求执法主体从保护公民权利和国家利益出发对行政相对人的各项请求及时做出反应，在不损害行政相对人合法权益的前体下适当提高行政效益。讲求效能原则是建立在合法性基础上的，科技执法主体必须严格按照法定程序和时限执法，不能借口效能而违反法律规定。

讲求效能原则还要求科技执法机关应当做到执法行为准确，避免出现不适当、不合理的执法而影响执法效能。❶ 由于行政执法具有较大的自由裁量权，所以执法合理便尤为重要。合理性要求行政机关在行使自由裁量权的时候，必须符合立法目的和立法精神，最大限度地尊重公民个人的权利和自由，而不能随心所欲地处置公民的基本权利；尽可能地考虑行政相对一方当事人的便利，采用尊重当事人权利的方式和程序，以最低限度地剥夺权利或者设定最小义务的方式达到执法目的。如果行政自由裁量权的行使，不是出于国

❶ 张文显．法理学［M］．北京：高等教育出版社、北京大学出版社，2011：295-305.

家利益而是为了追求私人利益或者小集团的利益，则属于滥用权力或者玩忽职守。

（3）科技执法的分类。行政执法行为种类包括抽象的行政行为、组织管理行为、行政准司法行为（处罚、处分、行政复议、行政调解等）。相应地，科技执法活动主要包括三方面的内容：

第一，因管理的需要对于科技法律法规进一步细化，制定实施细则、委托立法、制定规章等。例如，国务院制定的《中华人民共和国专利法实施细则》（2001 年 6 月 15 日国务院令第 306 号公布；根据 2002 年 12 月 28 日《国务院关于修改〈中华人民共和国专利法实施细则〉的决定》第一次修订；根据 2010 年 1 月 9 日《国务院关于修改〈中华人民共和国专利法实施细则〉的决定》第二次修订）。2009 年教育部发布了《关于严肃处理高等学校学术不端行为的通知》（教社科〔2009〕3 号）等。

第二，因行政管理的需要而执行法律法规，即把法律法规具体应用于行政管理领域，以规范某一社会领域的社会关系，推动法律秩序形成。这是各级行政机关大量的、日常性工作。例如，2019 年 11 月 20 日《中国质量报》报道了山东省青岛市市场监管综合执法支队打击知识产权侵权违法行为："为严厉打击知识产权侵权违法行为，保护权利人和消费者合法权益，山东省青岛市市场监管综合执法支队于 9 月下旬全面启动知识产权执法'铁拳'行动，严厉震慑了商标侵权行为，有效保护了青岛市名优品牌。"又如，2018 年 7 月 3 日上海市金山、松江两区知识产权局在市知识产权局的带领下，组成专利联合执法检查组赴农工商超市（大石化店）、上海金石大药房同源春参店、上海松江商城等地开展专利行政执法检查。执法人员现场宣传了专利保护的相关法律法规，讲解了专利标识标注识别、专利有效性判断等知识，指导商业单位加强知识产权管理，提升员工知识产权意识，为保护专利权人和消费者的合法权益、营造良好的知识产权保护环境奠定了基础。

第三，因当事人之间产生纠纷而执法，行政机关负责一定范围的决定、处罚、复议、调解、仲裁等事项。如前述山东省青岛市市场监管综合执法支队打击知识产权侵权违法行为执法检查，对商户销售假冒商品违法行为查处："对该市 3 家建材市场的 9 家商户销售假冒商品违法行为进行了集中查处，没收假冒颐中品牌白乳胶和 801 胶 74 桶（1146 千克），罚没款共计 9 万余元。"

3. 法的适用（即司法）

（1）法的适用（即司法）的含义。法的适用，也称司法，是指国家司法机关根据法定职权和法定程序，具体应用法律处理案件的专门活动，包括民事司法、行政司法和刑事司法。

法的适用在科技法运行的过程中可能出现，也可能不出现。之所以不出现，是因为公民和社会组织等法律主体依照科技法律行使权利并履行义务，科技法律则在社会实际生活中得以实现，因而无须法的适用。之所以出现是因为在科技法律关系产生以后，当事人之间会产生一些争议，例如，对协议效力和协议的内容存在不同认识、是否要继续维持协议的效力等存在分歧。法律适用旨在确认法律关系的有效性（如确认技术转让合同有效）、保护法律关系（如裁定技术合同当事人继续履行合同）、变更法律关系（如批准高科技企业变更经营范围）、消灭法律关系（如裁定技术合同无效）等。

（2）科技法的适用情形。在下列情况下需要适用科技法：

第一，当法律主体在相互关系中发生了自己无法解决的科技争议，致使法律规定的权利义务无法实现时，需要司法机关适用法律裁决纠纷，解决争端。

第二，当法律主体在其科技活动中遇到违法、违约或侵权行为时，需要司法机关适用法律制裁违法者或犯罪分子，追究违法者或犯罪分子的法律责任，恢复被侵害的权利，确认有关主体的权利义务并保证其实现。

总之，法律主体依靠自己的能力不能使科技法继续运行的情况下，便可以借助于法的适用的手段，来达成科技法律的实现。

（3）科技法适用的特点主要有：

第一，具有国家权威性。法的适用是由特定的国家司法机关及其公职人员，按照法定职权实施法律的专门活动，具有国家权威性。

第二，具有国家强制性。法的适用是司法机关以国家强制力为后盾实施法律的活动，因而具有国家强制性。

第三，具有严格的程序性及合法性。法的适用是司法机关依照法定程序、运用法律处理案件的活动，具有严格的程序性及合法性。

第四，法的适用必须有表明法的适用结果的法律文书。法的适用往往通过某种法律文书的形式加以实现，国家机关用这种法的文书确认或者禁止某种行为，从而把法所设定的权利、义务关系变成现实中的权利义务关系。例如，制作判决书、裁定书、调解书的活动都是适用法的活动。

法的适用（司法）与行政执法相比有巨大的差别，这些差别体现着司法的特点，也是对司法的基本要求。主要包括：①司法具有被动性，而行政执法具有主动性；②司法具有中立性，而行政执法具有鲜明政治立场；③司法重视过程，程序至上，追求形式价值，而执法注重目标性、实体性（合理性）；④司法运行中，控辩审几方角色之间有交谈性而行政执法有主导性和非交谈性；⑤司法价值取向是公平优先，而行政执法价值取向是效率优先。

4. 法律监督

在我国，法律监督有狭义和广义之分。狭义的法律监督专指国家纪检监察机关和人民检察院依法对法律实施的检查和督促。例如，党的十九届四中全会通过的《中共中央关于坚持和完善中国特色社会主义制度 推进国家治理体系和治理能力现代化若干重大问题的决定》第4条"坚持和完善中国特色社会主义法治体系，提高党依法治国、依法执政能力"之（四）："加强对法律实施的监督。保证行政权、监察权、审判权、检察权得到依法正确行使，保证公民、法人和其他组织合法权益得到切实保障，坚决排除对执法司法活动的干预。"这里的法律监督属于狭义的监督。

广义的法律监督则包括一切国家机关、社会组织和公民对各种法律活动的监督。广义的法律监督可分为国家监督、政党监督和社会监督。①国家监督。国家监督包括国家权力机关的法律监督（主要是对法的制定活动的监督和法的实施活动情况的监督）、行政机关的法律监督（包括各级监察委和上级行政机关，以及行政机关之间的监督）、司法监督（如检察院的法纪监督、侦查监督、审判监督，法院系统的审判监督）。②政党监督。政党监督包括中国共产党的监督（通过对国家机关的领导发挥党对各级国家机关的监督作用和对党员、下级党组织的监督）、各民主党派的监督（包括各级政协组织的监督）。③社会监督。社会监督包括人民群众、社会组织（工会、青年团、妇联、学术性团体等）和新闻媒体的法律监督。党的十九届四中全会通过的《中共中央关于坚持和完善中国特色社会主义制度 推进国家治理体系和治理能力现代化若干重大问题的决定》中的第14条"坚持和完善党和国家监督体系，强化对权力运行的制约和监督"规定："党和国家监督体系是党在长期执政条件下实现自我净化、自我完善、自我革新、自我提高的重要制度保障。必须健全党统一领导、全面覆盖、权威高效的监督体系，增强监督严肃性、协同性、有效性，形成决策科学、执行坚决、监督有力的权力运行机制，确保党和人民赋予的权力始终用来为人民谋幸福。"这里的监督属于广义的监督。

二、科技法的实现

法的实现，即将体现在法律规范之中的立法者的要求和意图转化为现实社会生活的法律秩序，既指某一个具体的法律规范、个别制度或者某个、某几个部门法的实现，也可以指国家整个法律规范体系的实现。科技法的实现，就是将体现在科技法律规范之中的立法者的要求和意图转化为社会生活现实。

法的实现是必须通过法的实施来完成，是法的实施的结果样态；法的实施是以最大限度的法的实现为目的，是围绕法的实现而展开的守法、执法、司法、法律监督等一系列活动和过程。

随着系统论在法学中的运用和法经济学的发达，人们对影响法的实现的因素的认识也愈加深刻，法的实现研究呈现越来越量化的趋势。这有助于为指导法的实现提供更加精准的理论依据。如现代信息论、现代控制论、拓扑学、系统工程学以及概率论、模糊学等的广泛应用，就已使法学研究的方法论发生了深刻的变化，对法学问题的定量研究成为可能。以系统论为例，有学者把法的实现视为一个复杂的巨系统，认为这一系统主要包括：①主导系统，即法的制定、颁布、生效，以及对社会关系的调整，直至体现在法律规范中统治阶级立法意图转化为社会生活的现实，这是法的实现的系统的主导工程。其主要的是法律规范的完备、科学，以及国家机关的执法、司法和监督机制的流畅和运行有力。②保证法的实现的合法行为的制约因素系统。行为法学考察社会主体的行为形成和发展的一般规律，遴选出影响和制约社会主体行为的七个变量，即主体的需要、主体的价值观、主体的能力、资源状况、行为机会、行为方式、行为消耗。为了把社会主体的行为引向合法，就必须用法律力量对这七个变量加以规范，以形成主体合法行为的制约机制。③保证法的实现的社会因素，包括社会的政治、经济、教育、文化等条件等。在此基础上，可以进行数学建模、量化分析。❶

第二节 科技法律秩序形成与动态变化

上一节按照法律实施过程中的主体线索讨论了科技法律的遵守、执法、司法和法律监督问题；这一节则以科技法律秩序为主线，讨论科技法律秩序形成、变更、消灭，以及其过程中的破坏和维护问题。

一、科技法律秩序的形成、变更和消灭

科技法在创制并生效之后，由于其凝结着统治阶级的意志，即具有了科

---

❶ 黎国治、黄建武．关于个体行为法律控制研究［J］．现代法学，1989（5）：13-19.

技法运行的原始能量（国家强制力），可以借助于公民的自觉遵守和国家的执法、司法、法律监督等环节来规范社会的科技活动，发挥调整作用，达成科技法的实现。这一过程也是科技法律秩序形成、变更、救济和维护，甚至消灭的过程。

法律秩序是指依法建立和保护的法律主体相互之间的权利义务关系的有条不紊的社会秩序。由此，科技法律秩序是依科技法建立和保护的科技法主体相互之间的科技权利义务关系的有条不紊的科技社会秩序。

黑格尔说过，权利的边界构成法律秩序。由此，从权利义务关系来分析，科技法律秩序的形成与动态变化的过程实际就是科技法律权利义务关系产生、变动、维护或者消灭的过程。缘此，我们不仅要在静态意义上界定科技法律秩序是什么，还应该对科技法律秩序作动态的考察。众多的法律关系网结而成法律秩序。所以，动态地把握科技法律秩序要从科技法律关系这个最基本构成单元的形成、变更或者消灭入手。

科技法律关系，是指科技法律规范在调整科技法律主体之行为过程中所形成的以法律上特定的科技权利义务为内容的社会关系。科技法律关系的构成要素同样有三项：科技法律关系主体、科技法律关系内容和科技法律关系客体。

法律关系是统治阶级通过国家意志作用于社会关系，借以保证统治阶级利益的重要手段和途径。特定科技法律关系的产生，即具体的科技法律规范调整科技法律主体之间的社会关系，使之产生特定的科技权利和科技义务关系。科技法律关系的变更，即一定的科技法律关系的主体、内容或者客体发生了变化，诸如科技法律关系主体的增加、减少或改变。科技法律关系客体，即客体物、行为或精神财富的变更。科技法律关系内容的具体权利义务的变化等，都可以变更原来的科技法律关系。科技法律关系的消灭是指特定的科技法律关系权利义务关系的完全终止，如科技法律关系的一方或双方当事人的消灭；权利义务内容的消灭，如原科技法律关系中的权利义务已实现或为新的内容所代替；等等。

法律关系处在不断的形成、变更和消灭的运动过程中。它的形成、变更和消灭，需要具备一定的条件。其条件有二：一是法律规范；二是法律事实。法律规范是法律关系形成、变更和消灭的法律依据，没有一定的法律规范就不会有相应的法律关系。但法律规范的规定只是规范层面的法律主体权利和义务关系的抽象模式，还不是现实的法律关系本身。法律关系的形成、变更和消灭还必须具备相应的事实基础，这就是法律事实。它是法律规范与法律关系联系的中介。

这些理论对科技法同样适用。所谓科技法律事实，就是科技法律规范所规定的，能够引起法律关系产生、变更和消灭的客观情况。依据是否以人们的意志为转移作标准，可以将科技法律事实分为两类，即科技法律事件和法律行为。如科技活动遇到不可抗力（如地震导致实验室损毁），使原来的科技研发委托合同无法彻底履行。又如因为有了新的技术产生，导致原来的技术贸易合同的合同标的发生变化，因此，合同双方当事人之间相应的权利义务内容也因而有所变化。科技法律行为，是另一类法律事实，是指能引起科技法律关系产生、变更和消灭的人的科技行为。与法律事件的不同之处在于科技法律行为以人的意志为转移，是人们有意识的自觉活动的结果，包括作为（积极的行为）和不作为（消极的行为）、合法行为或者违法行为。科技法律行为的成立要件有如下两点：①必须是外部表现出来的作为或不作为，而不是人们的心理活动。②必须是人们有意识的活动。无意识能力的未成年人、精神病患者以及在暴力威胁下的行为都不能成为法律行为。法律行为具有多样性，如可分为单方的（如遗嘱人把发明专利给某甲享有）、双方的（如科研开发合同约定的科研事项）、共同的（如建立科研社团组织），有偿的（如技术贸易）和无偿的（如著作权中财产权的赠予）等形式。还可根据法律行为的性质分为合法行为（依法转让专利的行为）和不合法行为（如假冒他人专利权的行为）。

二、科技法律秩序的破坏及维护

（一）法律秩序破坏及其维护的一般理论

基于一定的科技法律事实（法律行为和法律事件），科技法律关系的形成、变更或者消灭的过程，可以是遵守法律的结果，也可以是由违法犯罪引起的。而后者很可能导致科技法的执法、司法和法律监督活动。科技违法行为作为科技法律义务人对科技法权利人权利的侵害和法律秩序的破坏，是科技法律规制的重点，必须详加研究。

违法，是与守法相对而言的，是指具有法定责任能力的个人或者组织违反现行法律规定，不履行法定义务，侵犯他人权利，危害社会的行为。这是对违法的广义理解，包括一般违法行为和犯罪。狭义的违法，则是仅指犯罪之外的违法行为。一般而言，违法行为的构成要件包括：①违法客体要件，即为法律所保护而为违法行为所侵害的社会关系。②违法行为的客观方面，违法行为的基本的行为方式是作为或者不作为。违法作为，即行为人以积极的行为作出法律所禁止的行为；不作为即行为人负有积极实施某项行为的义务，在能够实施的情况下而不实施，因而违反了命令性法律规范的情形。③行为人具有法定的责任能力而符合违法主体资格要求。④违法的主观方面，即行为人主观上有故意或者过失（特殊情况下的无过错责任原则是例外）。

违法行为，按照其违法的法律规范的性质和对社会的危害程度，分为民事违法行为、行政违法行为、犯罪行为，以及违宪行为等。其中，民事违法，即违反民事法律法规，依法应当追究民事责任的行为。行政违法是指行政主体所实施的违反行政法律规范，侵害受法律保护的行政关系尚未构成犯罪的行政行为（多为有过错的，特殊情况下可以是无过错的）。犯罪，即具有严重的社会危害性，触犯刑法，应受刑罚处罚的行为。

违法行为侵害法定权利人权利，破坏法律秩序。对此，法律不可能坐视不管，而通过行政执法、各种司法活动等主要途径，救济权利，制裁违法行为人，甚至追究违法行为的法律责任，以维护国家的法律秩序，显示法律规范的国家强制性。其中的执法和司法，前文有述，不再重复。关于法律制裁和法律责任将在后文的法律后果一章中加以阐述。

（二）科技法律秩序的破坏及其维护之情形分析

现以科技合同法的运行为例，对法律秩序形成、变更、维护的过程加以分析。

1. 特定的科技合同法律关系的产生

例如，甲方（海洋科技加工技术服务公司）接受乙方（食用海产品加工公司）的委托，为乙方的海参深加工工艺提供加工方面的高新技术供给。甲乙双方根据我国《民法典》的有关条款，约定了技术合同的内容❶，于是，在当事人双方之间产生了相应的权利义务关系，形成了特定的科技法律关系。

2. 出现不同结果

如果在这一过程中，甲乙双方都很好地履行了各自的义务，各方的权利得以实现，那么，合同履行完毕，甲乙之间特定的权利义务关系消灭。如果

---

❶　技术合同的内容由当事人约定，一般包括以下条款：①项目名称；②标的的内容、范围和要求；③履行的计划、进度、期限、地点、地域和方式；④技术情报和资料的保密；⑤风险责任的承担；⑥技术成果的归属和收益的分成办法；⑦验收标准和方法；⑧价款、报酬或者使用费及其支付方式；⑨违约金或者损失赔偿的计算方法；⑩解决争议的方法；⑪名词和术语的解释；⑫生效时间；等等。

当事人对合同的条款理解产生歧义，则有可能进入执法或者司法环节。

3. 请求行政调解，进入行政执法❶环节

如果当事人对合同的条款理解产生歧义，双方又同意到当地工商行政机关申请行政调解。行政调解是科技执法的一类活动，是指国家行政机关处理平等主体之间民事争议的一种方法。国家行政机关根据法律、行政法规的相关规定，对属于本机关职权管辖范围内的平等主体之间的民事纠纷，通过耐心的说服教育，使纠纷的双方当事人互相谅解，在平等协商的基础上达成一致协议，从而合理地、彻底地解决纠纷矛盾。该案中，如果经过工商管理机关的调解，甲乙双方当事人互让互谅，平等协商，达成了和解协议，解决了有关争议，就不需要再进入司法程序。具体的科技争议得以解决，科技权利义务得以明晰，科技法律秩序重新恢复正常。

4. 将争议诉诸法院，进入民事司法环节❷

如果当事人一方不愿意把争议交由工商行政管理机关调解，或者即使双方同意交由工商行政管理机关调解，但最终没有达成调解协议，那么一方当事人就可以提起民事诉讼，请求司法解决。法院作为审判机关，依据有关法律和案件事实，对当事人之间的争议作出裁决，定分止争。法院的判决生效并得到执行，原来的法律关系得以救济，当事人之间的法律关系得以修复，双方义务的履行得以完结。

5. 合同诈骗，情节严重的，则触犯刑法，需要进行刑事追诉

假如上例中，甲乙之间的技术合同存在重大的违法行为。比如，甲方根本不具有履行协议的能力，而是利用合同诈骗乙方的钱财，并且数额较大（比如诈骗乙方预付款 5 万元），这时，该争议已经不仅仅是当事人甲乙之间的事情了，而是涉嫌合同诈骗罪❸。因为在立法者看来，甲方利用合同诈骗乙方 5 万元，如果单靠民事救济（诸如排除妨害、返还原物、赔偿损失、赔礼道歉等制裁方式）或者行政处理（如罚款、限期改进、吊销营业执照等），都不足以解决对整个合同法律秩序（属于市场经济秩序）的维护问题。如果不

---

❶ 行政执法行为种类包括抽象的行政行为、组织管理行为、行政准司法行为（如处罚、处分、行政复议、行政调解等）。

❷ 当然还可以通过多种形式的调解，或者仲裁等途径解决。

❸ 依据《刑法》第 224 条规定，合同诈骗罪，是指以非法占有为目的，在签订、履行合同过程中，以虚构事实或隐瞒真相的方法，骗取对方当事人财物，数额较大的行为。2010 年最高人民检察院、公安部印发《最高人民检察院、公安部关于公安机关管辖的刑事案件立案追诉标准的规定（二）》第 77 条规定，合同诈骗案，以非法占有为目的，在签订、履行合同过程中，骗取对方当事人财物，数额在二万元以上的，应予立案追诉。

把这种合同诈骗行为确定为犯罪并追究刑事责任，而仅用民事制裁或者行政法律制裁来处理甲的诈骗行为的话，其他人也可能会纷纷效仿甲，而都来实施诈骗别人的钱财（因为不仅甲本人，其他人也都感觉：因诈骗而受到的制裁与获得非法利益相比较，总体是赚的——因为十次违法，受到追究的，往往是"十不一二"，如果没有受到制裁自然是大赚；即使追究了民事责任或者行政法律责任，行为人的违法成本也往往不高）。这样的话，国家的合同法律秩序（市场经济秩序）就会乱套。正是"利用合同诈骗他人财物，数额较大"，因而具有严重的社会危害性，故立法者认为必须将这种诈骗行为认定为犯罪并追究其刑事责任（让甲本人和其他人都感觉：因诈骗而获罪判刑是得不偿失的）。所以，改用刑罚的制裁手段对这种严重的违法行为加以打击，以免别人效仿。当出现诈骗行为时，刑法规范开始介入社会生活，履行对法律关系和法律秩序的调控和保障机能。

由上可见，实践中，最理想的模式是：科技法律规范—法律事实—科技法律关系—主体享有和承担相应的科技权利和义务—社会科技法律秩序有条不紊地运行—科技法律得以实现。但是，如果当事人之间的权利义务关系不明，或者存在其他争议的情况下，首先要进行民事法律救济、行政法律救济，以达到法律关系的修复，维持相应的法律秩序的目的。如果当事人的行为存在严重的违法性，以至于通过民事法律救济和行政法律救济难以制止其他法律主体对这种违法行为的效仿，难以保证相应的法律秩序的稳定和安全的时候，在立法者把这种违法行为确定为犯罪的情况下，应该追究行为人的刑事责任，以维护国家的整体法律秩序。这一过程也表明了民法、行政法等对法律关系调整和救济处于第一防线地位，刑法（包括科技刑法）在国家的法律体系中处于第二防线地位，对科技法律秩序的维护起到了最后的保障作用。

第五章
系统论视角下我国科技创新体系解构

第一节　系统论和开放的复杂巨系统论

一、系统论基本理论

系统论是研究系统的一般模式、结构和规律的学问，它研究各种系统的共同特征，用数学方法定量地描述其功能，寻求并确立适用于一切系统的原理、原则和数学模型，是具有逻辑和数学性质的一门科学。宇宙、自然、人类，一切都可以用一个系统来描述。历史上所有伟大的社会进步都能够用系统论加以解读。

（一）系统论主要内容

系统一词，来源于古希腊语，是由部分构成整体的意思。现代意义的系统论是美籍奥地利人、理论生物学家 L. V. 贝塔朗菲（L. Von. Bertalanffy）所创立。出于试图给出一个能描示各种系统共同特征的一般的系统定义，可以把系统定义为：由若干要素以一定结构形式联结构成的具有某种功能的有机整体。在这个定义中包括了系统、要素、结构、功能四个概念，表明了要素与要素、要素与系统、系统与环境三方面的关系。

系统论认为，整体性、关联性、等级结构性、动态平衡性、时序性等是所有系统的共同的基本特征。这些，既是系统论所具有的基本思想观点，也是系统方法的基本原则，表现了系统论不仅是反映客观规律的科学理论，而且具有科学方法论的意蕴。

（二）系统论的核心思想

系统论的核心思想是系统的整体观念。贝塔朗菲强调，任何系统都是一个有机的整体，它不是各个部分的机械组合或简单相加，系统的整体功能是各要素在孤立状态下所没有的。他用亚里士多德的"整体大于部分之和"的名言来说明系统的整体性，反对那种认为要素性能好，整体性能一定好，以局部说明整体的机械论的观点。同时认为，系统中各要素不是孤立地存在着，每个要素在系统中都处于一定的位置上，起着特定的作用。要素之间相互关联，构成了一个不可分割的整体。要素是整体中的要素，如果将要素从系统整体中割离出来，它将失去要素的地位和作用。

（三）系统论的基本方法、分类和任务

系统论的基本思想方法，是把所研究和处理的对象当作一个系统，分析系统的结构和功能，研究系统、要素、环境三者的相互关系和变动的规律性，并优化系统观点看问题，世界上任何事物都可以看成是一个系统，系统是普遍存在的。大至渺茫的太阳系、银河系、宇宙，小至微观的夸克、量子、原子和分子，一粒种子、一群蜜蜂、一台机器、一个工厂、一个学会团体……都是系统，整个世界就是系统的集合。

系统是多种多样的，可以根据不同的规则和条件来划分系统的类型。①按人类干预的情况可划分为自然系统、人工系统；②按学科领域就可分成自然系统、社会系统和思维系统；③按范围划分则有宏观系统、微观系统；④按与环境的关系划分就有开放系统、封闭系统；⑤按状态划分就有平衡系统、非平衡系统，近平衡系统、远平衡系统等。

系统论的任务，不仅在于认识系统的特点和规律，更重要的还在于利用这些特点和规律去控制、管理、改造或创造某一系统，使它的存在与发展合乎人的目的和需要。也就是说，研究系统的目的在于调整系统结构，协调各要素关系、调整系统之内要素与系统之外的环境条件，以优化系统的功能，使系统达到优化目标。

（四）系统论的价值

系统论是对笛卡尔机械分析方法的扬弃。系统论的出现，使人类的思维方式发生了深刻的变化。以往研究问题，一般是把事物分解成若干部分，抽象出最简单的元素来，然后再以各个组成部分的性质去说明复杂事物。这是笛卡尔分析方法的基本运行规则。这种方法的着眼点在局部或要素，遵循的是单项因果决定论。它虽然几百年来在特定范围内行之有效，也是人们熟悉的普遍接受的分析方法，但是不能反映事物之间的联系和相互作用，也难以概括地说明事物的整体性；它只适应认识较为简单的事物，而不能胜任对复杂问题的研究。在现代科学的整体化和高度综合化发展的趋势下，在人类面临许多规模巨大、关系复杂、参数众多的复杂问题面前，笛卡尔的机械分析方法无能为力了。系统论正是对这种分析方法的辩证否定，在分析解构的基础上综观全局，既有部分的分析，又有全部的概念，可谓有纲有目，纲举目张，整体地为现代复杂问题提供了有效的思维方式。系统论能够反映现代社会化大生产的特点，应对现代社会生活的复杂性，反映现代科学发展的趋势，这一理论和方法能够得到广泛应用。系统论不仅为现代科学的发展提供了理论和方法，而且也为解决现代社会中的政治、经济、军事、科学、文化等方方面面的各种复杂问题提供了方法论的基础。

二、开放的复杂巨系统理论

钱学森基于对系统的深刻认识发展了系统论理论，提出了开放的复杂巨系统理论并将其运用到自然科学之外的管理、经济等社会科学研究领域。其主要内容有：

（1）根据组成系统的子系统数量和种类的多少，以及它们之间关联的复杂程度，将系统分为简单系统、简单巨系统、复杂巨系统。①简单系统是指组成系统的元素比较少，它们之间关系又比较简单的系统。某些非生命系统，比如一台测量仪器或者一辆自行车等都是简单系统。②简单巨系统是指规模巨大但结构简单的系统。这是钱学森系统分类中的一类，特点是系统规模巨大（元素或子系统的个数超出常规处理能力），但元素或子系统种类很少，相互关系简单，通常只有微观和宏观两个层次，通过统计综合即可从微观描述过渡到对系统宏观整体的描述。激光系统、热力学、统计力学、耗散结构理论、协同学讨论的都是简单巨系统。③复杂巨系统是指组成系统元素的数目巨大、种类非常多、各元素之间的关系复杂的系统，如一个生物体、人脑、人体系统、网络世界、银河系、宇宙等。人类社会包括政治、法律、经济、文化、宗教等诸多要素，而且要素之间关系复杂，所以社会系统是特殊复杂巨系统。

（2）开放的复杂巨系统。复杂巨系统的系统对象及其子系统与环境之间有物质、能量、信息的交换，这种交换源于系统的开放性，或者这种交换构成了系统的开放性。鉴于复杂巨系统一般都是开放的系统，因而又称为"开放的复杂巨系统"。

（3）人类社会是典型的开放的复杂巨系统，包括政治、法律、经济、教育、文化、体育等在内的社会系统及其环境系统或地理系统都是开放的复杂

巨系统。所以，需要以开放的复杂巨系统理论及其方法论指导其实践。❶

目前，钱学森开放的复杂巨系统理论已普遍用于管理学和经济学研究，用于法学领域的研究还不常见。

第二节　近代以来科技创新体系的历史嬗变

将系统论、开放复杂的巨系统理论运用到国家科技创新领域的研究，就是要把一国或者地区、行业，以及其他任何一个单元的科技创新活动作为一个动态的、复杂的、巨大系统来看待，而且是一个系统、系统要素与之外的环境不断地进行物质能量交换的开放系统。

以系统论考察，一定水平的科学技术（体系）促进一定社会的整体发展进步状态；反过来，考察特定的社会形态，就会发现特定社会背后一定有着相应的科学技术（体系）阶段或者形态作为支撑。研究发现，古代的科学技术创新进程较为缓慢，社会的科学技术创新系统结构基本上是纵向的师徒传授或者父子传承，因而相对较为简单；然而，自近代以来科技创新体系不仅有纵向知识、经验和技术的传承，还更多地发生着横向的知识、技术以及科技研发设备、信息情报等科技创新要素之间的交流与互动，进而逐步发展成为开放的复杂巨系统。这一进程大致经历了由企业层面的技术创新体系到国家技术创新体系，再到国家科学技术创新体系嬗变的主线。

一、企业层面的技术创新体系

近现代意义上，"创新"作为一个崭新理论，最先是美籍奥地利经济学家熊彼特在所著的《经济发展理论》一书中所提出的经济创新。他认为，发展不是基于人口、财富的积累性增加而造成的规模扩大，而是经济生活内部蕴含的质的自发性突变。它是指经济生活中并非从外部强加于它的，而是从内部自行发生的变化。这种变化是整个经济社会不断实现的"新组合"，而"新组合意味着对旧组合通过竞争而加以消灭"❷。这种新的组合主要包括以下五种情况：第一，采用一种新的产品，也即消费者还不熟悉的产品或一种产品的新的特性。第二，采用一种新的生产方法，也即在有关制造部门中尚未通过经验检定的方法，这种新的方法绝不需要建立在科学上新的发现的基础之

---

❶　钱学森、于景元、戴汝为. 一个科学新领域——开放复杂巨系统及其方法论［J］. 北京：自然杂志，1990，（1）：3-10.

❷　［美］约瑟夫·熊彼特. 经济发展理论［M］. 何畏等译. 北京：商务印书馆，2000：73-74.

上，而是存在于商业上处理一种产品的新的方式之中。第三，开辟一个新的市场，也即有关国家的某一制造部门以前不曾进入的市场，不管这个市场以前是否存在过。第四，掠取或控制原材料或半制成品的一种新的供应来源，不管这种来源是已经存在的，还是第一次创造出来的。第五，实现任何一种工业的新的组织，比如，造成一种垄断地位（例如"托拉斯化"），或打破一种垄断地位。

熊彼特把企业经济创新作为经济生活中改变或替代传统经济增长方式的一种新的形式，其本质是打破原来的均衡状态，对现存的劳动力及土地的服务以不同的方式加以利用，其特征是经济发展处于非均衡状态。创新的目的是"赢利"。创新的因素分为外部因素和内部因素两部分，外部因素主要是战争、革命运动、天灾人祸、金钱的大量供应源的发现以及新地域、新国土的发现；内部因素主要有消费者品位的变化、生产要素数量或质量的变化、商品供给方式的变化。仔细分析则不难发现，熊彼特的创新理论是在经济学上提出的，他以一个企业为研究视域，落脚点是提高企业的经济效益，属于微观经济学范畴。鉴于企业的技术水平和进步状态对企业的重大贡献，技术进步当之无愧是企业经营的市场竞争十分重要的制胜策略，所以，笔者将其理论的核心内容归结为企业技术创新：其创新理论局限于微观的经济领域，没有上升到国家战略高度，也没有对基础性科学知识的重要性加以强调。

二、国家技术创新体系

随着社会的发展，技术创新的体系不断拓展和升级，技术创新系统突破了企业或者团体界限，在更加广阔的社会领域形成国家技术创新体系：突出的特点是把国家主体和国家政策等要素纳入"技术创新体系"之中。

20世纪90年代，以英国经济学家克里斯托弗·弗里曼（C. Freeman）和美国学者理查德·R. 纳尔森（Richard R. Nelson）为代表的一些"新"熊彼特技术创新学家们开始重新强调李斯特传统，重视技术创新活动中的国家专有因素以及具体的社会制度与文化背景的价值，从而将李斯特传统与熊彼特创新理论有机地结合起来，将企业层面的技术创新体系提升到国家战略高度——国家技术创新体系，开启了国家技术创新体系产生和发展的新征程。

（一）李斯特传统（李斯特国家主义理念）

第一次世界大战之后，德国的经济学家和社会活动家李斯特（Friedrich List）针对当时德国落后于英国的现实，认为落后的德国必须从自己的国情出发，利用国家的力量干预经济的发展，通过国家调节促使落后的农业国家快速发展成为先进的工业国。在其 1841 年出版的《政治经济学的国民体系》中系统地阐述了他的国家主义经济学思想：当一个国家处于从农业时期向农工业时期或者农工商业时期转变的阶段时，需要借助于国家力量干预和保护本国经济的发展。因为衡量一个国家的发展程度，主要的并不取决于它所蓄积的物质财富的多少，而是决定于它的生产力的发展程度，而国家生产力包括物质生产力和精神生产力（包括政治制度、科学、艺术、教育、法律等社会状况）两个层面，甚至精神生产力是更重要的。❶ 总之，李斯特以"国家"为出发点，从宏观的角度将国家制度和精神资本作为精神生产力，视为德国经济增长的重要变量。这就是李斯特传统，也称李斯特的国家主义理念。

（二）弗里曼的国家技术创体系理论

弗里曼在研究第二次世界大战之后的日本经济时发现，日本在技术落后的情况下以技术创新为主导，辅以组织创新和制度创新，并能在第二次世界大战之后至 20 世纪 80 年代（短短的 40 年）获得了经济成功，迅速崛起，成为工业化强国，是国家的许多制度和组织等国家技术创新体系演进（改革和创新）的结果。有了这一认识，基于李斯特传统，弗里曼在 1987 年首次提出"国家技术创新体系"概念。他认为，一个国家具备持续技术创新能力是保持与提高其国际竞争力的关键，这种能力是从国家层面体现出来并可通过国家行为来建设和发展的。一个国家的创新绩效高，是归功于该国具有一个运行有效的国家技术创新体系。要提高国家技术创新能力，就要成功地建立和发展国家技术创新体系。在这里，弗里曼强调的是国家创新能力，而不是"企业层面的创新能力"，是在"从国家水平上体现出来并可通过国家行为来建设和发展的"宏观的创新能力。这就把作为纯粹的企业经营策略的"技术创新体系"升华为国家发展战略的国家技术创新体系。

（三）纳尔森的国家技术创新体系理论

同年（即 1987 年），理查德·纳尔森也在《理解作为进化过程的技术变革》（*Understanding Technical Change as an Evolutionary Process*）这一著作中分析了美国的国家技术创新体系，他讨论的重点是国家 R&D 体系、大学的作用和政府支持的 R&D 项目。纳尔森研究美国大学、政府、企业在新技术生产中

---

❶ ［德］李斯特. 政治经济学的国民体系［M］. 北京：商务印书馆，1961：171.

的作用，认为创新是大学、企业等有关机构的复合体制，制度设计的任务是在技术的私有和公有两方面建立一种适当的平衡。1993 年纳尔森主编的《国家创新系统：比较分析》是国家创新体系研究的经典著作。该书将国家创新体系与高技术产业的发展联系起来，并且将企业、大学与国家技术政策之间的相互作用置于国家创新体系分析的核心地位。纳尔森将国家创新体系定义为"其相互作用决定着一国企业创新实绩的一整套制度"，而这种企业的创新实绩又直接地与一国的国际竞争能力相联系。因此，国家创新体系就是一种将制度安排与一国的技术经济实绩相联系的分析框架。纳尔森的国家创新体系，仍然是宏观经济学的范畴，在国家经济战略竞争层面把创新主体从企业扩大到了政府、大学，明确地把国家政策、法律制度也纳入国家创新体系的要素行列。

总之，无论是弗里曼，还是纳尔森，其共同的特点是把技术创新系统提升到国家层面，强调国家的主体地位和国家政策在创新体系的重要作用。值得注意的是，纳尔森已经开始注意到大学的知识生产对国家技术创新的基础性作用。不过，由于时代的局限，关于对知识创造以及知识创造对技术创新的基础性关键作用，他们还缺乏足够明确的认识和特别突出的强调。

三、国家技术创新体系与科学（知识）创新体系的融合与日益耦合

科学（知识）创新体系即生产基础知识的创新体系，技术创新体系即新技术、新工艺和新产品等的创新体系。国家科学创新体系即以一个国家为单位，在国家战略高度的基础知识生产的创新体系，在国家战略高度的新技术、新工艺和新产品等的创新体系。

当今社会，国家要想在激烈的国际竞争中处于优势地位，必须重视基础理论、基础知识的突破。没有基础理论的重大突破，就难以在关键技术和新技术方面占据领先地位。为此，各国日益重视知识的生产，国家科学创新体系也在国家的强力推动之下飞速发展，形成了现代意义的国家科学技术创新体系：这一体系不是国家技术创新体系与科学知识创新体系的简单相加，而这两个体系由融合日益走向耦合❶。

20 世纪末，随着科技创新实践的进程加深，许多理论工作者、主权国家

---

❶ 融合，在物理意义上是指熔成或如熔化那样融成一体。耦合，在电子学和电信领域是指能量从一个介质（例如一条金属线、光导纤维）传播到另一种介质的过程。后来被推广使用，耦合关系是指某两个事物之间存在一种相互作用、相互影响的关系。

当局、联合国机构等国际组织等逐步认识到没有知识创新的技术创新，是难以持久的；知识创新为技术创新提供了不竭的源泉，因而必须注重国家科学创新体系的地位和基础性关键作用。在国家创新体系中，国家科学创新体系的战略地位被突出强调。

1992 年，丹麦的经济学家本特-雅克·朗德沃尔（Bengt-Ake Lundvall）研究了国家创新系统的构成与运作，在他主编的《国家创新系统：建构创新和交互学习的理论》中主张，国家创新系统是一些要素及其相互联系，它们在生产、扩散和使用新的经济上有用的知识过程中相互作用。国家创新系统分为广义和狭义两个层面。狭义的国家创新系统包括介入研究和探索活动的机构和组织，如从事 R&D 活动的机构、技术学院和大学。广义的国家创新系统包括经济结构，影响学习、研究与探索的所有部门和方面，包括生产系统、市场系统、财政系统及其子系统，这些系统都是学习发生的地方；技术的变革是一个累积的过程，而互动式学习是这一过程的核心。在创新活动中，知识是最重要的资源，因而作为能力建设的学习就是最重要的过程。所以，"创新系统"的聚焦点是创新和学习，而不是传统经济学关注的分配与理性选择。❶ 由此，朗德沃尔强调教育（特别是高等教育）必须进一步加强对学生学习和创新能力的培养。应当将高等教育置于国家创新体系的背景中进行考量，高等教育政策是为更宽泛的旨在促进经济创新的一系列政策的组成部分，它也需要与整套创新政策相协调。❷ 总之，朗德沃尔关于"交互学习是创新源泉的核心"、强调（高等教育）教育和（创新）人才培养等见解，把一国科学知识的创新提高到十分重要的国家战略地位。

1995 年麦特卡尔夫（Metcalfe）更是明确地指出，国家创新系统是创造、存储和转移知识、技能和新技术产品的相互联系的机构组成的系统。他的这一认识被英国贸易与工业部在 1997 年的研究报告《英国的国家创新系统》（*The UK Innovation System*）中采纳。❸

现代以来，国家逐步认识到基础科学知识的重要性，没有基础科学知识的突破并作为技术创新的基础支撑，就很难在国际竞争中保持优势。20 世纪末亚洲金融危机（1997 年发生的一次世界性金融风波）和 21 世纪初美国次贷危机（2006 年春季开始，2007 年 8 月开始席卷美国）的警钟，使各国意识到

---

❶ Bengt-Ake Lundvall. Introduction in Bengt-Ake Lundvall, ed. National Systems of Innovation：Towards a Theory of Innovation and Interaction Learning, London and New York：Pinter, 1992, p2.

❷ Bengt-Ake Lundvall. Introduction in Bengt-Ake Lundvall, ed. National Systems of Innovation：Towards a Theory of Innovation and Interaction Learning, London and New York：Pinter, 1992, p12.

❸ UK, DTI, An Empirical Study of the UK Innovation System, 1997.

国家科学创新体系在国家竞争力的基础地位和关键作用。所以，发达国家都花大力气致力于发展科学事业，有意识地引导构建和完善本国的科学（知识）创新体系。

总之，国家科学技术创新体系是国家科学（知识）创新体系和国家技术创新体系不断完善、融合生长进而耦合而成的有机统一体。这一体系中，不仅重视一国的技术创新，甚至更加重视国家的知识创新的基础地位和对技术创新的持久性支撑作用。

第三节 科技创新体系的特点和地位

一、国家科学技术创新体系的开放的复杂巨系统属性

前已有述，近代以来，科技创新体系经历了以企业（或社团）为主要研发单元、横向传承为主的技术或知识创新体系，到国家主导的技术创新体系，再到国家主导的科学技术创新体系的嬗变历程。其中，国家科学创新体系与技术创新体系融合共生，成为一个开放、复杂、动态发展的巨系统。在知识社会时代背景下，国家科技创新体系的研究需要以钱学森开放的复杂巨系统理论为指导，从科学研究、技术进步与应用创新等多维度的耦合、协同互动入手，充分考虑现代科技引领的管理创新、制度创新等开放的复杂巨系统的特点。

开放的复杂巨系统理论启示我们，国家科学技术创新体系必须被广义地理解为一个开放的复杂巨系统。科技创新是各创新主体、创新要素交互复杂作用的开放的极其复杂的动态变化过程。国家科技创新系统包括政府、企业、科研院所、高等院校、中介服务机构、社会团体、社会公众等多个主体，包括人才、科技物质和资金、科技信息、知识产权、国家政策、法律制度、创新体系的外部环境（如创新文化氛围、民族的历史传统、宗教信仰）等多个要素所组成的，是各创新主体、众多创新要素交互复杂作用下系统内外物质和能量不断交换而形成的开放的复杂巨大的动态系统。

有学者基于这种见地，以城市管理科技创新体系的构建为基点开展研究，认为科技创新是科学研究、技术进步与应用创新协同演进下的一种复杂涌现，是这个三螺旋结构共同演进的产物。其中，开放的复杂巨系统及其方法论强调了知识创新体系这一极其重要的因素，强调千千万万的专家、公众、各方代表等的主体对知识创新的参与；技术进步和应用创新双螺旋的演进催生了技术创新过程的体系化；在创新过程中各层次、各环节以及各要素之间复杂交

互作用中，不仅有技术性要素，更有大量的非技术要素，而且非技术要素所带动的管理创新、制度创新在这一开放的复杂的巨系统中往往起着很重要的作用。科技创新体系由以科学研究为先导的知识创新、以标准化为轴心的技术创新和以信息化为载体的现代科技引领的管理创新三大体系构成，知识社会新环境下三个体系相互渗透，互为支撑，互为动力，推动着科学研究、技术研发、管理与制度创新的新形态。❶这是将开放的复杂巨系统理论运用到管理学，研究管理创新问题。这一研究思路、研究方法、研究成果和学术见解当然可以为整体地研究国家科技创新体系提供借鉴和有益的参考。

二、在开放的复杂巨系统内部国家科学创新体系与国家技术创新体系是具有耦合关系的两个主轴

复杂的巨系统可以划分为不同层级的诸多子系统。国家科学技术创新体系这一开放的复杂巨系统亦然，它包括国家科学创新体系、国家技术创新体系、科技投资体系、国家科学技术创新管理政策法规体系、国家科技信息传播体系、科技成果保密体系、国家科技创新文化观念体系等若干子系统。

（1）国家科技创新体系和国家技术创新体系是这个复杂的巨系统的两个主轴。国家构建科学技术创新体系的目的是生产知识，发明技术；生产和技术创新是构建该系统的目的，相对而言，其他子系统（科技投资体系、管理体系、信息体系、保密体系、文化观念体系等）都是实现系统目的的手段或者条件，直接或者间接地服务于知识的生产和技术的发明。

（2）这两个处于主导地位的子系统，既有重大差别，又有密切耦合关系。科学创新生产知识，技术创新是新技术、新工艺和新产品等的开发和创新。由于科学研究的周期长、投入高、风险大，且科学知识相对于技术而言，离社会比较远，科学创新体系的形成与发展都迟于国家技术创新体系，因而这两个主导的子系统本身存在着重大的差别。

此外，尽管科学创新与技术创新在研究目的、具体的研究内容、研究成果以及研究成果的社会价值标准等方面都有显著的区别，但是，二者在现实中确实相互制约、相互促进，呈正相关关系。科学的发现与进步、知识的生产为技术研究开发奠定了基础，技术开发成果又往往为知识的生产提供了物质手段和条件，技术的蓬勃发展又为新的科学思想、新的科学发现奠定了手段技能。时至今日，随着高技术的不断涌现，有些领域科学与技术的联系日

❶ 宋刚. 钱学森开放复杂巨系统理论视角下的科技创新体系——以城市管理科技创新体系构建为例 [J]. 科学管理研究, 2009 (6)：2.

趋紧密，甚至难以截然分开，于是，"科学技术"一词越来越联合使用。

三、国家科技创新系统有其历史延续性、动态性

各国发展的先进程度不同，因而当下国家科学创新体系的形态不同。进入创新型国家行列的国家，如日本、瑞士、芬兰、美国、韩国、德国、瑞典，它们的科技创新体系比较成熟。发展中国家，它们正在建立和完善国家技术创新体系。一些落后的国家，它们的技术创新体系尚不完善，更妄论科学创新体系、科学技术创新体系了。

自新中国成立以来，尤其是改革开放以来，我国科学技术有了长足的发展，目前正迈入创新型国家行列，国家的技术创新体系也比较完整和成熟，国家的科学知识创新体系正在飞速发展和完善，尤其是自20世纪高等教育扩招以来，我国高等教育实施了一系列改革举措，如"211工程""985工程"；卓越人才培养计划、国家级实验室或者省级实验室、国家（省级）重点研究基地、国家（省级）重点学科等，以及现在世界一流大学和一流学科建设❶，都使我国的基础科学研究体系日趋合理和高效运转，不断为技术的创新及时供给相应的知识。可以说，我国的科学技术创新体系已经形成并日臻完善。

第四节　我国国家科技创新体系的优化

基于系统论和开放的复杂巨系统理论，研究国家科技创新体系，就是要进一步完善体系的组成要素、优化体系结构，以提升该体系的知识生产和技术发明的功能。

一、我国国家科技创新体系的多维度解析

我们可以根据不同的标准对国家科技创新体系的构成要素及其基本结构关系进行不同的描述。理论上和实践中有多种方案，其中，下列三种方案是重要的：

（1）按照创新的成果是知识还是技术（以及知识和技术的转移），把国家科技创新系统分为四个子系统：知识创新体系、知识传播体系、技术创新

---

❶　世界一流大学和一流学科建设，简称"双一流"。建设世界一流大学和一流学科，是中共中央、国务院作出的重大战略决策，也是中国高等教育领域继"211工程""985工程"之后的又一国家战略，有利于提升中国高等教育综合实力和国际竞争力，为实现"两个一百年"奋斗目标和中华民族伟大复兴的中国梦提供有力支撑。

体系和知识应用体系。

《科学技术进步法》都采用了这种分类。《科学技术进步法》第 42 条第 2 款规定："从事基础研究、前沿技术研究、社会公益性技术研究的科学技术研究开发机构，可以利用财政性资金设立。利用财政性资金设立科学技术研究开发机构，应当优化配置，防止重复设置；对重复设置的科学技术研究开发机构，应当予以整合。"其第 30 条规定："国家建立以企业为主体，以市场为导向，企业同科学技术研究开发机构、高等学校相结合的技术创新体系，引导和扶持企业技术创新活动，发挥企业在技术创新中的主体作用。"这里出现了基础研究开发机构、技术创新体系等术语。

《国家中长期科学和技术发展规划纲要（2006—2020 年)》在"二、指导方针、发展目标和总体部署"的"4、总体部署"部分指出，"本纲要重点安排 8 个技术领域的 27 项前沿技术，18 个基础科学问题，并提出实施 4 个重大科学研究计划。"在"六、基础研究"部分指出，"本纲要从学科发展、科学前沿问题、面向国家重大战略需求的基础研究、重大科学研究计划四个方面进行部署"。

从知识的生产和技术发明的过程来看，根据开放的复杂巨系统理论，以科学知识创新体系和技术创新体系为主轴的国家科学技术创新体系，除了前述所提到的知识传播体系和知识应用体系之外，还包括很多子系统，如科技物资和资金投入系统，科技信息情报系统，科技成果确权、转移和利用系统，科技市场中介服务机构体系，以及政府科技管理体系，科技法律政策体系，科技创新文化系统等。

基础研究以深刻认识自然现象、揭示自然规律，获取新知识、新原理、新方法和培养高素质创新人才等为基本使命，是高新技术发展的重要源泉，是培育创新人才的摇篮，是建设先进文化的基础，是未来科学和技术发展的内在动力。发展基础研究要坚持服务国家目标与鼓励自由探索相结合，遵循科学发展的规律，重视科学家的探索精神，突出科学的长远价值，稳定支持，超前部署，并根据科学发展的新动向进行动态调整。但是，由于科学创新的投资规模、产出周期、研究风险等明显不同于技术创新体系，所以，这种划分能够为国家对于科学创新、技术创新系统区别对待提供依据。

由于国家科学技术创新体系开放复杂巨系统的属性，知识生产和技术创新是处于主导地位的子系统，所以，我们就可以分清主次，运用辩证唯物主义处理矛盾问题的重点论和两点论（而不是没有重点的平衡论或者片面地只强调重点的一点论)，正确处置国家科学技术创新体系中的各个子系统的关系。

（2）按照社会领域可以把国家科技创新体系划分为工业领域、农业领域、计算机网络领域、生物技术领域、海洋领域、航空航天领域、核技术领域，以及其他高新产业领域等多个子系统。

由于各国的历史传统、发展现状不同，国家的优势产业的分布也存在不均衡性。比如，印度的电子软件产业十分先进，至少居世界第二，北美、欧洲、日本和其他国家都是印度的天下；瑞典是世界上最重要的新技术研发国家之一，在信息通信、生命科学、清洁能源等领域具有很强的科研实力；日本的汽车行业、动漫产业、电子产业等构成日本的三大经济支柱产业。产业进步的情况不同，说明其科学技术基础的不同，各国对不同产业科技创新的需求、供给和运用能力也会有所不同。所以，这种划分能够为国家对于不同产业的科技创新政策区别对待提供依据。

我国是后发的发展中国家，目前已进入经济新常态。经济新常态强调"调结构、稳增长"的经济，而不是总量经济；是着眼于经济结构的对称态及在对称态基础上的可持续发展，而不仅仅是 GDP、人均 GDP 增长与经济规模最大化。所以，目前保证我国经济又好又快发展，转型升级是关键。转型升级这个概念由"转型"和"升级"两个词复合而成。前者又有两层意思，一是经济体制转型，把资源配置由政府主导转变为由市场决定；二是经济发展方式转型，把粗放发展方式转变为科学发展和集约化发展。后者则有四个层次的含义：一是产品升级，通过创新，使功能更好的产品替代原来的产品；二是工艺升级，以性能和效率更高的生产工艺替代原来的旧工艺；三是功能升级，即向微笑曲线的两端升级，由实体性的加工、制造、装配、生产活动向非实体的研发、设计和品牌、营销、网络活动升级；四是产业链升级，由低级链条分工转向更高级产业链分工。可见，经济新常态下的转型升级，离不开国家的科技创新体系的支撑。因此可以说，我国经济的转型升级与国家科技创新体系的优化是一个问题的不同方面。

《国家中长期科学和技术发展规划纲要（2006—2020 年）》在"三、重点领域及其优先主题"部分对于能源、水、矿产资源、环境、农业、制造业、交通运输业、信息产业及现代服务业、城镇化与城市发展、公共安全、国防等方面规划了发展思路和优先主题。

（3）按照地域范围，可分为全国行业科技创新系统、地方科技创新系统、局域科技创新系统，以及国际性的全球创新系统。

前述的社会领域的科技创新体系基本上涉及了重要的全国行业科技创新系统。地方科技创新体系现在多是以经济区、经济技术开发区的形式出现。

如青岛经济技术开发区、惠州大亚湾经济技术开发区、青岛西海岸新区、山东半岛蓝色经济区、粤港澳大湾区等。

过去，我们经常忽视全球科技创新体系问题。在经济全球化和国际一体化的背景下，各个国家创新体系之间紧密联系、相互渗透、相互作用、相互影响，促进国际范围内的知识流动和技术转移。在全球化的时代背景下，知识、技术、经济的国际化和一体化，势不可当，以至于任何国家都难以置身其外。实际上，目前各国已经将知识生产和技术开发国际化、全球化等问题纳入本国的国家科技创新体系的范畴，并开始关注"全球创新系统"对一国创新能力的影响和作用。

这一分类在中国具有现实意义。①宏观层面，这组分类有助于新时期国家科技工作的基本方针体系、以《科学技术进步法》为基本法的科学技术法律法规体系，以及《国家中长期科技发展规划纲要》《国家知识产权战略纲要》政策体系的具体实施。中观层面，有若干国家层面的科技创新园区体系，如沿海开放或者发达地区（中关村科技园、粤港澳大湾经济新区、长三角一体化示范区、青岛西海岸新区等）、重庆两江新区、东北老工业基地、西部欠发达地区等；同时，不同层次的地方高新技术区（低层级）的经济技术开发区更是数不胜数。微观层面，有数以万计的科研单位、高等院校、国有企业、中小型企业等，它们构成国家科学技术创新体系。这一开放复杂的巨系统，相对高位层级的子系统是纲，低位的子系统则是目：一方面，只有纲举，目才能张；另一方面，目张推动着纲举。国家的科技创新体系只有多个子系统比例匀称、举张有度、共赢互助，各地平衡发展，才能达至最佳状态，获得最佳效果。②我们要尽力利用一切可以利用的资源和条件发展中国特色社会主义科技事业，同时用好国内和国外两个科技资源，充分开拓国内和国际两个科技市场，服务于我国的创新型国家建设，早日把我国建成科技强国，促成中华民族伟大复兴的中国梦早日实现。

二、国家创新系统的基本变量

系统的构成元素及其排列组合的变化都会引起系统功能的变化。纵横视角考察，如何划分国家创新系统的基本变量，也就是人们对国家创新体系的组成要素单元的解构，国内外，无论是过去还是现在和将来，人们不可能只有一种认识、一种结构方案。当前主要的见解有以下几种。

（一）国外理论上的权威见解

（1）伦德威尔着重从微观层面探讨创新问题，认为国家创新体系的要素主要由企业、消费者、公共部门以及相关的制度安排构成，创新就是各个要素在生产和扩散新知识的过程中相互促进和相互制约的过程，其中的核心就是新知识的学习。

（2）侧重宏观制度的纳尔森认为包括政府政策、教育与培训、非工业研究机构、企业的研究开发能力、产业机构状况等五个方面。

（3）Daniele Archibugi 和 Jonathan Michie 从国家行为角度认为应包含教育与训练、科学与技术能力、产业结构、科学与技术的长处与弱点、创新系统间的互动、海外技术能力的吸收及合作六个方面。

（二）社会现实层面的典型做法

（1）联合国经济合作与发展组织（简称经合组织）的研究认为国家创新体系是以国内创新活动为一个大的系统，构成要素包括：创新活动行为主体（企业、大学、科研机构、中介服务机构及政府部门）；创新活动行为主体的内部机制；创新活动行为主体间的联系与互动；创新政策，指影响创新的各项政策与法规；市场环境，包括产品及要素市场的配置功能。

（2）联合国经济合作与发展组织曾在 1997 年发表的《国家创新系统》报告中，突出了知识流动、知识扩散力、系统中各种相互作用和测度指标等。测量知识和信息流动的指标主要有四个方面，即企业之间的关系，企业、大学与公共科研机构的关系，面向企业的知识和技术扩散，人员流动等。认为促进人力资源的流动、促进机构间的联系与合作、制定产业创新政策、促进创新型企业的发展，是创新政策的优先选择。

（三）我国的官方文件

以《国家中长期科学和技术发展规划纲要（2006—2020 年）》为例，该纲要指出："国家科技创新体系是以政府为主导、充分发挥市场配置资源的基础性作用、各类科技创新主体紧密联系和有效互动的社会系统，目前，我国基本形成了政府、企业、科研院所及高校、技术创新支撑服务体系四角相倚的创新体系，我国科技体制改革紧紧围绕促进科技与经济结合，以加强科技创新、促进科技成果转化和产业化为目标，以调整结构、转换机制为重点，取得了重要突破和实质性进展。"这里提到了"政府、企业、科研院所及高校、技术创新支撑服务体系四角相倚的创新体系"，提到了市场调控机制。

中共中央、国务院 2016 年印发的《国家创新驱动发展战略纲要》的"三、战略部署"中提出构建"一个体系就是建设国家创新体系。要建设各类创新主体协同互动和创新要素顺畅流动、高效配置的生态系统，形成创新驱动发展的实践载体、制度安排和环境保障。明确企业、科研院所、高校、社会组织等各类创新主体功能定位，构建开放高效的创新网络，建设军民融合的国防科技协同创新平台；改进创新治理，进一步明确政府和市场分工，构建统筹配置创新资源的机制；完善激励创新的政策体系，保护创新的法律制度，构建鼓励创新的社会环境，激发全社会创新活力。"这里明确了"企业、科研院所、高校、社会组织等各类创新主体"，提到了政府和市场调节、政策体系、法律制度以及科技管理的体制机制等要素。

（四）关于科技创新体系优化的尝试

若以创新管理领域中集成理论作为基本理念研究科技创新体系优化问题，则创新集成是指在知识经济时代下，以系统理论和协同学理论为指导，根据文化创新、知识创新、制度创新、技术创新、管理创新、工具创新与方法创新等各种创新之间的内在联系，综合考虑创新的各个方面，注重各种创新之间的协调与匹配，从而构筑出动态的创新体系，进而实现良好综合效益的动态过程。因此，创新集成就是将集成思想创造性地应用于市场、文化、知识、制度、技术、管理等创新实践的动态过程，即在创新方式上以集成手段为基础，在创新行为上以集成机制为核心，在创新思想上以集成理论为指导。

把能引起系统功能变化的因素称为系统变量，把国家科技创新系统的基本变量划分为两种不同的方案，并加以描述：

方案一：主体要素（创新系统的行为主体）、物质要素（科技基础设施和存量知识和技术）、行为主体的内部运行机制（国家科技管理体制和公司企业的科技管理）、行为主体之间的联系（主要是科技市场规则和关于科技创新的法律政策）、社会环境（创新文化观念的历史传统、公民的知识状况和教育水平、国家的政治制度、经济制度和经济水平等）、科技市场（国内科技市场和国际科技市场）。

创新系统的行为主体，主要包括政府、公司企业、教育与培训机构、科研机构、中介机构、科技产品的消费者（各类消费主体）等主体。其中，政府作为公共管理机关和政府采购者在科技创新体系中拥有极大的能量，尤其是在科学知识创新体系和重大关键技术攻关领域，其地位和作用不可替代。企业是创新投入、产出及其收益的主干，因而在国家技术创新系统中是最为活跃的主体。大学是基础知识生产大户，主要负责基础知识的生产和人才培养，也同时肩负着重大技术创新的使命。科研院所有基础研究型和应用研究型等分类，主要是提供各类技术创新，也同时从事基础知识的生产。科技中介机构是指面向社会开展技术扩散、成果转化、科技评估、创新资源配置、创新决策和管理咨询等专业化服务的机构，属于知识密集型服务业，是国家创新体系的重要组成部分。从功能上可划分为三类：一是直接参与服务对象技术创新过程的机构，包括生产力促进中心、创业服务中心、工程技术研究中心等；二是主要利用技术、管理和市场等方面的知识为创新主体提供咨询服务的机构，包括科技评估中心、科技招投标机构、情报信息中心、知识产权事务中心和各类科技咨询机构等；三是主要为科技资源有效流动、合理配置提供服务的机构，包括常设技术市场、人才中介市场、科技条件市场、技术产权交易机构等。科技产品的消费者，包括广大民众、公司企业、事业单位、社会组织、各级各类国家机构等各级各类科技产品的消费主体。

物质要素包括现有的知识技术（构成下一步科技创新的起点和条件）、各种科技研发的物质基础、资金投入等，尤其是大型仪器设备的购置和使用，以及科技信息情报的收集、存储、传输、使用和共享等。

行为主体的内部运行机制是决定国家创新系统运行效率的重要因素。系统由构成系统的要素及各要素间的相互关系所组成。各个要素的自身优化是系统整体实力和效率的基础。只有公司企业、研究机构、教育培训机构和科技管理部门等都具有良好的运行机制，才能保证科技创新体系运行效率的提高，从而保证国家创新系统整体效率的提高。

行为主体间有效的联系和合作，是与国家创新系统运行效率密切相关的重要因素。涉及国家科技政策、政策工具、法律制度、科技管理体制和机制等。创新资源在行为主体间高效流动，有助于分化创新风险、减少创新成本、加快创新速度、提高创新效益，各行为主体之间的密切联系和默契合作有助于国家创新系统的整体效率。

创新法律政策是指能对创新活动产生影响的法律、法规和政策。通常分为供给、需求和环境等几大方面的政策。创新政策与国家的科技政策、经济政策、产业政策、财政政策、税收政策、教育政策等有密切的关系。创新环境，尤其是指社会文化观念环境和创新法律政策。社会文化观念对于科学与技术创新具有很大的影响作用，因为思想和观念是国家创新系统的精神内核。

为应对世界经济向知识经济的转移，主权国家不断调整其创新政策以便实时调节国家创新系统的结构和功能。当前，促进人力资源的流动、促进机构间的联系与合作、制定产业创新政策、促进创新型企业发展，是创新政策的优先选择。特别是协调国家创新系统与知识经济发展的创新政策，更是发达国家关注的焦点。

值得注意的是，国家创新政策的不断集成化，从过去分别制定教育政策、科技政策和经济政策等，逐步制定集成的国家创新政策。集成的国家创新政策可分为以下几个板块：①垂直政策板块，包括国家层面的创新政策、地区层面的创新政策、部门（行业）的创新政策、企业和机构的创新政策等；②管理政策板块，包括以创新为核心的科技政策、教育政策、产业政策、金融政策、国际合作政策、产学研合作政策、创新风险分担政策、创新激励政策等；③法律板块，包括创新投入法、创新机构法、税收调节法、知识产权法、技术合同法、社会保障法等。

市场条件是企业创新活动的基本背景。市场作为一种资源配置的方式，对企业及其他行为主体的创新活动具有重要影响。一个国家市场的发育程度、规范程度和运行效率，对国家创新活动的规模、效益、效率等都是至关重要的。国际联系既是每个国家的国家创新系统与国际大环境进行资源交流的重要环节，也是每个国家创新活动的行为主体进行国际竞争与合作的途径和方式。在当今世界经济一体化和科学技术国际化趋势日益加强的条件下，各国的国内市场日益与国际大市场接轨。因此，对各行为主体而言，国际联系更具有参与国际大市场竞争，开展国际化经营的意义。

方案二：笔者在研究过程中，曾筛选出先导性要素、保障性要素、动力性要素和主体性要素，并对各构成要素的特点、内容及其影响因素进行分析，为创新性体系的优化提出新的思路和更为有效的方法。

创新体系的运行过程。创新体系各构成要素既相互独立，又相互联系。其独立性表现为这四大要素各有自己的特点和产生、变化规律，在创新体系中的作用也各不相同；其联系在于这四大要素相互制约、相互促进。先导性要素（如科技创新观念）是创新能否启动的前提；创新体系保障性要素（如科技创新政策和法律制度）是创新活动能否有序进行的条件；动力性要素（如获取创新性知识和技术）是国家创新体系的初衷和归宿；主体性要素（如人）是创新活动的实施者，最具能动作用。科技的发展促进人观念的更新，观念的更新促进制度的变革，制度的变革促进科技的发展。通过要素功能和系统结构的优化，以使国家科学技术创新体系能够更好地发挥对科学技术创新活动的执行和评估、创新资源（包括人力、财力、信息资源等）的供给和配置、创新制度与创新政策建设、创新基础设施建设等功能。

由于观察的视角不同、所立足的视域不同，对国家科学技术创新体系解构的方案就会有所不同。这些不同的见解能够为我国科学技术创新体系的不断集成优化和功能的充分发挥提供智力支撑。

理论探讨归理论探讨，还是官方提供的优化方案最具执行力和权威性。中共中央、国务院 2016 年印发的《国家创新驱动发展战略纲要》提出，实现创新驱动是一个系统性的变革，要按照"坚持双轮驱动、构建一个体系、推动六大转变"进行布局，构建新的发展动力系统。纲要指出，双轮驱动就是科技创新和体制机制创新两个轮子相互协调、持续发力。要明确支撑发展的方向和重点，加强科学探索和技术攻关，形成持续创新的系统能力；要调整一切不适应创新驱动发展的生产关系，统筹推进科技、经济和政府治理等三方面体制机制改革，最大限度释放创新活力。纲要提出的一个体系就是建设国家创新体系。建设各类创新主体协同互动和创新要素顺畅流动、高效配置的生态系统，形成创新驱动发展的实践载体、制度安排和环境保障。明确企业、科研院所、高校、社会组织等各类创新主体功能定位，构建开放高效的创新网络，建设军民融合的国防科技协同创新平台；改进创新治理，进一步明确政府和市场分工，构建统筹配置创新资源的机制；完善激励创新的政策体系、保护创新的法律制度，构建鼓励创新的社会环境，激发全社会创新活力。根据纲要，六大转变就是发展方式从以规模扩张为主导的粗放式增长向以质量效益为主导的可持续发展转变，发展要素从传统要素主导发展向创新要素主导发展转变，产业分工从价值链中低端向价值链中高端转变，创新能力从"跟踪、并行、领跑"并存、"跟踪"为主向"并行""领跑"为主转变，资源配置从以研发环节为主向产业链、创新链、资金链统筹配置转变，创新群体从以科技人员的小众为主向小众与大众创新创业互动转变。

党的十八大提出实施创新驱动发展战略，强调科技创新是提高社会生产力和综合国力的战略支撑，必须摆在国家发展全局的核心位置。这是中央在新的发展阶段确立的立足全局、面向全球、聚焦关键、带动整体的国家重大发展战略。为加快实施这一战略，特制定《国家创新驱动发展战略纲要》。

纲要确定的战略目标分三步走：第一步，到 2020 年进入创新型国家行列，基本建成中国特色国家创新体系，有力支撑全面建成小康社会目标的实现。第二步，到 2030 年跻身创新型国家前列，发展驱动力实现根本转换，经济社会发展水平和国际竞争力大幅提升，为建成经济强国和共同富裕社会奠定坚实基础。第三步，到 2050 年建成世界科技创新强国，成为世界主要科学中心和创新高地，为我国建成富强民主文明和谐的社会主义现代化国家、实现中华民族伟大复兴的中国梦提供强大支撑。

第六章
科技创新体系语境下的科技法基本法律制度

科技法是一个系统，其基本制度可根据划分的目的，以不同的分类标准划分出科技法基本法律制度类别以建构其基本制度体系。笔者在此以国家科技创新体系的结构优化和功能完善为线索，分析科技法基本法律制度的内涵与外延。

第一节　国家科技创新体系和创新型国家建设目标

研究国家科技创新体系不是为了研究而研究，研究的目的也不是仅弄清它的体系，而是服务于我国的创新型国家建设战略目标。

一、我国的科技创新体系是实现创新型国家建设目标的支撑

国家科技创新体系与创新型国家建设目标是手段与目的的关系，国家科技创新体系是实现创新型国家建设目标的支撑。

建设创新型国家离不开高效、合理的国家科技创新体系。创新型国家建设是一项以科技进步、自主创新为主要内容、规模宏大的系统工程，是开放的复杂巨系统。创新型国家有其特定的科技标准：①创新投入高，国家的研发投入即 R&D（研究与开发）支出占 GDP 的比例一般在 2% 以上；②科技进步贡献率达 70% 以上；③自主创新能力强，创新型国家的对外技术依存度指标在 30% 以下；④创新产出高，发明专利多。建设创新型国家是一个动态发展的过程，而不是一劳永逸的。增加国家科技创新体系的物质要素，改善国家科技创新体系的系统结构，进一步优化科技创新体系以使其更加科学合理，提高国家科技创新体系整体功能和产出效应，为实现我国创新型国家建设目标提供有力的支撑体系，促进我国的创新型国家建设。

高效、合理的国家科技创新体系能够有力地促进创新型国家目标的实现。首先，在系统构成要素、系统的物质力量方面，创新型国家建设应该调动全

社会所有的创新资源，加大科技投入，强化对创新基础设施的协调使用；加强科学研究和技术开发人力资源的投入；推进科技成果及时转化；强调多方面社会因素，如历史传统、文化环境、国家法律政策等因素对国家科技创新体系的影响等，国家科技创新体系由许多物质要素之子系统所组成。其次，在一定时期内特定系统的物质要素确定的情况下，改变系统组成要素的联系方式，调整系统要素的排列组合之结构，则可以提升体系的系统功能，增强科技创新的实效。

二、科技法的调节和规制是我国科技创新体系优化的重要手段

之所以说科技法律对国家科技活动的调节和规制是我国科技创新体系优化的重要手段，是因为与各种政策调整、单位团体章程、村规民约、道德规范的调整相比，法律是国家强制力保证实施的最有力的、对任何公民都一体有效的行为规范模式，法律对社会活动的规制最为强而有力。

科技创新过程，从人才的培养、选拔、使用、考核、奖惩，到科技项目的筛选，科技经费的投入、使用，科技成果的应用、推广；从基础研究到应用研究；从工业科技开发与应用，到农业科技开发与应用；从企业科技进步到研究院所研究能力的提高；从政府管理到科技体制改革以及科技人员权利义务的确定与积极性的提高；从全民科学文化素养的培育与提高，到特殊优秀人才的拔擢；从国内科技协作到国家交流合作……都离不开科技创新体系诸要素集成、耦合和协调统一。那么，如何保证国家科技创新体系组成要素齐备、各要素之间合理优化的系统结构？科技法律无疑是最重要的调节手段；完备的科技法律制度体系是国家科技创新体系科学化的保障，故而也是创新型国家建设的制度保障。也就是说，我国科技法律制度体系的优化能够有力地促进和保障国家科技创新体系的优化。科技法律制度体系和国家科技创新体系都是开放的复杂的巨系统，这两个体系一于我国的创新型国家建设进程之中，动态地相互促进和制约着。

第二节　基于科技创新体系的科技法
基本法律制度的内涵与外延

前文论述了国家科技创新体系基本结构要素划分的多种方案。科技法以优化国家科技创新体系为依归，科技法律体系的基本法律制度体系的划分也有相应的多种方案。这里，从便利和效率角度考虑，结合我国现行科技法的

内容，以国家科技创新体系的结构优化和功能完善为线索，讨论我国基本的科技法律制度问题，使得这两个体系的建构获得一定程度的协同性，以达到事半功倍的效果。

一、基本法律制度解析

"制度"，即制定的法度，其最基本的含义是要求成员共同遵守的规章或准则。《荀子·儒效》中说："缪学杂举，不知法后王而一制度。"《儒林外史·第五三回》中说："近来器皿都要翻出新样，却不知古人是怎样的制度。""制度"一经制定颁布，就对某一岗位上的或从事某一项工作的人员有约束作用，是特定人员行动的准则和依据。在广义上，制度不限于法律制度，还包括社会组织、经济单位等制定的规章制约、团体章程中所包含的行为规范。

法律制度是指在一定历史条件下形成的法令、礼俗等社会规范。《易·节》中说："天地节，而四时成。节以制度，不伤财，不害民。"其意为："王者以制度为节，使用之有道，役之有时，则不伤财，不害民也。"宋代王安石的《取材》中也有"制度"的记载："所谓诸生者，不独取训习句读而已，必也习典礼，明制度。"现代意义上，法律制度是指由国家或地区立法机关制定的所有法律准则和规则的总称。法律制度与非法律制度的区别，可通过"法律规范与其他非法律规范的区别"，亦即"法律与其他行为规范的区别"来把握。

"基本"，是"基"和"本"的合成词。《说文解字》中说："基，墙始也。"现泛指一切建筑物的根脚。"本"是象形字，据甲骨文字形，本为树的根，与末相对（末为树梢），引申意为"中心的、主要的"。基本法律制度即基础性的、主要的法律制度，与次级的、"非主要的"法律制度相对应。例如，就民法而言，民事主体法律制度、民事行为法律制度、民事法律责任制度等是基本的民事法律制度。而代理制度、遗嘱形式制度、定金制度等相对于"基本制度"而言，是"次级制度"。

一般而言，部门法的逻辑结构包括：立法目的、指导思想、立法根据、法律任务+法律基本原则（派生次级法律原则）+基本法律制度（派生次级法律制度）=法律规范群（若干法律规范的有机统一）。基本法律制度上承基本原则，下启具体制度。基本原则相对于基本制度而言较为抽象；基本制度相对于具体制度，有一定程度的抽象性，具体制度可以直接运用到案件处理，而基本制度则往往不能。这就是说，基本法律制度与基本原则、具体制度虽有关系，但截然不同。应该对基本法律制度与次级法律制度的差别有清醒的认识。

不过，是否为基本制度，还要判断语境。例如，对宪法而言，其"小的制度"可能对于下位法而言是基本的法律制度。如《宪法》第42条规定："中华人民共和国公民有劳动的权利和义务。国家通过各种途径，创造劳动就业条件，加强劳动保护，改善劳动条件，并在发展生产的基础上，提高劳动报酬和福利待遇。劳动是一切有劳动能力的公民的光荣职责。国有企业和城乡集体经济组织的劳动者都应当以国家主人翁的态度对待自己的劳动。国家提倡社会主义劳动竞赛，奖励劳动模范和先进工作者。国家提倡公民从事义务劳动。国家对就业前的公民进行必要的劳动就业训练。"该条规定了公民劳动的权利和义务制度，其中的劳动保护、改善劳动条件等内容显然难以说得上是基本制度。但是同样的内容移步到《安全生产法》则发生了变化：从业人员安全生产权利义务制度与其他内容构成了《安全生产法》所确定的七项基本法律制度：①安全生产监督管理制度；②生产经营单位安全保障制度；③生产经营单位负责人安全责任制度；④从业人员安全生产权利义务制度；⑤安全中介服务制度；⑥安全生产责任追究制度；⑦事故应急和处理制度。

二、科技法基本法律制度的内涵

《科学技术进步法》是我国科技领域的基本法，其基本法律制度集中地规定在该部法律文件中。1993年7月2日第八届全国人民代表大会常务委员会第二次会议通过了《科学技术进步法》，并于1993年10月1日起施行。这是我国科技领域的第一部具有基本法性质的法律，是科技法领域的"小宪法"。

之后，在《科学技术进步法》颁布施行的第14个年头，为适应我国社会的科技情况发生的巨大变化，2007年12月国家立法机关对《科学技术进步法》进行了全面的修订。这次修订的核心内容是把新时期的国家科技工作的方针法制化；提出国家要制定和实施知识产权战略，建立和完善知识产权制度；确立了建设创新型国家的目标、突出自主创新的战略地位；强化企业科技创新主体地位；规定通过财政政策、金融政策、税收政策等多渠道加大对科技的投入；规定遵循统筹规划、优化配置有效配置、整合科技资源，建立科技资源的共享使用制度，使科技资源发挥更大作用；建立一种能够激励自主创新的制度，营造一个能够自由探索、宽容失败的科研环境等。

根据上述对基本法律制度的分析，科技法基本法律制度是指科技法律体系中的基础性的、主要的法律制度。其与次级的"非主要的"科技法律制度相对应。

三、科技法基本法律制度的外延

(一) 纵向科技法基本法律制度

根据我国现行的科技法律体系(以现行《科学技术进步法》为龙头的科技法律体系)的规定,即按照科技创新活动的先后进程来进行纵向考察,我国的科技基本法律制度主要包括:①促进科技创新制度;②研究开发机构和科技人员的管理制度;③研究开发项目管理制度;④科技投入法律制度;⑤科研信息情报管理制度;⑥计量和标准化法律制度;⑦科技成果权属制度;⑧科技成果评价制度;⑨促进科学技术成果转化法律制度;⑩科技成果的知识产权保护制度;⑪技术市场管理制度;⑫国内技术合同法律制度(开发、转让、咨询与服务);⑬国际技术贸易法律制度;⑭国际技术合作法律制度;⑮科技保密制度;⑯科研诚信制度;⑰国防科技法律制度;⑱科技法律后果制度(包括奖励、惩罚等)。

(二) 横向科技法基本法律制度

根据我国现行的科技法律体系(以现行《科学技术进步法》为龙头的科技法律体系)的规定,横向地看,我国的科技法基本法律制度包括但不限于:①企业科技进步法律制度;②农业科技进步法律制度;③网络信息技术(电子商务)法律制度;④生物安全法律制度(基因信息+外来物种);⑤生命科学法律制度(器官移植、脑死亡、安乐死);⑥海洋技术开发利用法律制度;⑦航空航天科学技术法律制度;⑧人工智能法律制度;⑨高新技术园区法律制度;⑩新能源与可再生能源法律制度;⑪纳米技术等。

尽管《科技法总论》以研究科技法一般理论为主干,但对于纵向基本法律制度的阐述也符合"部门法总论"的品性。所以,接下来本书将分章节对纵向基本法律制度择其要者加以阐述。至于横向科技法基本法律制度的分析,则属于《科技法学分论》的内容,笔者将另行安排撰写。

第七章
科技人员法律制度

第一节　科技人员的权利与义务

一、科技人员的概念和特征

科学技术人员，也称科技工作者，简称科技人员，是指具有一定的科技专业知识和专门技能，从事科学研究、技术开发、技术咨询或技术服务等科技专业工作的公民。科技人员是科学技术知识的生产者和传播者，是先进生产力的开拓者。《科学技术进步法》第48条第1款规定："科学技术人员是社会主义现代化建设事业的重要力量。"

科技人员具有以下特征。①文化程度较高。作为科技人员，需要具有较高的文化程度，受过系统的科学技术研究与开发相关的高等教育或者职业技术教育。②专业性。科技人员必须具有一定的专业知识和专门技能，从事某种科技专业工作。③技术性。科技人员从事科学研究技术开发等技术性工作，必须有丰富的知识储备，或者有较高的专业技术能力，如计算机软件开发、生物制剂的研制等。

二、科技人员的权利和义务

《科学技术进步法》第3条第2款规定："全社会都应当尊重劳动、尊重知识、尊重人才、尊重创造。"其中，尊重人才就必须给予其应有的社会地位并充分保障科技人员权利。为此，该法将"科技人员"单列一章，对其权利和义务作了专门规定。

（一）科技人员的权利

根据《科学技术进步法》总则和第五章"科学技术人员"的有关规定，

科技工作者具有的权利主要有：①自由从事科研活动权；②获得合理的待遇和劳动报酬和劳动补贴权、劳动保障权；③参加职称评审权和竞聘专业岗位权；④业余兼职权；⑤依法获得专利权、著作权等知识产权；⑥承包、承租权和创办科研机构的权利；⑦合理流动的权利；⑧获得科技奖励权；⑨高风险科研试验失败获得宽容的权利；⑩学习、进修和参与国内、国际学术交流的权利；⑪创办与参与学术团体、开展学术交流权。

在这里，有必要对科技人员的兼职展开论述。

科技人员在忠于职守，完成本职工作的前提下，可以由单位安排，也可以由技术市场中介机构联系，或者科技人员自己根据技术市场的情况，到其他单位业余兼职，从事科学研究、技术开发、技术转让、技术服务和技术咨询等利用科学技术为社会服务的活动。简而言之，科技人员业余兼职是指科技人员在圆满履行本职工作以外，还有能力兼任其他科技研发职务，收取合理报酬，用科学技术知识为社会服务的活动。

人力资源社会保障部颁发的《关于支持和鼓励事业单位专业技术人员创新创业的指导意见》（2017 年 3 月 10 日）第 2 条规定："支持和鼓励事业单位专业技术人员兼职创新或者在职创办企业。"第一，支持和鼓励事业单位专业技术人员到与本单位业务领域相近企业、科研机构、高校、社会组织等兼职，或者利用与本人从事专业相关的创业项目在职创办企业，是鼓励事业单位专业技术人员合理利用时间，挖掘创新潜力的重要举措，有助于推动科技成果加快向现实生产力转化。第二，事业单位专业技术人员在兼职单位的工作业绩或者在职创办企业取得的成绩可以作为其职称评审、岗位竞聘、考核等的重要依据。专业技术人员自愿流动到兼职单位工作，或者在职创办企业期间提出解除聘用合同的，事业单位应当及时与其解除聘用合同并办理相关手续。第三，事业单位专业技术人员兼职或者在职创办企业，应该同时保证履行本单位岗位职责、完成本职工作。专业技术人员应当提出书面申请，并经单位同意；单位应当将专业技术人员兼职和在职创办企业情况在单位内部进行公示。事业单位应当与专业技术人员约定兼职期限、保密、知识产权保护等事项。创业项目涉及事业单位知识产权、科研成果的，事业单位、专业技术人员、相关企业可以订立协议，明确权益分配等内容。

至于兼职科研人员与本单位、兼职单位的有关约定之具体内容，法律不宜作具体规定。不过，我们可以根据《科学技术进步法》的有关规定得出科技法的价值取向。该法第 20 条第 1 款规定："利用财政性资金设立的科学技术基金项目或者科学技术计划项目所形成的发明专利权、计算机软件著作权、集成电路布图设计专有权和植物新品种权，除涉及国家安全、国家利益和重大社会公共利益的外，授权项目承担者依法取得。"该条第 4 款规定："项目承担者因实施本条第一款规定的知识产权所产生的利益分配，依照有关法律、行政法规的规定执行；法律、行政法规没有规定的，按照约定执行。"该法第 65 条第 3 款规定："科学技术资源的管理单位不得侵犯科学技术资源使用者的知识产权，并应当按照国家有关规定确定收费标准。管理单位和使用者之间的其他权利义务关系由双方约定。"根据以上规定，当法律有强行性规定的，依照规定；法律没有规定的，当事人各方可以自主约定。

总之，科技人员兼职，要处理好其与本单位、兼职单位的关系，依法处理或者约定处理各方的权利和义务，尤其是劳动报酬、利益分配、取得知识产权权属、技术秘密的保护的事宜。

（二）科技人员的义务

根据《科学技术进步法》总则和第五章"科学技术人员"有关规定，科技工作者承担的法定义务主要有：①科学技术人员应当弘扬科学精神，遵守学术规范，恪守职业道德，忠于职守，努力完成本职工作；②诚实守信，不得剽窃、侵占或侵犯他人的科技成果，不得在科学技术活动中弄虚作假；③坚持实事求是，坚持辩证唯物主义，追求真理，不得参加、支持迷信活动；④因科技活动取得的收入应依法纳税；⑤保守国家秘密和本单位的技术秘密；⑥有关法律法规、单位规章/规定或者合同约定的其他义务等。

三、科技人员行使权利和履行义务的制度保障

为了尽量使科技工作者的权利落到实处，并便于其履行其相应的法律义务，《科学技术进步法》要求国家、地方各级政府、企事业单位、各学术团体等必须采取积极的措施加以保障。如其第 48 条规定："科学技术人员是社会主义现代化建设事业的重要力量。国家采取各种措施，提高科学技术人员的社会地位，通过各种途径，培养和造就各种专门的科学技术人才，创造有利的环境和条件，充分发挥科学技术人员的作用。"其第 49 条规定："各级人民政府和企业事业组织应当采取措施，提高科学技术人员的工资和福利待遇；对有突出贡献的科学技术人员给予优厚待遇。"其第 50 条规定："各级人民政府和企业事业组织应当保障科学技术人员接受继续教育的权利，并为科学技术人员的合理流动创造环境和条件，发挥其专长。"其第 53 条第 2 款规定："发现、培养和使用青年科学技术人员的情况，应当作为评价科学技术进步工作的重要内容。"其第 54 条规定："国家鼓励在国外工作的科学技术人员回国从事科学技术研究开发工作。利用财政性资金设立的科学技术研究开发机构、高等学校聘用在国外工作的杰出科学技术人员回国从事科学技术研究开发工作的，应当为其工作和生活提供方便。外国的杰出科学技术人员到中国从事科学技术研究开发工作的，按照国家有关规定，可以依法优先获得在华永久居留权。"其第 56 条第 2 款规定："原始记录能够证明承担探索性强、风险高的科学技术研究开发项目的科学技术人员已经履行了勤勉尽责义务仍不能完成该项目的，给予宽容。"其第 57 条规定："利用财政性资金设立的科学技术基金项目、科学技术计划项目的管理机构，应当为参与项目的科学技术人员建立学术诚信档案，作为对科学技术人员聘任专业技术职务或者职称、审批科学技术人员申请科学技术研究开发项目等的依据。"

第二节　科技人员的培养与学位制度

一、科技人员的培养制度

对科技人员的培养，是全面提高科技人员素质，推动科学技术进步，实现科技现代化的一项重要内容。《科学技术进步法》第 48 条后段规定："国家采取各种措施，提高科学技术人员的社会地位，通过各种途径，培养和造就各种专门的科学技术人才，创造有利的环境和条件，充分发挥科学技术人员的作用。"我国培养科技研发人员的途径主要包括以下五种。

（一）高等教育和学位制度

高等教育是目前我国科技人才培养的主要途径。我国的高等科技教育包括博士研究生教育、硕士研究生教育、本科教育和专科教育四个不同层次。其中，博士研究生教育培养的是在本门学科基础上掌握了坚实宽广的基础理论和系统深入的专门知识、具有独立从事科学研究和开发工作能力的高级人才。硕士研究生教育培养的是在本学科上掌握了坚实的基础理论和系统的专门知识，具有从事科学研究与开发工作或独立担负专门技术工作能力的高级科技人才。本科教育培养的是掌握了本门学科的基础理论、专门知识和基本技能，具有从事科学研究工作或担负专门技术工作初步能力的科技人才。专科教育是在普通教育基础上进行的比本科学习年限短的专门教育，培养较低层次的应用型专门科技人才。

（二）职业技术教育

职业技术教育旨在培养应用型、实践型、工艺型的专业技术人才。目前我国的这类人才短缺，而且不稳定。因此，国家正在采取措施发展各种职业技术教育，发挥现有的职业院校的作用，加速培养职业技术人才，以满足社会对于专业技术人才的需求。

（三）继续教育

继续教育是面向学校教育之后所有社会成员特别是成人的教育活动，是终身学习体系的重要组成部分。详言之，即指脱离正规教育，已参加工作和负有成人责任的人所接受的各种各样的教育，是对专业技术人员进行知识更新、补充、拓展和能力提高的一种高层次的追加教育。知识经济时代，继续教育是人才资源开发的主要途径和基本手段，着重点是开发人才的潜在能力，提高人才队伍整体素质是专业技术队伍建设的重要内容。由于当今世界科学技术发展迅猛，日新月异，而基础教育和学历教育不能一劳永逸地保证科技研发人员总能适应新的形势需要，而继续教育成为必需。

（四）博士后研究制度

博士后研究制度是"二战"后在一些发达国家形成的一种造就优秀专业人才的制度。博士后研究的组织形式有二：博士后流动站和博士后科研工作站。

（1）博士后流动站，是指按照规定条件，评审出一些学术水平较高、科研和后勤条件较好的高等学校或科研机构，批准其在某些学科内招收国内外刚刚获得博士学位的优秀年轻博士从事博士后研究工作的组织。在我国，1987年7月国务院批转了原国家科委、教委、中国科学院《关于试办博士后科研流动站的报告》，开始建立博士后流动站，试行博士后研究制度。

（2）博士后科研工作站，是指在企业、科研生产型事业单位和特殊的区域机构内，经批准可以招收和培养博士后研究人员的组织。

博士后流动站、博士后科研工作站的设立，从事博士后研究工作申请者应具备的条件，以及进站、出站、退站等都有相应的条件和行为规范要求。

（五）出国留学教育[1]

留学，旧称留洋，一般是指一个人去母国以外的国家接受各类教育，时间可以为短期或长期（从几个星期到几年）。这些学生被称为留学生。美国等国家组织的一类海外短期的交换学生计划，其英文名字"study abroad"直译也为留学。可以通过留学中介、国内高校开办的出国留学项目和教育主管部门开展的国际教育交流项目来实现。其中，国家本着"支持出国、鼓励回国、来去自由、往来方便"的原则，采取多种形式和灵活措施派遣科技人员出国留学、鼓励留学人员回国创业报效祖国。这方面的规范性文件有 1986 年 12月国家教育委员会出台的《关于出国留学人员工作的若干暂行规定》、教育部财政部出台的关于《国家公派出国留学研究生管理规定（试行）》（教外留〔2007〕46 号）。

二、学位管理制度

这方面的规范性文件有《中华人民共和国学位条例》《中华人民共和国学位条例暂行实施办法》和国务院学位委员会、教育部《关于下放学士学位授予单位审批权的通知》《关于改进学士学位授予单位审核工作的通知》以及国务院学位委员会《关于审批独立学院为学士学位授予单位工作的通知》等。

（一）授予学位的条件

完成受不同层次的教育，依法授予相应的学位。

1. 学士学位

《中华人民共和国学位条例》第 4 条规定："高等学校本科毕业生，成绩优良，达到下述学术水平者，授予学士学位：（1）较好地掌握本门学科的基础理论、专门知识和基本技能；（2）具有从事科学研究工作或担负专门技术工作的初步能力。"

2. 硕士学位

《中华人民共和国学位条例》第 5 条规定："高等学校和科学研究机构的研究生，或具有研究生毕业同等学力的人员，通过硕士学位的课程考试和论文答辩，成绩合格，达到下述学术水平者，授予硕士学位：（1）在本门学科上掌握坚实的基础理论和系统的专门知识；（2）具有从事科学研究工作或独

---

[1]　与"留学中国计划"更好地对应。鉴于国际背景下来华留学的外国留学生人数增长、来华留学升温，教育部于 2010 年 9 月出台了《留学中国计划》。

立担负专门技术工作的能力。"

3. 博士学位

《中华人民共和国学位条例》第 6 条规定："高等学校和科学研究机构的研究生，或具有研究生毕业同等学力的人员，通过博士学位的课程考试和论文答辩，成绩合格，达到下述学术水平者，授予博士学位：（1）在本门学科上掌握坚实宽广的基础理论和系统深入的专门知识；（2）具有独立从事科学研究工作的能力；（3）在科学或专门技术上做出创造性的成果。"

4. 大专毕业证书

《中华人民共和国学位条例》第 7 条规定："专科教育是在普通教育基础上进行的比本科学习年限短的专门教育，培养较低层次的应用型专门科技人才。"对完成专科教育者，颁发大专毕业证书。

（二）学位授权审核制度

我国任何单位要在某一学科专业授予学位必须经国务院学位委员会审定并取得授权。国务院学位委员会颁布的《关于审定学位授予单位的原则和办法》是审定各级学位授予单位及其学科、专业是否具备授予单位条件的重要依据，它规定了各级学位授予单位及其有权授予学位的学科、专业在教师队伍、课程设置、科研条件和管理制度等方面应达到的基本条件。

高等学校及其学科、专业申请学士学位授予权，须经本校学术委员会讨论后由学校向主管部门申请，主管部门组织相同专业的同行专家评审通过后，国务院学位委员会或其授权的省级学位委员会审批。高等学校和科研机构及其学科、专业是否有权授予硕士、博士学位，由国务院学位委员会办公室组织同行专家通过评审，国务院学位委员会学科评议组复核，再由国务院学位委员会全体会议讨论和批准并予以公布。

从 1995 年开始，我国逐步实行新的学位授权审核办法：新增博士、硕士学位授权单位和博士点由国务院学位委员会组织审核和批准；硕士点由地方、部门或学位授予单位根据统一规定的办法组织审核、批准；学位授予单位在自行审核招收培养博士生计划的同时，遴选确定博士生教师。在一定的学科范围内和一定的总量控制下，硕士点审批权、博士点审批权也下放给成立了省级学位委员会的省市和一部分条件较好的高等院校。学位授权审核办法的改革，发挥了有关部门在学位授权审核中的作用，扩大了高等学校的办学自主权。国家对学位授权点实行动态考核与管理，每一次学位点的申报、获批、撤销或者动态调整都由国务院学位委员会发出专门的通知。

第三节　科技人员专业技术职务聘任法律制度

一、专业技术职称和专业技术职务的含义

《科学技术进步法》第 51 条规定："科学技术人员可以根据其学术水平和业务能力依法选择工作单位、竞聘相应的岗位，取得相应的职务或者职称。"1986 年发布的《关于实行专业技术职务聘任制度的规定》中规定如下：①专业技术职务是工作单位的一类技术岗位，即根据实际工作需要设置的有明确职责、任职条件和任期，并需要具备专门的业务知识和技术水平才能担负的工作岗位。专业技术职务的特点有：不同于一次获得后而终身拥有的学位、学衔等各种学术、技术称号；受单位规模和层次的限制，其专业技术岗位是有限的，有职称资格但并非就能得到相应的专业技术岗位；专业技术岗位有具体任职期限和岗位责任；与工资待遇挂钩。②专业技术职称是一种任职资格，是科技人员的科技研发能力和水平标志，即为区别专业技术或学识、水平、能力与成就的等级称号，作为反映专业技术人员学术水平、工作能力及过去成就的标志，是对专业技术人员的一种评价和承认。专业技术职称的特点是：不与工资待遇挂钩；职称评定没有数额限制，不管申报者人数多少，只受评审标准限制；一旦取得，终身享有。

职称评审与岗位聘任应该分开。建立专业技术职务聘任制度，应当根据实际需要设置专业技术工作岗位，规定明确的职责和任职条件，在定编定员的基础上，确定高、中、初级专业技术职务的合理结构比例；由行政负责人在"经过评审委员会评定的、符合相应条件"（即具有相应的职称）的专业技术人员中聘任；有一定的任期，在任职期间领取专业技术职务工资。但实践中，一些单位由于专业技术职务岗位有限，为了控制人才，不让人才流失，采用评聘不分、以聘限评的方式，其结果是人为地压制人才，这样则不利于人才的合理流动，发挥其应有的效用。

二、专业技术职称评审和岗位聘任的条件

《职称评审管理暂行规定》（2019 年 6 月 14 日人力资源社会保障部第 26 次部务会讨论通过）第 2 条规定："职称评审是按照评审标准和程序，对专业技术人才品德、能力、业绩的评议和认定。职称评审结果是专业技术人才聘用、考核、晋升等的重要依据。对企业、事业单位、社会团体、个体经济组

织等（以下称用人单位）以及自由职业者开展专业技术人才职称评审工作，适用本规定。"其第3条规定："职称评审坚持德才兼备、以德为先的原则，科学公正评价专业技术人才的职业道德、创新能力、业绩水平和实际贡献。"我国的专业技术职务设高、中、初三级，其任职条件有基本任职条件和特殊任职条件之分。基本任职条件是各行业科技研发人员均须具备的担任各级技术职务的起码资格；特殊任职条件则是指根据各行业自身的特殊情况，由行业领导部门设定的担任行业内各级技术职务须分别具备的特殊资格。

国务院《关于实行专业技术职务聘任制度的规定》对专业技术职务的基本任职条件作了如下规定：①热爱祖国，遵守宪法和法律，积极为我国现代化建设贡献力量。②具备履行相应职责的实际工作能力和业务知识。③担任高级、中级、初级专业技术职务一般应相应具备本科、大专、中专毕业的学历。各专业技术职务系列可以根据各自的特点，提出各级职务不同学历的要求。对虽然不具备上述学历规定，但确有真才实学、成绩显著、贡献突出、符合任职条件的专业技术人员，也可根据需要破格聘任相应的专业技术职务。④身体健康，能坚持正常工作。

现实中，各个聘用单位可以根据各行各业的特殊情况和本单位的具体情况，在国家、行业主管部门确定的任职条件的基础上，制定本单位较高的任职条件。

三、专业技术职务的评审和聘任程序

《职称评审管理暂行规定》规范了职称评审的基本程序，包括申报、审核、评审、公示、确认等。

（一）评审委员会

该《规定》第6条规定："各地区、各部门以及用人单位等按照规定开展职称评审，应当申请组建职称评审委员会。职称评审委员会负责评议、认定专业技术人才学术技术水平和专业能力，对组建单位负责，受组建单位监督。职称评审委员会按照职称系列或者专业组建，不得跨系列组建综合性职称评审委员会。"

（二）职称申报、审核

申报人应满足申报条件要求，按规定提交申报材料；申报人所在工作单位先核实申报材料，在单位内部公示后，逐级报职称评审委员会组建单位审

核。该《规定》第 13 条规定："申报职称评审的人员（以下简称申报人）应当遵守宪法和法律，具备良好的职业道德，符合相应职称系列或者专业、相应级别职称评审规定的申报条件。申报人应当为本单位在职的专业技术人才，离退休人员不得申报参加职称评审。事业单位工作人员受到记过以上处分的，在受处分期间不得申报参加职称评审。"

该《规定》第 15 条规定："申报人应当在规定期限内提交申报材料，对其申报材料的真实性负责。凡是通过法定证照、书面告知承诺、政府部门内部核查或者部门间核查、网络核验等能够办理的，不得要求申报人额外提供证明材料。"第 16 条规定："申报人所在工作单位应当对申报材料进行审核，并在单位内部进行公示，公示期不少于 5 个工作日，对经公示无异议的，按照职称评审管理权限逐级上报。"其第 17 条规定："非公有制经济组织的专业技术人才申报职称评审，可以由所在工作单位或者人事代理机构等履行审核、公示、推荐等程序。自由职业者申报职称评审，可以由人事代理机构等履行审核、公示、推荐等程序。"其第 18 条规定："职称评审委员会组建单位按照申报条件对申报材料进行审核。申报材料不符合规定条件的，职称评审委员会组建单位应当一次性告知申报人需要补正的全部内容。逾期未补正的，视为放弃申报。"

（三）评审、公示

评审委员会组建单位组织召开评审会议，采取少数服从多数的原则进行投票表决。职称评审委员会组建单位应当对评审结果进行不少于 5 个工作日的公示，接受社会监督。

该《规定》第 19 条规定："职称评审委员会组建单位组织召开评审会议。评审会议由主任委员或者副主任委员主持，出席评审会议的专家人数应当不少于职称评审委员会人数的 2/3。"其第 20 条规定："职称评审委员会经过评议，采取少数服从多数的原则，通过无记名投票表决，同意票数达到出席评审会议的评审专家总数 2/3 以上的即为评审通过。未出席评审会议的评审专家不得委托他人投票或者补充投票。"其第 21 条规定："根据评审工作需要，职称评审委员会可以按照学科或者专业组成若干评议组，每个评议组评审专家不少于 3 人，负责对申报人提出书面评议意见；也可以不设评议组，由职称评审委员会 3 名以上评审专家按照分工，提出评议意见。评议组或者分工负责评议的专家在评审会议上介绍评议情况，作为职称评审委员会评议表决的参考。"其第 26 条规定："职称评审委员会组建单位对评审结果进行公示，公示期不少于 5 个工作日。公示期间，对通过举报投诉等方式发现的问题线索，由职称评审委员会组建单位调查核实。"

（四）评审结果确认、备案

该《规定》第 26 条第 3 款规定："经公示无异议的评审通过人员，按照规定由人力资源社会保障行政部门或者职称评审委员会组建单位确认。具有职称评审权的用人单位，其经公示无异议的评审通过人员，按照规定由职称评审委员会核准部门备案。"

四、专业技术岗位评聘中的难题与破解

（一）评聘条件的客观化和主观价值判断的矛盾及其解决

在职务职称晋升评聘中，衡量一个人的水平有哪些指标？晋升的依据是什么？这里既有作为评聘对象的科技人员已经取得的工作业绩的客观条件，又有评聘者（评审委员会与单位负责人）的主观判断，评聘的结果取决于这两方面的因素。

以高等学校为例，就评聘对象的科技人员已经取得的工作业绩的客观条件，即职称晋升的业务条件主要有：①教学方面的教学工作量、教学效果测评（含学生测评、督导和教师同事的评议）；②主持或者参加的纵向（横向）课题级别和完成情况；③专业领域的学术论文的发表情况；④出版编著情况；⑤教学、科研方面的获奖情况等。在职务职称晋升评聘的各个环节，包括单位推荐小组的推荐、评审委员会的评定等，都不可避免地存在作为判断者的推荐者、评委专家的主观价值倾向性。而且，即使这五个方面的指标本身是客观的，但是各方面指标在总体评价中所占的权重、各项指标具体的分值的确定，仍然存在着聘任方一定的主观价值判断和取舍。所以，如何保证职称职务晋升评聘的公正，是各个单位普遍存在的一大难题。

评聘条件尽量地客观量化是十分必要的，而且各类指标和各个指标也要尽可能地予以量化，使之客观天然地趋向于公正。如果客观标准模糊，甚至撇开具体的客观标准，而任由推荐人、评委和单位领导凭其个人好恶自由地作出决定，则是"人治"的做法，不符合当今社会建设法治国家的潮流。其结果必定会埋没或者压制人才，损伤那些踏实肯干的科技工作者的积极性，助长溜须拍马、搞关系的不正之风，甚至引发行贿受贿等违法犯罪现象。

但是，也要防止另一个极端——简单地依据科研成果（如论文质量和数量、取得专利的数量等），而不考察科技工作者的其他方面（如教学效果、专利、著作等产生的社会效益和经济效益等），这也是片面的。2018 年年底教育部开展清理"唯论文、唯帽子、唯职称、唯学历、唯奖项"专项行动❶，就是针对这种片面情况的纠偏专项治理——对一些高校一切为了学科评估，把评估作为一切工作的核心和办学目的的奇怪现象的治理措施。❷

（二）"僧多粥少"的矛盾及其解决

各高校或者科研单位，尤其是事业单位，在定编定员的基础上核定各级各类专业技术职务岗位的数量，岗位数量有限，所以普遍存在"岗位少、有资格参与竞聘者众多"的僧多粥少的矛盾。这该如何解决呢？

（1）造成职称晋升评聘路上拥堵的一个原因是科技研发机构进人计划没有长远规划，申办学科专业、报学位点一哄而上，导致工作年限、资历、学术成果相同的或者相近的应聘对象集聚、拥堵。所以，各单位招聘一定要有长远的计划和合理的规划，克服盲目性、短视性。

（2）切实实行评聘分开。为了达到不流失人才的结果，有些科技研发机构（如一部分高校、科研院所等）不是想方设法改善人才待遇和工作环境，而是采用不给予"平台"、不给予机会"依岗定评""依聘而评"的拙劣手法：单位有几个空岗就放出来几个职称晋升名额。虽然这种做法表面上减少了岗位竞聘环节的矛盾，但其负面影响很大。因为大量的达到晋升职称条件的科技人员不但得不到职务岗位，就连相应的职称资格也得不到；更有甚者，一些单位由于没有空岗以至于三四年不进行职称评定工作，压制了一批批人才。由于没有获得更高一级的任职资格，这批被压抑的人才也难以合理流动，从而导致科技人员没盼头，失望、绝望情绪严重（有的人甚至开辟新的职业和新的谋生渠道，把教学科研本职工作定位为自己的第二或第三职业），其结果是造成整个学校的教学科研死气沉沉，学校的社会美誉度和影响力大幅度滑坡。

那么，针对这一矛盾，怎么应对呢？笔者认为可采取如下措施。①切实

---

❶　2018 年 11 月 7 日《教育部办公厅关于开展清理"唯论文、唯帽子、唯职称、唯学历、唯奖项"专项行动的通知》（教技厅函〔2018〕110 号）。

❷　不过，我们千万不能这样理解：教育部的关于职称职务评聘政策导向是去客观化。如果把这次专项行动解读为职称晋升评聘不再客观化，而重新回到了由单位领导说了算的老路，那将是对教育部专项治理目的极大曲解。

施行评聘分开，不能依聘而评。这样，只要符合条件的科技人员就能够获得相应的资格。获得了职称资格的晋升，这本身就是对科技工作人员的肯定和褒扬，即使暂时没有空岗，获得了资格的科研人员也有盼头。再说，获得新的资格就意味着有了新的起点，职称资格的获得会促使他们致力于教学科研的劲头重新燃起，为下一步竞聘上岗再创资本。此外，一些获得了职称资格晋升的科研人员还可以流动到其他有岗位的单位。②启动内聘机制、直聘机制❶。我国的事业单位的资金仍然是主要来源于国家财政拨款，所以，编制是单位的一个紧箍咒。面对僧多粥少，大量的实力达到高一级职称水平但单位没有空岗的情况，一些单位（如相当数量的高校）启动了内聘机制、直聘机制，甚至有的单位的有一定自主权的二级机构（如北京师范大学刑事法律科学研究院）也启动了内聘机制。如果把正式聘任视为全国（全省）"统一粮票"的话，那么，内聘岗位、直聘岗位则属于"单位内部粮票"：在本单位内部，内聘人员、直聘人员享受大致与正式聘任人员一样的责任和待遇，其差别在于不属于编内岗位的聘任，上级主管部门对其职务不承认。如果内聘、直聘期间调离原单位的，其内聘、直聘资格不能当然获得新入职单位的承认。当然，内聘与直聘还是有差别的：被内聘的，在下一级岗位的任职年限、科研成果等方方面面都已经达到相应岗位各方面的条件；直聘仅从已取得的科研成果和科研能力来衡量。正因为如此，有的单位把直聘副教授、直聘教授称为科研副教授、科研教授。内聘、直聘在待遇上也有相应的差别。

（3）低职高配或者单位自设人才岗位。一些高校鉴于一方面没有空岗，另一方面又确实存在着一批高级人才需要安抚，于是就采用低职高配法，让有能力的教师实实在在地得到实惠。如清华大学、北京大学、西南大学等，从主持国家级纵向课题或者发表了十分权威论文的副教授岗位教师中遴选博士生导师。再如，有的高校自己创设一些本单位的人才岗位，对于申报竞聘成功者给予一定的津贴。

（4）加速科技人员的合理流动。国家的法律法规和政策允许和鼓励科技人才合理流动。《科学技术进步法》第43条规定，科学技术研究开发机构享有按照国家有关规定，自主确定单位的机构设置和人员聘用及合理流动等内部事务管理的权利。其第50条规定："各级人民政府和企业事业组织应当保

---

❶ 《华北水利水电大学内聘、直聘副教授、教授暂行办法》（华水政〔2016〕34号），华北水利水电大学官网，http://www5.ncwu.edu.cn/contents/14/37621.html，访问时间：2019年10月7日。

障科学技术人员接受继续教育的权利，并为科学技术人员的合理流动创造环境和条件，发挥其专长。"当然，流动也不是无序的乱窜，在流动的方向、流动的方式、流动过程中与原单位的知识产权和技术秘密的保护等，科技法和科技政策都有相应的规定与要求。这方面的规范性文件主要有：原劳动部1996 年发布的《关于企业职工流动若干问题的通知》；原国家科委（现科学技术部）于 1997 年发布的《关于加强科技人员流动中技术秘密的管理若干意见》；2010 年 6 月中共中央、国务院发布的《国家中长期人才发展规划纲要（2010—2020 年)》；2015 年 11 月科学技术部、国家保密局修订的《科学技术保密规定》；2017 年人力资源社会保障部发布的《关于支持和鼓励事业单位专业技术人员创新创业的指导意见》；等等。

第八章
科技组织法律制度

第一节　科技组织的内涵与外延

科技组织法律制度集中规定在《科学技术进步法》的第四章之中。

一、科技组织的内涵

科技组织是科学研究、技术开发或者技术服务机构的简称，是指依法成立，拥有开展科学研究、技术开发、科技服务等所必需的经费、场所和仪器等物质条件，有一定的科技人员从事科学研究和技术开发工作的社会组织。科技组织的主要特征有：①科技组织是一类社会组织。科技组织由一定数量的人员和物质要素构成，组织内部设有管理机构，对内负责管理该组织的日常事务，对外代表该组织从事有关事务。②科技组织的活动宗旨是为科技目的而设立，即专门从事科学研究、技术开发或者技术服务工作。③科技组织应依法成立、依法开展活动。不具备法定条件，则不能设立；科技组织的活动必须在法律允许的范围之内进行。另外，科技组织属于社会组织，所以，科技管理机关不是这里所说的科技组织。科技组织与科学技术研究开发机构也不是完全相同的概念，科技组织除科技社团、科技研发机构之外，还包括科技咨询、科技中介、技术服务等。

为了适应社会主义市场经济体制的需要，改革传统计划经济体制之下的大锅饭制度，切实贯彻经济建设必须依靠科学技术、科学技术工作必须面向经济建设的战略方针，在改革科技拨款管理方法、开拓技术市场、扩大科研机构自主权、推动科研与生产联合、强化企业的技术吸收和开发能力、改革专业技术干部管理制度等方面采取了一系列措施。尤其是 1993 年 11 月党的十四届三中全会通过的《中共中央关于建立社会主义市场经济体制若干问题的决定》，要求我国科研院所体制改革遵循按照"稳住一头，放开一片"的原则进行人才分流和结构调整。"稳住一头"，一是国家稳定支持基础性研究，开展高技术研究和事关经济建设、社会发展和国防事业长远发展的重大研究开发，形成优势力量，力争重大突破，提高中国整体科技实力、科技水平和发展后劲，保持一支能在国际前沿进行拼搏的精干科研队伍；二是对研究机构分类定位，优化基础性科研机构的结构和布局，为准备"稳住"的科研院所提供现代科研院所的组织体制模式。"放开一片"是指放开各类直接为经济建设和社会发展服务的科技组织，开展科技成果商品化、产业化活动，使之以市场为导向运行。如鼓励各类研究机构实行技工贸一体化，与企业合作经营，鼓励科研机构实行企业化管理（即变为企业、进入企业成为企业的技术中心，或与企业结合这三种方式），支持和扶植技术中介机构等。20 多年的科技体制机制改革已取得初步的成效。

当然，源于历史的惯性和改革的深度不够，我国研究与开发机构体制机制上仍存在一些的问题：科技研发与生产相脱节的状况仍然一定程度地存在；科技组织的组织结构仍然是科层制，封闭的管理体系依然存在，课题制仍不占主导地位；科研机构对行政机构的附属物地位还没有彻底改变；科技人才仍大量积聚在大城市、积压在国务院部门的主要科研机构和高等学校，而老少边和农村，以及基层科研单位科技力量非常缺乏；科研机构与企业的结合还需要进一步紧密化、机制化。

我国的科技体制的改革是我国政治体制改革的一部分，改革进程永远在路上。2019 年 10 月党的十九届四中全会《中共中央关于坚持和完善中国特色社会主义制度 推进国家治理体系和治理能力现代化若干重大问题的决定》为未来我国科技创新体制机制的完善作出了规划："弘扬科学精神和工匠精神，加快建设创新型国家，强化国家战略科技力量，健全国家实验室体系，构建社会主义市场经济条件下关键核心技术攻关新型举国体制。加大基础研究投入，健全鼓励支持基础研究、原始创新的体制机制。建立以企业为主体、市场为导向、产学研深度融合的技术创新体系，支持大中小企业和各类主体融通创新，创新促进科技成果转化机制，积极发展新动能，强化标准引领，提升产业基础能力和产业链现代化水平。完善科技人才发现、培养、激励机制，健全符合科研规律的科技管理体制和政策体系，改进科技评价体系，健全科技伦理治理体制。"

二、科技组织的分类

按照不同的标准，可以对科技组织加以分类研究。在这里，首先将科技组织分为科技学术团体和科技实体，然后再对科技实体进一步细分。

（一）科技学术团体

科技学术团体是指由科技工作者自愿组成，不进行科技研发的实体运营，而是从事科学技术交流活动的科学学会、研究会、协会等各种科学技术社会团体。包括中国科协、地方科协以及各学会、研究会的群众性社团组织。

《科学技术进步法》第58条规定："科学技术人员有依法创办或者参加科学技术社会团体的权利。科学技术协会和按照章程在促进学术交流、推进学科建设、发展科学技术普及事业、培养专门人才、开展咨询服务、加强科学技术人员自律和维护科学技术人员合法权益等方面发挥作用。科学技术协会和其他科学技术社会团体的合法权益受法律保护。"

科技社团属社会团体的范畴，所以，其成立应符合《社会团体登记管理条例》（1998年10月25日中华人民共和国国务院令第250号发布，根据2016年2月6日发布的国务院令第666号《国务院关于修改部分行政法规的决定》修正），要求会员人数、名称、住所、经费、活动章程等具体条件，按照法定的程序报批和备案。

其中，最为重要的是中国科学技术协会。这里作详细介绍。

中国科学技术协会（China Association for Science and Technology）成立于1958年9月。2016年6月1日中国科学技术协会第九次全国代表大会通过的《中国科学技术协会章程》是中国科协活动的纲领和行为约章。章程规定，中国科协是中国科学技术工作者的群众组织，是中国共产党领导下的人民团体，是党和政府联系科学技术工作者的桥梁和纽带，是国家推动科学技术事业发展的重要力量；是国家科教工作领导小组、中央精神文明建设指导委员会和中央人才工作协调小组成员单位。

《中国科学技术协会章程》规定了中国科协的主要任务：

（1）密切联系科学技术工作者，宣传中国共产党的路线方针政策，反映科学技术工作者的建议、意见和诉求，维护科学技术工作者的合法权益，建设科技工作者之家。

（2）开展学术交流，活跃学术思想，倡导学术民主，优化学术环境，促进学科发展，推进国家创新体系建设。

（3）组织科学技术工作者开展科技创新，参与科学论证和咨询服务，加快科学技术成果转化应用，助力创新发展，为增强企业自主创新能力作贡献。

（4）弘扬科学精神，普及科学知识，推广先进技术，传播科学思想和科学方法，捍卫科学尊严，提高全民科学素质。

（5）健全科学共同体的自律功能，推动建立和完善科学研究诚信监督机制，促进科学道德建设和学风建设，宣传优秀科学技术工作者，培育科学文化，践行社会主义核心价值观。

（6）组织科学技术工作者参与国家科技战略、规划、布局、政策、法律法规的咨询制定和国家事务的政治协商、科学决策、民主监督工作，建设中国特色高水平科技创新智库。

（7）组织所属学会有序承接科技评估、工程技术领域职业资格认定、技术标准研制、国家科技奖励推荐等政府委托工作或转移职能。

（8）注重激发青少年科技兴趣，发现培养杰出青年科学家和创新团队，表彰奖励优秀科学技术工作者，举荐科学技术人才。

（9）开展民间国际科学技术交流活动，促进国际科学技术合作，发展同中国国（境）外科学技术团体和科学技术工作者的友好交往，为海外科技人才来华创新创业提供服务。

（10）兴办符合中国科学技术协会宗旨的社会公益性事业。

中国科学技术协会由全国性学会、协会、研究会，地方科学技术协会及基层组织组成；地方科学技术协会由同级学会和下一级科学技术协会及基层组织组成。

为规范中国科协所属全国性学会、协会、研究会（以下简称全国性学会）组织工作，促进学会组织发展，中国科协先后印发《中国科学技术协会所属全国性学会组织工作条例》（2002年10月4日）、《中国科学技术协会全国学会组织通则》（2019年1月25日）、《中国科学技术协会所属全国性学会分支机构、代表机构管理办法》（2002年10月4日）等文件。

其中，《中国科学技术协会所属全国性学会组织工作条例》规定了全国性学会的主要任务：开展国内外学术交流，促进学科发展；弘扬科学精神，普及科学技术知识，传播科学思想和科学方法，努力提高全民族科学文化素质，推广先进技术；编辑、出版、发行科技书籍报刊及相关的音像制品；反映会员和科技工作者的意见和要求，维护其合法权益；组织会员和科技工作者参与国家科技政策、发展战略、有关法律法规的制定和促进国家事务的科学决策工作；举荐人才，表彰、奖励在科技活动中取得优秀成绩的会员和科技工作者；对国家经济建设中的重大决策进行科学论证和咨询，提出建议；接受委托承担项目评估、标准制定、成果鉴定、仲裁及专业技术职务资格评审，组织、举办科技展览，编审科技文献，提供技术咨询和技术服务；促进国际民间科技交流与合作；认定会员资格，开展对会员和科技人员的继续教育和培训工作；举办为会员服务的事业和活动。

（二）科技实体

科技实体是指直接从事科学研究、技术研发或者科技服务的公司、企业事业单位。

1. 以是否具有法人资格为标准的划分

以是否具有法人资格为标准，可划分为法人科技组织和非法人科技组织。中国科学院及其下属的科技组织、国务院各部委所属的科技组织、县级及县级以上地方政府所属的科技组织，以及依法成立的民营科技组织一般具有法人资格；高等学校所属的科技组织和企业所属的科技组织一般不具有法人资格。

在法律上，法人单位与非法人单位在社会和科技市场上的地位及其所享有的权利义务是有很大差别的。

2. 以研发或者技术服务工作内容为标准的划分

以研发或者技术服务工作内容为标准，可划分为科学研究型、技术开发型、服务型、综合型科技组织。科学研究机构包括主要从事基础研究的研发机构和近期尚不能取得使用价值的应用研究研发机构；技术开发机构包括从事开发工作（含试验发展、设计与试制、推广示范与技术服务及小批量单件常规生产）和近期可望取得实用价值的应用研究机构。服务型科技组织是指从事技术咨询、技术培训、技术检测、技术孵化、技术评估等技术服务工作的机构。综合型科技组织是同时从事以上两项或者两项以上科技活动的科技实体。现实生活中，知识生产与技术研发、技术服务，技术研发与技术服务等活动往往交织在一起而很难截然分开。所以，这一组分类只是说明某一类科技组织业务的主打方向，从而为其在科技市场中的竞争策略进行战略定位。

3. 以是否营利为目的为标准的划分

以是否营利为目的为标准，可划分为营利型科技组织和非营利型科技组织。营利型科技组织是以营利为目的，独立核算、自负盈亏的经济实体（公司或者企业），在运营过程中遵循市场规则和经济规则。非营利型科技组织，不以营利为目的，主要从事基础研究、重大工程项目研究、重大科技攻关项目研究等短期内难以产生经济效益的研究任务，以及事业性质的技术咨询与服务活动研发机构。这类研究机构属于事业单位，由国家财政拨付经费。当然，非营利型科技组织也可以依法为社会提供一定的有偿服务。

4. 以所有制类型为标准的划分

以所有制类型为标准，可划分为国有、集体所有、私营（个体、合伙等）、混合所有制科技组织。国有科研机构、集体所有科研机构，以及外商独资科技组织、中外合资科技组织和中外合作科技组织都比较容易理解，值得关注的是私营和混合所有制科研机构。民营科技机构的基本特征是自筹资金、自主经营，开展技术开发、技术转让、技术咨询、技术服务等有偿科技活动。混合所有制科技机构是由国有、集体所有、私人，甚至是外国资本等合作创办的科研机构，按出资额度或者合同约定各出资方相应的科技权利和义务。

第二节　科技组织的设立及其权利义务

一、科技组织的设立

设立科技组织，除了应该符合《民法典》《公司法》，以及《中华人民共和国企业法人登记管理条例》规定的条件之外，还应该符合科技法的要求。

《科学技术进步法》第41条规定："国家统筹规划科学技术研究开发机构的布局，建立和完善科学技术研究开发体系。"其第42条规定："公民、法人或者其他组织有权依法设立科学技术研究开发机构。国外的组织或者个人可以在中国境内依法独立设立科学技术研究开发机构，也可以与中国境内的组织或者个人依法联合设立科学技术研究开发机构。从事基础研究、前沿技术研究、社会公益性技术研究的科学技术研究开发机构，可以利用财政性资金设立。利用财政性资金设立科学技术研究开发机构，应当优化配置，防止重复设置；对重复设置的科学技术研究开发机构，应当予以整合。科学技术研究开发机构、高等学校可以依法设立博士后工作站。科学技术研究开发机构可以依法在国外设立分支机构。"依据上述规定，新设科技组织，既要根据实际需要，又要考虑合理布局，做到统筹兼顾，既避免不必要的重复，也要注意地域间的平衡。就实体条件而言，新设的科技组织应具有明确的研究开发、科技服务领域和研究开发和科技服务方向，配备合理结构的科技人员、必要的财产和经费，有相应的基础设施和设备条件，符合国家科学技术发展的布局和规划。不过，科技组织的种类不同，需具备的设立条件和审批程序也不完全相同。

二、科技组织的权利与义务

（一）科技组织的权利

科技组织除了其作为一般的社会组织依照有关法律所享有的权利之外，科技法还特别规定了其相应的权利。根据《科学技术进步法》第43条规定，科技组织享有下列权利：①依法组织或者参加学术活动；②按照国家有关规定，自主确定科学技术研究开发方向和项目，自主决定经费使用、机构设置和人员聘用及合理流动等内部管理事务；③与其他科学技术研究开发机构、高等学校和企业联合开展科学技术研究开发；④获得社会捐赠和资助；⑤法律、行政法规规定的其他权利。第47条规定，国家鼓励社会力量自行创办科学技术研究开发机构，保障其合法权益不受侵犯。社会力量设立的科学技术研究开发机构有权按照国家有关规定，参与实施和平等竞争利用财政性资金设立的科学技术基金项目、科学技术计划项目。社会力量设立的非营利性科学技术研究开发机构按照国家有关规定享受税收优惠。据此，科技组织的权利主要有研究开发权、经营管理权、经费使用权、机构设置权、人事管理权、与其他单位组织联合开展科研开发权、获得社资助捐助、税收优惠权等。

（二）科技组织的法定义务

科技组织在享有一定的权利的同时，还应该履行相应的义务。

1. 任何科技组织均应履行的义务

主要包括：①遵守宪法和法律，遵守党和国家的各项方针政策；②遵守社会公德，不损害公共利益；③在核准登记的经营范围内从事经营活动；④努力完成国家的科研计划和上级下达的其他任务；⑤全面履行各种合同，特别是技术合同约定的任务；⑥尊重其他单位的技术权益和其他权益，杜绝侵权行为的发生；⑦保护科技人员的合法权益，逐步改善人员的工作、学习和生活条件；⑧忠于改革事业，推行改革措施，使科学技术面向经济建设，为经济建设服务；⑨科学技术研发机构应当按照章程的规定开展科学技术研究开发活动；不得在科学技术活动中弄虚作假，不得参加、支持迷信活动；⑩法律、法规规定的其他义务。

2. 利用财政性资金设立的科研开发机构特有的义务

《科学技术进步法》对此作了多项规定。其第44条第2、3款规定："利用财政性资金设立的科学技术研究开发机构开展科学技术研究开发活动，应当为国家目标和社会公共利益服务；有条件的，应当向公众开放普及科学技术的场馆或者设施，开展科学技术普及活动。"第 45 条规定："利用财政性资金设立的科学技术研究开发机构应当建立职责明确、评价科学、开放有序、管理规范的现代院所制度，实行院长或者所长负责制，建立科学技术委员会咨询制和职工代表大会监督制等制度，并吸收外部专家参与管理、接受社会监督；院长或者所长的聘用引入竞争机制。"第 46 条规定："利用财政性资金设立的科学技术研究开发机构，应当建立有利于科学技术资源共享的机制，促进科学技术资源的有效利用。"

第三节　技术市场的科技中介组织

《科学技术进步法》《促进科技成果转化法》针对科技中介组织力量薄弱的局面明确了国家政策支持。科学技术部、教育部等部门则制定了一系列规范性文件对科技中介组织支持、帮助和规范，如科技部关于印发《关于大力发展科技中介机构的意见》的通知（国科发政字〔2002〕488 号），科技部关于印发《关于技术市场发展的若干意见》的通知（国科发创〔2018〕48 号），科技部关于印发《科技企业孵化器管理办法》的通知（国科发区〔2018〕300 号），科技部、教育部关于印发《国家大学科技园管理办法》的通知（国科发区〔2019〕117 号）等文件。

一、科技中介组织的概念和现状

科技中介组织是指为科技创新主体提供社会化、专业化服务以支撑和促进创新活动的组织机构。科技中介活动是技术市场运转的重要一环。科技中介联系和沟通技术供需双方的交易活动，面向开展技术扩散、成果转化、科技评估、创新资源配置、创新决策和管理咨询等专业化服务，对各类创新主体与市场之间的知识流动和技术转移发挥着关键性的促进作用，能够帮助有效降低创新成本、化解创新风险、加快科技成果转化、提高整体创新功效。对于提高国家创新能力，加速培育高新技术产业，推动产业结构优化升级和全面建设小康社会，具有十分重要的战略意义。

我国科技中介机构还处于初始发展阶段。一是存在着发展不平衡。一些地方尚未给予足够重视，缺乏工作思路和有效措施，科技中介机构发展缓慢。尤其是科技评估、创业投资服务两类机构比其他类型的机构发展滞后。二是专业化服务程度不高。相当数量的机构规模较小，服务手段落后，主要业务仍局限于场地、公共关系或低层次的技术、信息服务。三是人才队伍建设滞后。还没有形成相应的人才培养机制，专业人才严重不足。四是发展环境还不完备。信息资源流动不畅，政府部门转变职能尚未到位，规范、促进发展的制度和政策还不健全。从总体上看，我国科技中介服务能力仍然严重不足，满足不了日益增长的服务需求。

二、国家法律和政策对科技中介组织的支持导向

鉴于我国的科技中介组织发育不能满足科技市场的需要，国家法律和政策对科技中介组织的创办、发展给予财力、人力资源政策的大力支持。

《科学技术进步法》第 27 条规定："国家培育和发展技术市场，鼓励创办从事技术评估、技术经纪等活动的中介服务机构，引导建立社会化、专业化和网络化的技术交易服务体系，推动科学技术成果的推广和应用。"其第 37 条第 1 款规定："国家对公共研究开发平台和科学技术中介服务机构的建设给予支持。"

《促进科技成果转化法》（2015 年修订）第 30 条规定，国家培育和发展技术市场，鼓励创办科技中介服务机构，为技术交易提供交易场所、信息平台以及信息检索、加工与分析、评估、经纪等服务。

为加快发展技术市场，健全技术转移机制，促进科技成果资本化和产业化，科学技术部印发《关于技术市场发展的若干意见》（国科发创〔2018〕48 号）。该意见"五、发展壮大技术市场人才队伍"要求："加快培养一批技术经理人、技术经纪人，纳入国家、地方专业人才培养体系。依托国家技术转移区域中心建设国家技术转移人才培养基地，以市场化方式设立技术转移学院，开展技术市场管理和技术转移从业人员职业培训。鼓励高等学校设立技术转移相关专业，培养技术转移后备人才。联合国内外知名技术转移机构，推动成立技术经理人、技术经纪人行业组织，加强对从业人员的管理和服务，吸引社会资本设立相关奖项。"

三、科技企业孵化器管理制度

（一）科技企业孵化器的主要功能、目标

科技企业孵化器（含众创空间等，以下简称孵化器）是以促进科技成果转化，培育科技企业和企业家精神为宗旨，提供物理空间、共享设施和专业化服务的科技创业服务机构，是国家创新体系的重要组成部分、创新创业人

才的培养基地、大众创新创业的支撑平台。

孵化器的主要功能是围绕科技企业的成长需求，集聚各类要素资源，推动科技型创新创业，提供创业场地、共享设施、技术服务、咨询服务、投资融资、创业辅导、资源对接等服务，降低创业成本，提高创业存活率，促进企业成长，以创业带动就业，激发全社会创新创业活力。

孵化器的建设目标是落实国家创新驱动发展战略，构建完善的创业孵化服务体系，不断提高服务能力和孵化成效，形成主体多元、类型多样、业态丰富的发展格局，持续孵化新企业、催生新产业、形成新业态，推动创新与创业结合、线上与线下结合、投资与孵化结合，培育经济发展新动能，促进实体经济转型升级，为建设现代化经济体系提供支撑。

（二）国家级科技企业孵化器认定条件

申请国家级科技企业孵化器应具备以下条件：

（1）孵化器具有独立法人资格，发展方向明确，具备完善的运营管理体系和孵化服务机制。机构实际注册并运营满 3 年，且至少连续 2 年报送真实完整的统计数据。

（2）孵化场地集中，可自主支配的孵化场地面积不低于 10000 平方米。其中，在孵企业使用面积（含公共服务面积）占 75% 以上。

（3）孵化器配备自有种子资金或合作的孵化资金规模不低于 500 万元人民币，获得投融资的在孵企业占比不低于 10%，并有不少于 3 个的资金使用案例。

（4）孵化器拥有职业化的服务队伍，专业孵化服务人员（指具有创业、投融资、企业管理等经验或经过创业服务相关培训的孵化器专职工作人员）占机构总人数的 80% 以上，每 10 家在孵企业至少配备 1 名专业孵化服务人员和 1 名创业导师（指接受科技部门、行业协会或孵化器聘任，能对创业企业、创业者提供专业化、实践性辅导服务的企业家、投资专家、管理咨询专家）。

（5）孵化器在孵企业中已申请专利的企业占在孵企业总数比例不低于 50% 或拥有有效知识产权的企业占比不低于 30%。

（6）孵化器在孵企业不少于 50 家且每千平方米平均在孵企业不少于 3 家。

（7）孵化器累计毕业企业应达到 20 家以上。

（三）孵化器促进与发展政策措施

孵化器应加强服务能力建设，利用互联网、大数据、人工智能等新技术，提升服务效率。有条件的孵化器应形成"众创—孵化—加速"机制，提供全周期创业服务，营造科技创新创业生态。

孵化器应加强从业人员培训，打造专业化创业导师队伍，为在孵企业提供精准化、高质量的创业服务，不断拓宽就业渠道，推动留学人员、科研人员及大学生创业就业。

孵化器应提高市场化运营能力，鼓励企业化运作，构建可持续发展的运营模式，提升自身品牌影响力。

孵化器应积极融入全球创新创业网络，开展国际技术转移、离岸孵化等业务，引进海外优质项目、技术成果和人才等资源，帮助创业者对接海外市场。

各级地方政府和科技部门、国家自主创新示范区、国家高新技术产业开发区管理机构及其相关部门应在孵化器发展规划、用地、财政等方面提供政策支持。

各地区应结合区域优势和现实需求引导孵化器向专业化方向发展，支持有条件的龙头企业、高校、科研院所、新型研发机构、投资机构等主体建设专业孵化器，促进创新创业资源的开放共享，促进大中小企业融通发展。

各地区应发挥协会、联盟等行业组织的作用，促进区域孵化器之间的经验交流和资源共享。

四、国家大学科技园管理制度

（一）国家大学科技园的概念和隶属关系

国家大学科技园是指以具有科研优势特色的大学为依托，将高校科教智力资源与市场优势创新资源紧密结合，推动创新资源集成、科技成果转化、科技创业孵化、创新人才培养和开放协同发展，促进科技、教育、经济融通和军民融合的重要平台和科技服务机构。

科学技术部会同教育部负责国家大学科技园宏观管理，各省、自治区、直辖市、计划单列市、新疆生产建设兵团的科技厅（委、局）会同教育厅（委、局）负责对本地区国家大学科技园进行管理和指导。高等学校是国家大学科技园建设发展的依托单位。

（二）功能定位

国家大学科技园是国家创新体系的重要组成部分，是促进融通创新的重要平台、构建双创生态的重要阵地、培育经济发展新动能的重要载体。

国家大学科技园要发挥创新资源集成功能，通过搭建高水平创新网络与平台，促进高校创新资源开放共享，集聚人才、技术、资本、信息等多元创新要素，推动科技、教育、经济的融通创新和军民融合发展。

国家大学科技园要发挥科技成果转化功能，通过完善技术转移服务体系和市场化机制，推动科技成果信息供需对接，促进科技成果工程化和成熟化，提升高校科技成果转移转化水平。

国家大学科技园要发挥科技创业孵化功能，通过建设创业孵化载体，完善多元创业孵化服务，打造创业投融资服务体系，举办各类创新创业活动，营造创新创业氛围，培育科技型创业群体。

国家大学科技园要发挥创新人才培养功能，通过开展创新创业教育，搭建创新创业实践平台，提升科研育人功能，增强大学生的创新精神、创业意识和创新创业能力，培育富有企业家精神的创新创业后备力量，引领支撑高校"双一流"建设。

国家大学科技园要发挥促进开放协同发展功能，通过加强与地方政府、高校、企业、科研院所、科技服务机构等的交流合作，整合创新资源，服务产业集群发展，培育区域经济发展新动能。

（三）认定条件

国家大学科技园实行认定管理。申请认定国家大学科技园，应具备以下条件：

（1）以具有科研优势特色的大学为依托，具有完整的发展规划，发展方向明确。

（2）具有独立法人资格；实际运营时间在2年以上，管理规范、制度健全，经营状况良好；具有职业化服务团队，经过创业服务相关培训或具有创业、投融资、企业管理等经验的服务人员数量占总人员数量的80%以上。

（3）具有边界清晰、布局相对集中、法律关系明确、总面积不低于15000平方米的可自主支配场地，提供给孵化企业使用的场地面积应占科技园可自主支配面积的60%以上，建有众创空间等双创平台。

（4）园内在孵企业达50家以上，其中30%以上的在孵企业拥有自主发明专利；大学科技园50%以上的企业在技术、成果和人才等方面与依托高校有实质性联系。

（5）能够整合高校和社会化服务资源，依托高校向大学科技园入驻企业提供研发中试、检验检测、信息数据、专业咨询和培训等资源和服务，具有技术转移、知识产权和科技中介等功能或与相关机构建有实质性合作关系。

（6）园内有天使投资和风险投资、融资担保等金融机构入驻，或与相关金融机构建立合作关系，至少有 3 个以上投资服务案例。

（7）具有专业化的创业导师队伍，在技术研发、商业模式构建、经营管理、资本运作和市场营销等方面提供辅导和培训。

（8）建有高校学生科技创业实习基地，能够提供场地、资金和服务等支持。

（9）举办多元化的活动，每年举办创业沙龙、创业大赛、创业训练营和大学生创业实训等各类创新创业活动。

（10）纳入大学和地方发展规划，已建立与地方协同发展的有效机制。

（11）欠发达地区的大学科技园，上述条件可适当放宽。

第九章
科技投入法律制度

第一节　科技投入概述

一、科技投入的概念

广义的科技投入是指一国的政府和各种社会力量对科技活动（包括科普活动）经费或者实物投入。狭义的科技投入，即科技研发投入，专指科技研究开发经费（R&D）的经费或者实物投入，其中包括科技人员的工资报酬，购买专利、著作权等知识产权的费用，购置科研仪器设备、建设实验室等直接与研究开发有关的费用。反映一国科技投入强度的指标是该国科技研发投入占国内生产总值（GDP）比例。

巧妇难为无米之炊，无本难求利。科技投入是科技发展的基本条件之一。不过，重大的科技创新往往需要投入巨额的资金，周期长且风险很高。所以，私人资本一般不愿轻易涉足。因而，需要建立适当的体制机制，多渠道筹措经费，尽量降低风险，保证回报，才能吸引社会方方面面的合力供给足够的科技创新投入，为科学技术创新活动的可持续发展提供稳定性和持续性的支撑力量。

二、我国科技投入的总体情况和来源渠道

（一）目前我国科技投入的总体情况

在传统计划经济体制下，我国的科技投入主要来源于国家财政拨款，尤其是靠中央财政的投入，其他主体，如地方政府、公司企业、社会组织和私人的资金投入很少，甚至没有投入，这种投入体制下的科技投入的量十分有限。改革开放之后，虽然科技体制的改革不断深化，国家对科技创新日益重

视，但是，由于国力有限，百废待兴，科技投入增加也是举步维艰。所以，2000 年以前我国的科技投入与 GDP 的比例一直很低，直至 2000 年我国的 R&D 经费总支出占当年国内生产总值（GDP）的比重才达到 1.0%（来源于《中国历年研发（R&D）经费支出及占 GDP 比重一览（1997—2012）》）。这一比例可以说是有喜有忧：既显示了我国的科技投入的大幅度增长，又彰显着"与创新型国家的 2% 以上的要求相比""与一般发达国家 3% 左右和韩国 5% 左右的比例相比"的差距。

近十年，随着我国的科技体制改革的进一步深化，国家通过法律、财政税收、信贷等激励措施鼓励、引导公司企业和社会力量加大科技投入，我国的科技经费投入强度得到了快速、持续的提高。数据显示❶：2011 年我国共投入研究与试验发展（R&D）经费 8687 亿元，比 2010 年增加 1624.4 亿元，增长 23%；研究与试验发展（R&D）经费投入强度（与国内生产总值之比）为 1.84%，比 2010 年的 1.76% 有所提高。国家统计局公布的数据显示❷：2018 年全国共投入研究与试验发展（R&D）经费 19677.9 亿元，比 2017 年增加 2071.8 亿元，增长 11.8%；研究与试验发展（R&D）经费投入强度（与国内生产总值之比）为 2.19%，比 2017 年提高 0.04 个百分点，连续 5 年超过 2%，并再创历史新高。自 2013 年 R&D 经费总量超过日本以来，我国的 R&D 经费投入一直稳居世界第二。2018 年我国 R&D 经费投入强度超过 2017 年欧盟 15 国平均水平（2.13%），相当于 2017 年 OECD 35 个成员方中的第 12 位，正接近 OECD 平均水平（2.37%）。

（二）科技投入的来源渠道

目前，我国进入供给侧改革，从高速增长转向高质量发展阶段，所以更加重视科技创新对经济和社会发展的驱动作用。多渠道、多主体的科技投入体制已经进入良性发展轨道。我国的科技投入来源主要有财政科技拨款、科技基金、科技信贷、公司企业科技投入、私人注资、社会捐赠和风险投资等。

1. 财政科技拨款

财政科技拨款是指由财政直接拨付的科技经费，包括科技事业费、科技三项费用、科研基建费、国家重大科技计划项目专项经费、科普经费等。

---

❶ 纳兰容若. 中国历年研发（R&D）经费支出及占 GDP 比重一览（1997—2012），https：//wenku. baidu. com/view/b0ecc8207fd5360cba1adb9a. html，访问时间：2019 年 12 月 8 日。
❷ 中华人民共和国科技部官网. 2018 年全国科技经费投入统计公报，发布时间：2019 年 9 月 3日，http：//www. most. gov. cn/kjbgz/201909/t20190903_ 148573. htm，访问时间：2019 年 12 月 8 日。

科技事业费是指财政拨给政府设立的科技机构的科研工作日常费用（科技人员的工资、职工福利、培训费、办公经费等）、必要的科技公共设施费用等。

科技三项费用是指财政拨给政府设立的科技机构、高等院校、国有企业承担的政府安排的科技计划项目中"新产品试制费""中间试验费""重大科技项目补助费"。

科研基建费是财政拨给的用于政府新建、扩建科技机构及中试基地的基本建设和购置列入基建的仪器、设备的费用。

国家重大科技计划项目专项经费是由财政拨给用于政府安排的对具有重大效益的专项科技项目研发所需的经费。

科普经费是由财政拨给的用于科普工作的经费。

2. 科技基金

科技基金是指由政府、社会组织或者自然人依法设立的、资助符合一定条件的申请人进行科技研发的准备金。科技基金的性质是资助金，其与经营性的投资求回报根本不同。

从经费来源看，科技基金有财政科技基金、社会科基金、以财政科技基金为主吸收民间捐赠的科技基金之分。为规范科技基金有序运行，国务院制定了《基金会管理条例》。该条例是为规范基金会的组织和活动，维护基金会、捐赠人和受益人的合法权益，促进社会力量参与公益事业制定，于2004年2月11日在国务院第39次常务会议讨论通过，由国务院于2004年3月8日发布，自2004年6月1日起施行。

3. 科技信贷

科技信贷是指各级各类商业金融机构根据国家的信贷政策和法律规定给予的用以支持科技活动的贷款。

4. 公司企业科技投入

公司企业科技投入是指公司企业投入的研发经费、技术改造经费等。

5. 私人科技注资、社会捐赠

私人科技注资是指用于投入支持科技研发的私人资本。社会捐赠是指海内外社会成员以其合法财产自愿捐献给科技基金或者研究开发者的款项或实物。

6. 风险投资

风险投资，又叫创业投资，是实现资本市场与技术市场结合的重要机制，是促进技术商品化和产业化、推动科学技术向实际生产力转化的重要实现形式。广义的风险投资泛指把资金投向具有高风险的领域以期获取高收益的投资行为。狭义的风险投资仅指把资金投向高科技产业领域，承担高风险，谋求高收益的投资行为。

风险投资的主体资格、运作机制、退出机制等，《科技进步法》《促进科技成果转化法》《中小企业促进法》《公司法》《证券法》《专利法》《证券投资基金法》等法律有相应的规定。

第二节　科技创新投入的法律保障

国家从科技投入总量上保证科学技术经费投入的总体水平逐步提高；鉴于基础科学研究与应用技术开发具有各自的特点，相应的科技投入渠道、支持激励力度等情况也有所不同。

一、科技经费投入的国家总体保障

我国《科学技术进步法》第45条第1款规定，"国家逐步提高科学技术经费投入的总体投入水平。全国研究开发经费应当占国民生产总值适当的比例，并逐步提高，同科学技术、经济、社会发展相适应。全国研究开发经费占国民生产总值的具体比例，由国务院予以规定。"

首先，保证科技开发的经费占国民生产总值的适当比例逐年提高。至于具体比例的确定，则授权给国务院，综合考虑经济、社会以及科技水平等各种情况再做出具体的决定，旨在确保我国创新型国家建设目标的指标之一——"科技投入占国民生产总值的2%以上的比例"能够按期达标。其次，对于科技活动的投入，特别是基础科学和重大的应用技术投入，由于成本高、风险大、收效周期长等特点，企业和社会资本从经济角度算计，往往不愿投入，所以，该规定确定了国家作为这些项目投入的主要承担者在所有的投入者中占主导地位，这就为国家科学研究和技术开发活动的"主干"起着基本的保障作用。

二、基础科学研究及其投入

科学研究一般是指利用科研手段和装备，为了认识客观事物的内在本质和运动规律而进行的调查研究、实验、试制等一系列的活动，为创造发明新产品和新技术提供理论依据。科学研究的基本任务就是探索、认识未知。也就是说科学研究是认识自然现象、揭示自然规律，获取新知识、新原理、新方法的研究活动，是没有特别或具体的应用目标所开展的纯粹科学探索活动。基础科学一般是指数学、物理学等自然科学。美国将基础科学分为数学、物理学、生命科学、计算机科学、环境科学、心理学和社会学 7 个领域。❶

基础科学研究的使命是探索自然界的规律、追求新的发现和发明，积累科学知识，创立新的学说，为认识世界和改造世界提供理论和方法。在人类历史上，第一次工业革命改变了世界。而引发这场革命的内核是科学，是瓦特对蒸汽机作用的发现；电磁学的发展导致了电气时代的到来。人类社会进入 20 世纪以后，放射性、相对论和量子理论的发现与发展，基本粒子、生命起源、天体演化和智能本质等自然科学的发展为科学的飞跃发展提供了前提条件。由于基础科学研究发展的带动和社会经济发展的需求，促进了信息、材料、能源等科学和生物工程技术的兴起和发展。原子核结构的研究导致了人类利用核能时代的到来。半导体晶体管的发现带动了计算机技术的进步。事实说明，基础科学对技术进步和社会发展起着源头的作用。它是人类文明进步的动力，是科学的基石，是新生产力的起源，是科技与经济发展的源泉和后盾，是新技术、新发明的先导，也是培养和造就科技人才的摇篮。这种由基础科学推动的进步和发展，不仅具有潜在的经济功能，而且还具有广泛的知识功能、教育功能和文化功能。凡是在基础科学研究方面投入多的国家，其公共再投入的回报也相应较多。据统计，现代技术革命的成果约有 90% 都来自基础科学的研究。❷ 基础科学的研究是技术之源、科学之本，它的发展水平是一个民族的智慧、能力和国家科学技术进步的基本标志之一。因此，加强基础科学研究对社会进步和国民经济发展具有重要的意义。

但是，基础研究的投资周期长、投资数额巨大、风险很高。一般情况社会资本不能够担负，也不愿涉足该领域。例如，美国的"阿波罗计划"始于 1961 年 5 月，至 1972 年 12 月第 6 次登月成功结束，历时约 11 年，耗资 255 亿美元，约占当年美国 GDP 的 0.57%，约占当年美国全部科技研究开发经费的 20%。在工程高峰时期，参加工程的有 2 万家企业、200 多所大学和 80 多个科研机构，总人数超过 30 万人。

正是基于基础研究及其科技投入的特点，我国《科学技术进步法》对基

---

❶　曹学军. 美国基础研究的国家目标、政策及管理［J］. 科学与社会，1997：33-37.

❷　中国社会科学院研究生院、中国科学院研究生院. 知识经济与国家创新体系［M］. 北京：经济管理出版社，1998：434.

础研究的部署和倾斜的财政支持等提供了相应的制度保障。其第 16 条第 1 款规定："国家设立自然科学基金，资助基础研究和科学前沿探索，培养科学技术人才。"第 19 条规定："国家遵循科学技术活动服务国家目标与鼓励自由探索相结合的原则，超前部署和发展基础研究、前沿技术研究和社会公益性技术研究，支持基础研究、前沿技术研究和社会公益性技术研究持续、稳定发展。"其第 42 条第 2 款规定："从事基础研究、前沿技术研究、社会公益性技术研究的科学技术研究开发机构，可以利用财政性资金设立。利用财政性资金设立科学技术研究开发机构，应当优化配置，防止重复设置；对重复设置的科学技术研究开发机构，应当予以整合。"其第 60 条第 1 款规定："财政性科学技术资金应当主要用于下列事项的投入：（1）科学技术基础条件与设施建设；（2）基础研究；（3）对经济建设和社会发展具有战略性、基础性、前瞻性作用的前沿技术研究、社会公益性技术研究和重大共性关键技术研究；（4）重大共性关键技术应用和高新技术产业化示范；（5）农业新品种、新技术的研究开发和农业科学技术成果的应用、推广；（6）科学技术普及。"透过上述规定足见国家对基础研究及其投入的重视和大力支持。

三、应用技术开发研究及其投入

技术开发是新的科研成果被应用于新产品、新材料、新工艺的生产、实验过程。技术开发是把科学技术转化为社会生产力的必要步骤。应用技术主要价值表现如下。首先，具有生产力价值，即它能够满足人的一定需要和它所具有的重要的直接生产力的作用。其次，社会价值，体现为社会关系和社会体制的变革职能。不同的技术形态，其技术活动社会建制不同，技术应用的生产方式不同，与其相应的经济组织和社会体制也不相同。再次，技术的精神文化价值，体现为认知、导向、规范和控制的职能。技能、技术经验、技术规则、技术定律和技术理论等都具有认知、导向和规范的价值，即技术在实践形态上提供了可以利用而且必须遵循的自然法则、行动规程和准则，引导和规范人们技术活动和社会实践活动的方向及其具体方式，保证人们技术实践和技术行为的有效性。

应用技术开发研究其特点是试验性强、时间较短、风险性较小、所需费用较大。由于技术直接面向经济和社会，加上技术开发的上述特点，所以除了重大的技术研究之外，一般的技术研发的投入更多的是以运用市场手段来调节为主，加上必要的国家扶持和帮助，而不是国家财政的直接投资。

由于企业是技术开发和消费的大户，所以，国家鼓励企业增加科技投入，尤其是对中小企业的科技研发投入给予更大的优惠力度。我国《科学技术进步法》第 30 条规定："国家建立以企业为主体，以市场为导向，企业同科学技术研究开发机构、高等学校相结合的技术创新体系，引导和扶持企业技术创新活动，发挥企业在技术创新中的主体作用。"这就确立了企业的技术开发的主体地位。其第 17 条规定："从事技术开发、技术转让、技术咨询、技术服务"活动的，按照国家有关规定享受税收优惠。其第 46 条规定："国家鼓励企业增加研究开发和技术创新的投入。企业的技术开发费按实际发生额计入成本费用。"据此，通过实行优惠的方式让企业成为科技投入的主体，有利于调动企业的积极性，拓展投入渠道。其第 16 条第 2 款规定："国家设立科技型中小企业创新基金，资助中小企业开展技术创新。"其第 36 条规定："下列企业按照国家有关规定享受税收优惠：（1）从事高新技术产品研究开发、生产的企业；（2）投资于中小型高新技术企业的创业投资企业；（3）法律、行政法规规定的与科学技术进步有关的其他企业。"

对于基础薄弱的行业的技术研发与科技投入，国家也加大支持力度。《科学技术进步法》第 23 条规定："国家鼓励和支持农业科学技术的基础研究和应用研究，传播和普及农业科学技术知识，加快农业科学技术成果转化和产业化，促进农业科学技术进步。"这主要是考虑到我国是农业大国，三农问题是我国最基本问题，所以，必须对农业技术研发特别关照。

四、多渠道、多方式融资以增加科技投入

（一）允许技术开发机构向社会募集资金

《科学技术进步法》第 35 条第 1 款规定："国家完善资本市场，建立健全促进自主创新的机制，支持符合条件的高新技术企业利用资本市场推动自身发展。"其第 48 条规定："从事技术开发的研究机构，可以按照国家的有关的规定采取多种形式向社会募集研究开发资金。"这是在市场经济条件下融资的必然选择，是符合市场经济运行规律的。在市场经济条件下，社会上各种主体的手中往往有相当的闲散资金，将这些闲散资金集合起来就可以大有作为。鼓励科学技术开发主体向社会募集资金，既可以使有限的社会资源得以充分利用，也可以在一定程度上缓解国家科技投入总量不足的问题。

（二）鼓励设置各类科学基金、捐赠财产用以科学技术研发

《科学技术进步法》第 16 条规定："国家设立自然科学基金，资助基础研

究和科学前沿探索，培养科学技术人才。国家设立科技型中小企业创新基金，资助中小企业开展技术创新。国家在必要时可以设立其他基金，资助科学技术进步活动。"其第 35 条第 2 款规定："国家鼓励设立创业投资引导基金，引导社会资金流向创业投资企业，对企业的创业发展给予支持。"其第 66 条规定："国家鼓励国内外的组织或者个人捐赠财产、设立科学技术基金，资助科学技术研究开发和科学技术普及。"

在我国，有国家设立的基金，如自然科学基金、社会科学基金，以及各级财政设立的科研基金。此外，国家鼓励公司企业和社会力量设立各种科技基金，鼓励国内外的组织或者个人捐赠财产，用以支持和赞助科技研发活动，旨在拓宽科技投入资金的渠道，增加全国研究开发经费的总量。

第三节　科技创新投入使用的问题与对策

关于科技投入，不仅要开源以扩大投资融资渠道，更要节流，充分用好现有科技投入资源。目前，我国高校大型科研仪器设备的购置、建设与共享存在的问题较为突出，纵向科研经费的管理也出现了值得研究的问题。

一、关于大型科研仪器设备的购置、建设与共享

尽管我国的财力有限，但是作为社会主义国家，公有制和中央集权制决定我国能够集中力量办大事。例如，在即将过时的教育部"211 工程"和"985 工程"建设中，凡是纳入体制内、进入快车道的那一百多所高等院校，它们的科研经费十分富裕，几乎有花不完的钱。于是就出现了大型仪器的重复购置、一些科研设备设施的重复建设，甚至大型仪器长期闲置的情况。例如，一个理工科高校的外语学院申请到千万元的科研设备建设经费，无论怎么花也花不完，无奈之下购置了诸如心理测试仪（实际即测谎仪）等不必要的器物。其实，不仅高等教育，在中国，只要是能够申请到国家经费支持的项目都在一定程度上存在着重复购置、重复建设和科研资产设备闲置的情况。南京市是我国天文学的研究重镇，有资料显示，南京市的一些小学都建有天文观测装置，平时的利用率不高。

所以，严格大型仪器、设备的采购和建设计划，避免重复购置和重复建设，加大大型仪器设备的共享是十分必要的。

目前，高校大型仪器设备的共享不足问题比较突出。鉴此，有学者针对高校大型仪器设备管理和共享中现存的问题，从设备购置论证、运行管理模

式、开放共享基金、效益评价体系、激励机制、实验队伍建设等方面探讨了如何有效加强高校大型仪器设备开放共享工作，以提高大型仪器设备和优质资源的使用效益，更好地促进高校仪器设备开放共享的可持续发展。❶有学者主张，从构建和完善系统应当解决的主要问题入手，思考并提出应当推动高校建设大型仪器校级平台，建设层次化信息服务系统，引入市场机制加强高校的对外服务，并建立有效的评价与激励机制，引导高校大型仪器开放共享的方向。❷

二、纵向科研经费的合理使用

法治是一个渐进的发展过程。对科研经费的管理也是一样，过去相当长的时间内，制度不健全，经费的使用没有章法，存在浪费、滥用甚至贪污科技经费的情况。鉴于此，2014 年国务院发布《关于改进加强中央财政科研项目和资金管理的若干意见》，财政部与教育部 2016 年印发的《中央高校基本科研业务费管理办法》，2016 年 7 月中共中央办公厅、国务院办公厅印发《关于进一步完善中央财政科研项目资金管理等政策的若干意见》，这些文件旨在规范和完善纵向科研经费的管理制度。

不过，在执行过程中，一些地方出现了从过去的"比较放任经费管理"的一端，走向了"一管就卡、一卡就死"的另一端情况，出现了一些贪污科研经费的大案要案。例如，浙江大学环境与资源学院常务副院长、浙江大学水环境研究院院长陈英旭贪污科研经费一案，山东大学研究生院副院长、山大医学院神经生物学系主任、长江学者陈哲宇贪污案，中科院候选院士、曾任中国科学院地球深部重点实验室主任的段振豪贪污百余万元科研经费案，全国最年轻的中国工程院院士、中国农业大学生物学院教授李宁的贪污科研经费案等。

这些案件中，有关人员自有不可饶恕的地方，但是按现行的法律给以重罪严惩也着实令人惋惜。也就是说：一方面，的确需要规范科研经费的管理，科研经费尤其是国家财政拨付的科研经费不能乱花、乱用，好钢用在刀刃上；另一方面，这些尖端科学家因为经费的使用不当而锒铛入狱，实在可惜，这里折射出如何保护科技人才的经费使用自由。于是，一些学者对纵向科研合

---

❶ 刘嘉南，潘信吉 . 大型仪器设备开放共享的研究与探索［J］. 实验室研究与探索 . 2009（3）：284-287.

❷ 闻星火，郭英姿，等 . 高校大型仪器共享系统建设实践与探索［J］. 实验技术与管理 . 2010（9）：1-5.

同的性质和国家财经拨付的科研经费的性质重新定位而建言。例如，有的学者主张，国家科技计划项目合同是国家科技管理部门与科研机构或科研人员之间，为实现国家科技计划、完成特定科研项目，确立双方权利义务关系而订立的合同。它是一种特殊的科研合同，属于私法契约范畴。❶ 该观点旨在改变纵向科研合同的属性以进一步去除纵向科研经费（财政经费）的"公款性质"。有学者认为，专业机构依据部门规章的授权获得行政主体资格，以自己名义开展项目管理工作。任务（合同）书的内容、签订程序、争议解决条款等与民事合同基本相同，具有较强的民事性，但由于专业机构作为行政主体享有监督、检查等优先权，因此具有行政合同的法律属性。建议针对任务（合同）书争议，既可运用民事争议解决机制，也可运用行政争议解决机制。❷

　　笔者反对一直以来将纵向科研合同一律视为行政合同的做法，一些科研合同如委托合同，或许行政合同的成分大一些，其他一般的纵向科研合同，尽管一些条款具有行政法的性质，但大部分条款属于民事条款，所以，总体上属于民事合同。

---

　　❶ 谭启平，朱涛．论国家科技计划项目合同的私法属性及制度构建［J］．现代法学．2013（2）：171-180.

　　❷ 吴艳．论国家科技计划项目任务（合同）书的法律属性［J］．科学管理研究，2018（6）：30-32.

第十章
科学技术成果及其原始权属制度^❶

第一节　科学技术成果概念

一、科学技术成果的概念与特征

在我国，通过科学技术研发活动取得的成果之称谓有多种。影响较大的有三种叫法：①1986 年中国科学院《中国科学院科学技术研究成果管理办法》使用的是"科学技术研究成果"；②1993 年颁布的《科学技术进步法》使用的是"科学技术成果"；③2015 年修改的《促进科技成果转化法》使用的是"科技成果"。应该说，"科学技术研究成果"的提法是最为准确的，"科技成果"术语是最为简练的。本文在同一语义上使用这三个术语。

科学技术成果，是人类智慧的结晶，它是指科技工作者从事创造性的科技劳动所取得的，就某一科学技术问题具有一定学术意义或实用价值的成果。主要有以下几个特征：

（一）科技成果是智力劳动的成果

任何科技成果，都是科学技术工作者投入大量的劳动对特定领域的科学技术问题进行研究或通过实践而总结出的科学结论，其中智力的投入对成果的产生起关键作用。

---

❶ 以往的科技法学教材在这一部分都比较详细地阐述知识产权的保护内容。例如，罗玉中先生主编的《科技法学》（华中科技大学出版社 2005 年版）用了 26 页，易继明、周琼著的《科技法学》（高等教育出版社 2006 年版）用了 68 页的篇幅。在本书看来，科技法学视野中的知识产权不仅包括权利界定、权利的利用和保护，还要向前延伸至知识产权的产生与知识产权的产品化和产业化。所以，不同于知识产权法学，科技法学更向前和向后延伸，着重研究科技成果的原始取得、科技成果的转化和产业化。为了与知识产权法学内容协调，这里着重研究科技成果的原始取得、科技成果的转化和产业化（在"促进科技成果转化部分"阐述），以减少不必要的重复。

（二）科技成果具有创造性、先进性和实用性的特点

其中创造性、先进性和实用性的标准参照专利法的相应规定，因为只有具有较高的创造性、先进性和实用性，科技成果才会被授予专利权，故参照时应从低掌握。

（三）科技成果是一种无形财产

科技成果不能直接地被我们肉眼感知而需要通过图纸、技术资料、机器、设备等载体来体现其内容。但是，载体本身并不是科技成果。科技成果在其使用、实施过程中，会不断地和超常规地增值，其原因在于它的使用价值具有天然的共用性和无限量的物化性。

基于以上三个特点可以看出，并不是所有的科学技术研究活动都会必然地产生科技成果。科技成果与通常所说的科研结果、科技工作的成绩、智慧财产、专利技术等概念是有所差异的。因为科研结果和科技工作成绩并不一定表现为科技成果。而作为知识产权的客体的"知识"（含"专利技术"），因为不包括"科学发现、智力活动的规则和方法、疾病的诊断和治疗方法"等，所以，只是科技成果的一部分。

二、科技成果的分类

（一）按照科技工作者从事的创造性研发活动性质进行划分

按照科技工作者从事的创造性研发活动性质来划分，分为基础性研究、应用研究和技术开发三大类。

1. 科学发现

基础性研究的目标是阐明自然现象、特征、规律及其内在联系，在学术上确立新的理论、提出新的见解、获得新的发现（即"科学发现"），就是通常所称的基础理论研究成果。

获得科学发现是一切科学研究活动的直接目标，重要事实或理论的发现也是科学进步的主要标志。例如，19世纪末以来，电子、X射线、放射性等的发现促成了原子结构和原子核理论的建立，而后者又推动了各种基本粒子的发现，为粒子物理学的诞生作好了准备。重大的科学发现，特别是重大理论的提出，往往构成某一学科甚至整个科学的革命。科学发现归根结底是在一定社会文化背景中的社会实践和科学自身需要的产物，特别是事实的发现

往往直接受到社会生产水平和仪器装置制造技术的制约。因此，科学发现在科学发展的总进程中是必然的，合乎规律的，而且，英雄所见略同，科学史上有大量所谓"同时发现"的巧合。

2. 应用技术成果

应用性研究与技术开发活动都有直接的应用目的，它们的研究成果都表现为一种具体的技术方案，只是在成熟化、工业化程度上存在差别，因而统称为应用技术成果。其作用在于解决特定技术问题，直接服务于生产实践。这一类成果又可细分为专利、著作权、技术秘密、计算机软件、集成电路布图设计、动（植）物新品种等。

3. 软科学成果

软科学成果是以系统科学为基础，以自然科学与社会科学交叉融合为特征的科技成果。随着科学技术、经济和社会的发展，科学技术作用于经济与社会发展的方式也越来越呈现多样性。而软科学就是以其特有的方式，服务于经济与社会发展。软科学研究成果的作用在于推动决策科学化和管理现代化，促进科技、经济与社会协调发展。其表现形式一般为研究报告、可行性论证报告、行动方案与系统设计建议案等。

根据软科学研究工作的性质，亦可将其分为这样两类——软科学基础理论研究和软科学应用研究，后者又可分为社会公益性软科学研究和商业服务性软科学研究。相应地，软科学研究成果也可分为软科学理论研究成果、软科学应用研究成果两类。

（二）按照可否取得知识产权进行划分

按照可否取得知识产权，可把科技成果分为两大类。

1. 作为知识产权的客体的科技成果

根据《民法典》第123条规定，民事主体依法享有知识产权。知识产权是权利人依法就下列客体享有的专有的权利：①作品；②发明、实用新型、外观设计；③商标；④地理标志；⑤商业秘密；⑥集成电路布图设计；⑦植物新品种；⑧法律规定的其他客体。这一点与1987年1月1日起施行的《民法通则》第97条规定"公民对自己的发现享有发现权。发现人有权申请领取发现证书、奖金或者其他奖励"明显不同——新法删除了"发现权"。这样，按照现行的《民法典》，凡是纳入知识产权的科技成果首先作为私权客体加以保护，而发现权则不属于私权范畴。

再者，必须指出这里的"商业秘密"与作为科技成果的"技术秘密"

"科技秘密"也不是完全等同的概念。根据《反不正当竞争法》第 9 条第 4 款,所谓的"商业秘密"是指不为公众所知悉、具有商业价值并经权利人采取相应保密措施的技术信息、经营信息等商业信息。而"技术秘密""科技秘密"除了商业秘密之外,还包括非商业秘密的部分。

2. 知识产权客体之外的科技成果

根据《专利法》第 25 条规定,对下列各项不授予专利权:①科学发现;②智力活动的规则和方法;③疾病的诊断和治疗方法;④动物和植物品种;⑤用原子核变换方法获得的物质;⑥对平面印刷品的图案、色彩或者二者的结合作出的主要起标识作用的设计。对前款第④项所列产品的生产方法,可以依照《专利法》规定授予专利权。据此,这些类型的科技成果不是我国知识产权的客体。

第二节　科技成果的原始权属

科技成果权属是调整科技成果相关各方经济利益关系的首要问题。科学发现权是一项很普遍、很重要的权利,现实生活中人们习惯于按科技成果的权属将科技成果划分为职务科技成果和非职务科技成果,现代社会科研活动已不是古代社会的单打独斗所能开展,科研合作、科研委托是常见的合作模式,因此,以下对这几种情形加以讨论。

一、科学发现权

由于现行的《专利法》第 25 条规定,对于"科学发现不授予专利权",刚刚颁布的《民法典》也把"科学发现权"排除出私权范畴之外。所以,法律对于科技发现权的保护更多的是采用民事权利之外的保护渠道。

根据《国家科学技术奖励条例》第 9 条,国家自然科学奖授予在基础研究和应用基础研究中阐明自然现象、特征和规律,做出重大科学发现的公民。这里所称重大科学发现,应当具备下列条件:一是前人尚未发现或者尚未阐明;二是具有重大科学价值;三是得到国内外自然科学界公认。

《国家科学技术奖励条例实施细则》第 5 条、第 11 条对这里的发现和权利授予顺序做了更为详细的解释。国家科学技术奖授予在科学发现、技术发明和促进科学技术进步等方面做出创造性突出贡献的公民或者组织,并对同一项目授奖的公民、组织按照贡献大小排序。在科学研究、技术开发项目中仅从事组织管理和辅助服务的工作人员,不得作为国家科学技术奖的候选人。

《国家科学技术奖励条例》第 9 条第 2 款所称"前人尚未发现或者尚未阐明"，是指该项自然科学发现为国内外首次提出，或者其科学理论在国内外首次阐明，且主要论著为国内外首次发表。

二、职务作品、发明和非职务作品、发明的原始权属

根据《促进科技成果转化法》（1996 年颁布，2015 年修订）第 2 条规定，科技成果是指通过科学研究与技术开发所产生的具有实用价值的成果。职务科技成果，是指执行研究开发机构、高等院校和企业等单位的工作任务，或者主要是利用上述单位的物质技术条件所完成的科技成果。这就为职务科技成果和非职务科技成果的区分提供了总则性法律依据。

现行《民法典》第 20 章"技术合同"之第 847 条规定："职务技术成果的使用权、转让权属于法人或者其他组织的，法人或者其他组织可以就该项职务技术成果订立技术合同。法人或者其他组织应当从使用和转让该项职务技术成果所取得的收益中提取一定比例，对完成该项职务技术成果的个人给予奖励或者报酬。法人或者其他组织订立技术合同转让职务技术成果时，职务技术成果的完成人享有以同等条件优先受让的权利。职务技术成果是执行法人或者其他组织的工作任务，或者主要是利用法人或者其他组织的物质技术条件所完成的技术成果。"其第 848 条规定："非职务技术成果的使用权、转让权属于完成技术成果的个人，完成技术成果的个人可以就该项非职务技术成果订立技术合同。"

现行《著作权法》（1990 年 9 月通过，2001 年 10 月第一次修订、2010 年第二次修订）第 16 条也规定，公民为完成法人或者其他组织工作任务所创作的作品是职务作品，除本条第 2 款的规定以外，著作权由作者享有，但法人或者其他组织有权在其业务范围内优先使用。作品完成两年内，未经单位同意，作者不得许可第三人以与单位使用的相同方式使用该作品。有下列情形之一的职务作品，作者享有署名权，著作权的其他权利由法人或者其他组织享有，法人或者其他组织可以给予作者奖励：①主要是利用法人或者其他组织的物质技术条件创作，并由法人或者其他组织承担责任的工程设计图、产品设计图、地图、计算机软件等职务作品；②法律、行政法规规定或者合同约定著作权由法人或者其他组织享有的职务作品，也即非职务作品的著作权归属于作者，职务作品的著作权由法人或者其他组织享有。

根据《专利法》（1984 年 3 月通过，2008 年修改）第 6 条规定，执行本单位的任务或者主要是利用本单位的物质技术条件所完成的发明创造为职务发明创造。职务发明创造申请专利的权利属于该单位；申请被批准后，该单位为专利权人。非职务发明创造，申请专利的权利属于发明人或者设计人；申请被批准后，该发明人或者设计人为专利权人。利用本单位的物质技术条件所完成的发明创造，单位与发明人或者设计人订有合同，对申请专利的权利和专利权的归属作出约定的，从其约定。再者，根据《专利法实施细则》（2003 年 2 月 1 日起施行）第 11 条规定，职务发明还包括"退职、退休或者调动工作后 1 年内作出的，与其在原单位承担的本职工作或者原单位分配的任务有关的发明创造"。

三、基于技术合同与委托开发合同的科技成果原始权属

《民法典》《专利法》《著作权法》等对基于技术合同与委托开发合同的科技成果，包括发明创造和技术秘密的原始权属有明确规定。

关于专利权属，根据《民法典》第 3 编"合同"第 20 章"技术合同"第 859 条规定，委托开发完成的发明创造，除法律另有规定或者当事人另有约定外，申请专利的权利属于研究开发人。研究开发人取得专利权的，委托人可以依法实施该专利。研究开发人转让专利申请权的，委托人享有以同等条件优先受让的权利。《民法典》第 860 条规定，合作开发完成的发明创造，申请专利的权利属于合作开发的当事人共有；当事人一方转让其共有的专利申请权的，其他各方享有以同等条件优先受让的权利。但是，当事人另有约定的除外。合作开发的当事人一方声明放弃其共有的专利申请权的，除当事人另有约定外，可以由另一方单独申请或者由其他各方共同申请。申请人取得专利权的，放弃专利申请权的一方可以免费实施该专利。合作开发的当事人一方不同意申请专利的，另一方或者其他各方不得申请专利。

《专利法》第 8 条规定，两个以上单位或者个人合作完成的发明创造、一个单位或者个人接受其他单位或者个人委托所完成的发明创造，除另有协议的以外，申请专利的权利属于完成或者共同完成的单位或者个人；申请被批准后，申请的单位或者个人为专利权人。

《著作权法》第 13 条规定，两人以上合作创作的作品，著作权由合作作者共同享有。没有参加创作的人，不能成为合作作者。合作作品可以分割使用的，作者对各自创作的部分可以单独享有著作权，但行使著作权时不得侵犯合作作品整体的著作权。受委托创作的作品，著作权的归属由委托人和受托人通过合同约定。合同未作明确约定或者没有订立合同的，著作权属于受托人。

关于技术秘密，《民法典》第861条规定，委托开发或者合作开发完成的技术秘密成果的使用权、转让权以及利益的分配办法，由当事人约定；没有约定或者约定不明确，依照本法第510条的规定仍不能确定的，在没有相同技术方案被授予专利权前，当事人均有使用和转让的权利。但是，委托开发的研究开发人不得在向委托人交付研究开发成果之前，将研究开发成果转让给第三人。

四、财政性资金设立的科学技术基金项目（计划项目）成果的原始权属

2002年3月5日，中国科学技术部和财政部联合下发的《关于国家科研计划项目研究成果知识产权管理的若干规定》规定，"科研项目研究成果以及形成的知识产权，除涉及国家安全、国家利益和重大社会公共利益的以外，国家授予科研项目承担单位。项目承担单位可以依法自主决定实施、许可他人实施、转让、作价入股等，并取得相应的收益。同时，在特定情况下，国家根据需要保留无偿使用、开发、使之有效利用和获取收益的权利"。

2007年修订的《科学技术进步法》第20条规定吸收了前述"若干规定"的内容："利用财政性资金设立的科学技术基金项目或者科学技术计划项目所形成的发明专利权、计算机软件著作权、集成电路布图设计专有权和植物新品种权，除涉及国家安全、国家利益和重大社会公共利益的外，授权项目承担者依法取得。项目承担者应当依法实施前款规定的知识产权，同时采取保护措施，并就实施和保护情况向项目管理机构提交年度报告；在合理期限内没有实施的，国家可以无偿实施，也可以许可他人有偿实施或者无偿实施。项目承担者依法取得的本条第一款规定的知识产权，国家为了国家安全、国家利益和重大社会公共利益的需要，可以无偿实施，也可以许可他人有偿实施或者无偿实施。项目承担者因实施本条第一款规定的知识产权所产生的利益分配，依照有关法律、行政法规的规定执行；法律、行政法规没有规定的，按照约定执行。"本条内容吸收了上述"若干规定"并有了新的发展。①明确规定了所涉及的知识产权范围。"若干规定"没有对知识产权的范围予以规定，而本法将其限定为发明专利权、计算机软件著作权、集成电路布图设计专有权和植物新品种权四项。②把个人纳入项目承担者范围。"若干规定"只规定"项目承担单位"可以被授予知识产权，而本法规定将知识产权授权"项目承担者"，既包括"项目承担单位"，也包括作为"项目承担者"的个人。③扩大了国家在特定情况下，对已授予项目承担者的知识产权的"干预

权"。"若干规定"的规定仅限于"在特定情况下，国家根据需要保留无偿使用、开发、使之有效利用和获取利益的权利"，而本法除了继承了这一规定外，又增加规定了项目承担者在取得知识产权后"在合理期限内没有使用的，国家可以无偿实施，也可以许可他人有偿或者无偿实施"，不但保证增加了国家适度干预私权利的机动性，而且进一步强化了项目承担者对知识产权的使用义务。

本着尽可能地发挥科技成果的效益，《科学技术进步法》改变了长期以来的传统做法——项目承担者只是科技成果的"持有者"，而将"利用财政性资金设立的科学技术基金项目或者科学技术计划项目所形成"的科技成果权直接授予项目承担者，同时赋予完成人和参加人一定的权限。这一规定被理论界称为"中国的拜杜法"。

第十一章
科技成果评价和评估制度

第一节 科技成果评价制度

一、科技成果"评价"对"鉴定"的取代

为了正确判别科技成果的质量和水平，促进科技成果的完善和科技水平的提高，加速科技成果推广应用，1987 年 10 月 26 日国家科委发布了《科学技术成果鉴定办法》。之后于 1994 年 10 月 26 日以国家科委令第 19 号对该办法作了全面的修订。

2004 年，国务院发布了《关于第三批取消和调整行政审批项目决定》（国发〔2004〕16 号），规定科技成果鉴定改变管理方式，不再作为行政审批，交由行业组织或中介机构实行自律管理。据此，2016 年 6 月 23 日，科学技术部根据《国务院办公厅关于做好行政法规部门规章和文件清理工作有关事项的通知》（国办函〔2016〕12 号）的精神，按照依法行政、转变职能、加强监管、优化服务的原则和稳增长、促改革、调结构、惠民生的要求，发文对《科学技术成果鉴定办法》等规章予以废止。自《科学技术成果鉴定办法》被废止后，依据科学技术部、教育部等五部委发布的《关于改进科学技术评价工作的决定》和科学技术部发布的《科学技术评价办法》的有关规定进行。

根据《科学技术评价办法（试行）》第 3 条规定，科学技术评价是指受托方根据委托方明确的目的，按照规定的原则、程序和标准，运用科学、可行的方法对科学技术活动以及与科学技术活动相关的事项所进行的论证、评审、评议、评估、验收等活动。

今后，各级科技行政管理部门不得再自行组织科技成果评价工作，科技成果评价工作由委托方委托专业评价机构进行，由行业组织或中介机构实行

自律管理。通过第三方专业评价机构对科技成果的科学价值、技术价值、经济价值、社会价值进行客观、公正的评价，将更有利于获得投资方和合作方的认可，更有利于技术交易顺利进行，也更有利于获得政府支持。

二、我国科技成果评价制度的主要内容

(一) 科学技术评价要求和原则

根据《科学技术评价办法（试行）》规定，科学技术评价工作应当遵循"目标导向、分类实施、客观公正、注重实效"的要求，必须有利于鼓励原始性创新，有利于促进科学技术成果转化和产业化，有利于发现和培育优秀人才，有利于营造宽松的创新环境，有利于防止和惩治学术不端行为。科学技术评价工作必须坚持公平、公正、公开的原则，保证评价活动依据客观事实作出科学的评价。这是对科学技术评价工作的要求和进行科学技术评价工作所坚持的原则。

(二) 科技成果评价的范围

上述《科学技术评价办法（试行）》规定，科技成果评价的范围包括对中央或地方财政资金资助的科学技术计划、项目、机构、人员、成果的科学技术评价。详言之：①科学技术计划评价应以满足科学技术、经济、社会发展和国家安全的战略需求为导向，以促进国民经济和社会发展中重大的科学技术问题以及科学技术前沿重大问题的突破和解决为评价重点。这类评价包括前期评价、中期评估和绩效评价。②科学技术项目评价实行分类评价。根据各类科学技术项目的不同特点，选择确定合理的评价程序、评价标准和方法，注重评价实效。重大科学技术项目、战略性基础研究项目、自由探索性基础研究项目、应用研究项目、科学技术产业化项目的评价各有不同的侧重。③对研究与发展机构评价、研究与发展人员评价，以及科技成果的评价的侧重点都做了详细的规定。

《科学技术评价办法（试行）》还明确规定，违反国家法律、法规规定，对社会公共利益或环境、生态、资源造成危害的科技成果不得组织鉴定。

成果评价应根据成果的性质和特点确定评价标准，进行分类评价。

（1）基础研究成果应以在基础研究领域阐明自然现象、特征和规律，做出重大发现和重大创新，以及新发现、新理论等的科学水平、科学价值作为评价重点。在国内外有影响的学术期刊上发表的代表性论文及被引用情况应

作为评价的重要参考指标。

（2）应用技术成果应以运用科学技术知识在科学研究、技术开发、后续开发和应用推广中取得新技术、新产品，获得自主知识产权，促进生产力水平提高，实现经济和社会效益为评价重点。应用技术成果的技术指标、投入产出比和潜在市场经济价值等应作为评价的重要参考指标。

（3）软科学研究成果应以研究成果的科学价值和意义，观点、方法和理论的创新性以及对决策科学化和管理现代化的作用和影响作为评价重点。软科学研究成果的研究难度和复杂程度、经济和社会效益等应作为评价的重要参考指标。

（三）科技成果评价的基本程序和评价报告

科学技术评价工作的行为主体包括评价委托方、受托方及被评价方。委托方是指提出评价需求的一方，主要是各级科学技术行政管理部门或其他负有管理科学技术活动职责的机构等；受托方是指受委托方委托，组织实施或实施评价活动的一方，主要包括专业的评价机构、评价专家委员会或评价专家组等；被评价方是指申请、承担或参与委托方所组织实施的科学技术活动的机构、组织或个人。

委托方应对受托方的科学技术评价工作提出明确的规范性要求，并与受托方签订书面合同或任务书。合同的主要条款应当包括：①评价对象与内容；②评价目标；③评价方法、标准与具体程序；④评价报告的要求；⑤评价费用及支付；⑥相关信息和资料的保密；⑦其他必要内容。

受托方接受委托后，应当根据合同约定制定评价工作方案，在取得委托方认可后独立开展评价工作，任何组织和个人不得干涉。受托方应根据评价对象、内容及评价目标，遴选符合要求的评价专家进行评价活动。根据工作需要，委托方也可以直接遴选、组建评价专家委员会或专家组作为受托方，由受托方独立进行评价活动。受托方可以采取实地考察、专家咨询、信息查询、社会调查等方式，收集评价所需的信息资料，在定性与定量分析的基础上进行分析研究和综合评价，形成评价报告，按时提交给委托方并由委托方归档保存。

评价报告一般应当包括下列内容：①评价机构、评价专家委员会、评价专家的名称或名单；②委托方名称；③评价目的、对象及内容；④评价原则、方法及标准；⑤评价程序；⑥评价结果；⑦合同约定或其他需要说明的问题。

评价结果由评价专家委员会或评价专家组以会议或通信方式评议产生。

对重大科学技术计划、项目、成果及重要机构、人员等的评价以及合同有特别约定的,应当采取记名投票表决方式产生。评价专家有不同评价意见的,应当如实记载,并予以保密。

依据《科学技术评价办法（试行）》第8章规定,科技成果评价结果应在充分的国内外对比数据或检索证明材料的基础上,引入专利法关于发明专利新颖性、创造性、实用性审查与评价方法,对科技成果的科学性、技术上的创造性和潜在的经济价值进行全面分析。评价报告不得滥用"国内先进""国内首创""国际领先""国际先进""填补空白"等抽象用语。

第二节　科技成果评估制度

为了促进知识产权流转、加速科技成果产业化,使之转化为现实生产力、发挥科技成果的效益,国家先后制定了一系列法律法规和规范性文件。主要有2016年施行的《资产评估法》、2017年财政部《关于印发〈资产评估基本准则〉的通知》、2017年由中国资产评估协会发布施行的《知识产权资产评估指南》、2017年财政部发布的《关于〈国有资产评估项目备案管理办法〉》、2015年修订的《促进科技成果转化法》、2016年国务院发布的《实施〈促进科技成果转化法〉若干规定》、2009年施行的《企业国有资产法》、2005年国资委发布的《企业国有资产评估管理暂行办法》等。

一、科技成果评估概念与原则、要求

（一）科技成果评估概念

根据《资产评估法》（2016年12月1日施行）第2条规定,资产评估是指评估机构及其评估专业人员根据委托对不动产、动产、无形资产、企业价值、资产损失或者其他经济权益进行评定、估算,并出具评估报告的专业服务行为。资产评估是科技成果评估的上位概念。

根据《知识产权资产评估指南》（2017年中国资产评估协会发布）第3条规定,知识产权资产评估是指资产评估机构及其资产评估专业人员遵守法律、行政法规和资产评估准则,根据委托对评估基准日特定目的下的知识产权资产价值进行评定和估算,并出具资产评估报告的专业服务行为。这里界定了知识产权评估。而知识产权评估是科技成果评估的下位概念。

结合上述规定,科技成果是指评估资产评估机构及其资产评估专业人员

遵守法律、行政法规和资产评估准则，根据委托对特定目的下的科技成果价值进行评定和估算，并出具资产评估报告的专业服务行为。

科技成果评估属于科技成果评价的一个内容，而科技成果评价则不限于科技成果评估。科技成果评估的特殊性在于评估仅限于对应用技术的价值评估。其目的是为应用技术成果的转让与许可使用、作价入股等提供可资参考的依据。可评估的科技成果包括以专利技术为主的应用技术成果、以版权保护方式为主的软件成果，以及其他形式的应用技术成果。

（二）科技成果评估原则和基本要求

结合《资产评估法》（2016 年颁布）第 4 条规定和《资产评估基本准则》（财政部 2017 年发布）第二章"基本遵循"的第 4 条规定，科技成果评估原则和基本要求有：

（1）资产评估机构及其资产评估专业人员开展资产评估业务应当遵守法律、行政法规的规定，坚持独立、客观、公正的原则。

（2）资产评估机构及其资产评估专业人员应当诚实守信，勤勉尽责，谨慎从业，遵守职业道德规范，自觉维护职业形象，不得从事损害职业形象的活动。

（3）资产评估机构及其资产评估专业人员开展资产评估业务，应当独立进行分析和估算并形成专业意见，拒绝委托人或者其他相关当事人的干预，不得直接以预先设定的价值作为评估结论。

（4）资产评估专业人员应当具备相应的资产评估专业知识和实践经验，能够胜任所执行的资产评估业务，保持和提高专业能力。

二、评估专业人员

评估专业人员包括评估师和其他具有评估专业知识及实践经验的评估从业人员。评估师是指通过评估师资格考试的评估专业人员。国家根据经济社会发展需要确定评估师专业类别。有关全国性评估行业协会按照国家规定组织实施评估师资格全国统一考试。

因故意犯罪或者在从事评估、财务、会计、审计活动中因过失犯罪而受刑事处罚，自刑罚执行完毕之日起不满五年的人员，不得从事评估业务。

评估专业人员享有下列权利：①要求委托人提供相关的权属证明、财务会计信息和其他资料，以及为执行公允的评估程序所需的必要协助；②依法向有关国家机关或者其他组织查阅从事业务所需的文件、证明和资料；③拒绝委托人或者其他组织、个人对评估行为和评估结果的非法干预；④依法签署评估报告；⑤法律、行政法规规定的其他权利。

评估专业人员应当履行下列义务：①诚实守信，依法独立、客观、公正从事业务；②遵守评估准则，履行调查职责，独立分析估算，勤勉谨慎从事业务；③完成规定的继续教育，保持和提高专业能力；④对评估活动中使用的有关文件、证明和资料的真实性、准确性、完整性进行核查和验证；⑤对评估活动中知悉的国家秘密、商业秘密和个人隐私予以保密；⑥与委托人或者其他相关当事人及评估对象有利害关系的，应当回避；⑦接受行业协会的自律管理，履行行业协会章程规定的义务；⑧法律、行政法规规定的其他义务。

评估专业人员不得有下列行为：①私自接受委托从事业务、收取费用；②同时在两个以上评估机构从事业务；③采用欺骗、利诱、胁迫，或者贬损、诋毁其他评估专业人员等不正当手段招揽业务；④允许他人以本人名义从事业务，或者冒用他人名义从事业务；⑤签署本人未承办业务的评估报告；⑥索要、收受或者变相索要、收受合同约定以外的酬金、财物，或者谋取其他不正当利益；⑦签署虚假评估报告或者有重大遗漏的评估报告；⑧违反法律、行政法规的其他行为。

三、评估机构

评估机构是评估人员执业的专门工作机构。评估机构应当依法采用合伙或者公司形式，聘用评估专业人员开展评估业务。

设立评估机构，应当向工商行政管理部门申请办理登记。评估机构应当自领取营业执照之日起三十日内向有关评估行政管理部门备案。评估行政管理部门应当及时将评估机构备案情况向社会公告。

评估机构应当依法独立、客观、公正地开展业务，建立健全质量控制制度，保证评估报告的客观、真实、合理。

评估机构不得有下列行为：①利用开展业务之便，谋取不正当利益；②允许其他机构以本机构名义开展业务，或者冒用其他机构名义开展业务；③以恶性压价、支付回扣、虚假宣传，或者贬损、诋毁其他评估机构等不正当手段招揽业务；④受理与自身有利害关系的业务；⑤分别接受利益冲突双方的委托，对同一评估对象进行评估；⑥出具虚假评估报告或者有重大遗漏的评估报告；⑦聘用或者指定不符合本法规定的人员从事评估业务；⑧违反法律、行政法规的其他行为。

四、评估程序和评估报告

委托人有权自主选择符合本法规定的评估机构，任何组织或者个人不得非法限制或者干预。评估事项涉及两个以上当事人的，由全体当事人协商委托评估机构。委托开展法定评估业务，应当依法选择评估机构。

委托人应当与评估机构订立委托合同，约定双方的权利和义务。委托人应当按照合同约定向评估机构支付费用，不得索要、收受或者变相索要、收受回扣。委托人应当对其提供的权属证明、财务会计信息和其他资料的真实性、完整性和合法性负责。

对受理的评估业务，评估机构应当指定至少两名评估专业人员承办。委托人有权要求与相关当事人及评估对象有利害关系的评估专业人员回避。

评估专业人员应当根据评估业务具体情况，对评估对象进行现场调查，收集权属证明、财务会计信息和其他资料并进行核查验证、分析整理，作为评估的依据。评估专业人员应当恰当选择评估方法，除依据评估执业准则只能选择一种评估方法的外，应当选择两种以上评估方法，经综合分析，形成评估结论，编制评估报告。

评估机构应当对评估报告进行内部审核。评估报告应当由至少两名承办该项业务的评估专业人员签名并加盖评估机构印章。评估机构及其评估专业人员对其出具的评估报告依法承担责任。委托人不得串通、唆使评估机构或者评估专业人员出具虚假评估报告。评估机构开展法定评估业务，应当指定至少两名相应专业类别的评估师承办，评估报告应当由至少两名承办该项业务的评估师签名并加盖评估机构印章。

委托人对评估报告有异议的，可以要求评估机构解释。委托人认为评估机构或者评估专业人员违法开展业务的，可以向有关评估行政管理部门或者行业协会投诉、举报，有关评估行政管理部门或者行业协会应当及时调查处理，并答复委托人。委托人或者评估报告使用人应当按照法律规定和评估报告载明的使用范围使用评估报告。委托人或者评估报告使用人违反前款规定使用评估报告的，评估机构和评估专业人员不承担责任。

五、知识产权评估

为贯彻落实《资产评估法》，规范资产评估执业行为，保证资产评估执业质量，保护资产评估当事人合法权益和公共利益，在财政部指导下，中国资产评估协会根据《资产评估基本准则》，对原来的《知识产权资产评估指南》

进行了修订，修订后的《知识产权资产评估指南》（简称《指南》）自 2017年 10 月 1 日起施行。

《指南》所称知识产权资产，是指知识产权权利人拥有或者控制的，能够持续发挥作用并且带来经济利益的知识产权权益。知识产权资产包括专利权、商标专用权、著作权、商业秘密、集成电路布图设计和植物新品种等。

《指南》所称知识产权资产评估，是指资产评估机构及其资产评估专业人员遵守法律、行政法规和资产评估准则，根据委托对评估基准日特定目的下的知识产权资产价值进行评定和估算，并出具资产评估报告的专业服务行为。

《指南》把知识产权评估按照评估的用途分别对以下内容加以规范指引：①以转让或者许可使用为目的的知识产权资产评估；②以出资为目的的知识产权资产评估；③以质押为目的的知识产权资产评估；④以诉讼为目的的知识产权资产评估；⑤以财务报告为目的的知识产权资产评估等。

六、科技成果评估的例外

《资产评估法》第 3 条第 2 款规定："涉及国有资产或者公共利益等事项，法律、行政法规规定需要评估的（简称法定评估），应当依法委托评估机构评估。"这里规定了"应当评估"的一般原则。

但是，《促进科技成果转化法》第 18 条却规定："国家设立的研究开发机构、高等院校对其持有的科技成果，可以自主决定转让、许可或者作价投资，但应当通过协议定价、在技术交易市场挂牌交易、拍卖等方式确定价格。通过协议定价的，应当在本单位公示科技成果名称和拟交易价格。"这实际上是规定了"应该评估原则"的例外。原因在于对科技成果评估从开始申请到最后评估报告的获得，其周期很长，不利于及时地开展科技成果的转化工作，不利于面对瞬息万变的科技市场竞争。因此，国家设立的研究开发机构、高等院校对其持有的科技成果，"自主决定转让、许可或者作价投资"的情况下，可以不进行评估。

第十二章
促进科技成果转化法律制度

第一节　科技成果转化法律制度概述

一、科技成果转化的概念和特点

（一）科技成果转化的概念

依据《促进科技成果转化法》（2015 年修订），科技成果转化是指为提高生产力水平而对科学研究与技术开发所产生的具有实用价值的科技成果所进行的后续试验、开发、应用、推广直至形成新产品、新工艺、新材料，发展新产业等活动。

（二）科技成果转化的特点

（1）能够实现转化的具有实用性的成果。一项具有理论价值而无使用价值的科技成果不能直接转化。

（2）能够实现转化的科技成果为应用研究或者实验所取得。

（3）转化的途径是通过科技成果的实施。科技成果转化活动包含着两个不同方面：一是按照客观的科学规律，从科技成果的知识形态经过后续试验、开发、应用推广形成新产品、新工艺、新材料的物质形态过程，这是一个技术创新的过程，它遵循科学规律；二是科学技术成果的权属转移过程，这是一个交易过程，它遵循经济和市场规律。

（4）科技成果转化的目的是实现新产品、新工艺、新材料，以至发展成为新产业。

（5）科技成果转化是一项高风险性事业。包括技术风险（即实验、开发等转化活动失败）和市场风险（产品成本高，无效益）。

二、科技成果转化的基本原则

根据《促进科技成果转化法》第3条规定，科技成果转化的基本原则有：

（1）科技成果转化活动应当遵循自愿、互利、公平原则。科技成果转化总体要遵循市场规律，交给市场来调节，任何一方都不能把自己的意志强加于对方。因此，自愿、互利与公平就是当然的要求。

（2）重合同、守信用原则。科技成果转化存在着转化失败的风险，当事人之间必须事前对转化工作中的各种情况周全考虑，订立书面合同，以确定当事人之间的权利和义务。所以，当事人应坚持诚实信用的原则，重合同，依法或者依照合同的约定，享受利益，承担风险。

（3）科技成果转化中的知识产权受法律保护。科技成果以及对其进行的后续试验、开发、应用、推广直至形成新产品、新工艺、新材料，发展新产业等活动中会产生新的知识产权，这些知识产权受法律保护。

（4）科技成果转化的合法原则。科技成果转化活动应当遵守法律，维护国家利益，不得损害社会公共利益，不得有悖于善良风俗，不得泄露商业秘密或者国家秘密等。

第二节　科技成果转化的实施

科技成果转化的落实涉及许多主体，具体包括"政府及其有关部门""科技成果持有者""企业""技术市场及科技中介机构"等在内的多个权利和义务主体。

一、政府及其有关部门的职责

在科技成果转化过程中，政府及其有关部门起着十分重要的主导作用。

（1）编制科技成果转化规划。国务院科学技术行政部门、计划部门、经济综合管理部门和其他有关行政部门依照国务院规定的职责范围，管理、指导和协调科技成果转化工作。地方各级人民政府负责管理、指导和协调本行政区域内的科技成果转化工作。

（2）定期发布科技成果转化目录和项目指南。国务院和地方各级人民政府应当将科技成果的转化纳入国民经济和社会发展计划，并组织协调实施有关科技成果的转化。行政计划是政府及其有关部门进行行政管理、实施宏观调控的重要手段，科学的行政计划将有助于增强政府决策的前瞻性，引导国民经济持续、健康、快速发展，我国已经制定的"十三五"规划就有这方面的内容。"十三五"规划即将完美收官，国家"十四五"规划正在酝酿。

国务院有关部门和省、自治区、直辖市人民政府应当定期发布科技成果目录和重点科技成果转化项目指南，优先安排和支持符合条件的项目的实施。优先安排和支持的项目应符合以下标准：①能够显著提高产业技术水平、经济效益或者能够形成促进社会经济健康发展的新产业的；②能够显著提高国家安全能力和公共安全水平的；③能够合理开发和利用资源、节约能源、降低消耗以及防治环境污染、保护生态、提高应对气候变化和防灾减灾能力的；④能够改善民生和提高公共健康水平的；⑤能够促进现代农业或者农村经济发展的；⑥能够加快民族地区、边远地区、贫困地区社会经济发展的。

（3）国家通过产业政策和补贴、税收、信贷等经济杠杆，引导、提倡和鼓励采用先进技术、工艺和装备，不断改进、限制使用或者淘汰落后技术、工艺和装备。技术、工艺和装备的先进与否需要结合科技发展和社会进步程度综合考量，但在现阶段，对资源的有效利用，以及对环境的有效保护无疑成为衡量技术、工艺和装备是否落后的重要指标之一。

（4）政府重点组织实施的科技成果转化项目，采用公开招标的方式，并应当对中标单位提供招标时确定的资助或者其他条件。

面向市场，资助研发。《促进科技成果转化法》第10条规定："利用财政资金设立应用类科技项目和其他相关科技项目，有关行政部门、管理机构应当改进和完善科研组织管理方式，在制定相关科技规划、计划和编制项目指南时应当听取相关行业、企业的意见；在组织实施应用类科技项目时，应当明确项目承担者的科技成果转化义务，加强知识产权管理，并将科技成果转化和知识产权创造、运用作为立项和验收的重要内容和依据。"这是2015年修订《促进科技成果转化法》时新增的内容。

（5）科技报告和科技信息分享。国家建立、完善科技报告制度和科技成果信息系统，向社会公布科技项目实施情况以及科技成果和相关知识产权信息，提供科技成果信息查询、筛选等公益服务。公布有关信息不得泄露国家秘密和商业秘密。对不予公布的信息，有关部门应当及时告知相关科技项目承担者。利用财政资金设立的科技项目的承担者应当按照规定及时提交相关科技报告，并将科技成果和相关知识产权信息汇交到科技成果信息系统。国家鼓励利用非财政资金设立的科技项目的承担者提交相关科技报告，将科技成果和相关知识产权信息汇交到科技成果信息系统，县级以上人民政府负责相关工作的部门应当为其提供方便。

二、科技成果持有者的权利与义务

科技成果持有者的权利与义务主要有以下内容。

(一)科技成果持有者的权利

科技成果持有者可以采用下列方式进行科技成果转化：①自行投资实施转化；②向他人转让该科技成果；③许可他人使用该科技成果；④以该科技成果作为合作条件，与他人共同实施转化；⑤以该科技成果作价投资，折算股份或者出资比例；⑥其他协商确定的方式。

同时，《促进科技成果转化法》第18条规定：国家设立的研究开发机构、高等院校对其持有的科技成果，可以自主决定转让、许可或者作价投资，但应当通过协议定价、在技术交易市场挂牌交易、拍卖等方式确定价格。通过协议定价的，应当在本单位公示科技成果名称和拟交易价格。这是2015年修订《促进科技成果转化法》时新增的内容，赋予了科技成果持有单位对其所持有的科技成果享有一定的定价权、使用权、收益权和处置权。该法第43条规定："国家设立的研究开发机构、高等院校转化科技成果所获得的收入全部留归本单位，在对完成、转化职务科技成果做出重要贡献的人员给予奖励和报酬后，主要用于科学技术研究开发与成果转化等相关工作。"这就使国家设立的研究开发机构、高等学校持有的科技成果与一般的"国有资产"一样对待，有保值增值义务，使其真正享有使用权、受益权和处置权。

(二)科技成果持有者的义务

(1)科技成果完成人或者课题负责人，不得阻碍职务科技成果的转化，不得将职务科技成果及其技术资料和数据占为己有，侵犯单位的合法权益。意在强调科技成果完成人或课题负责人，应当将成熟的科技成果及时实施转化，不得为了贪图个人利益和少数人利益，将职务科技成果及其技术资料和数据占为己有，侵犯单位的合法权益。

(2)科技成果完成单位、科技成果转化实施单位和科技成果转化投资单位，就科技成果的后续试验、开发、应用和生产经营进行合作，应当签订合同，约定各方享有的权利和承担的风险。订立合同时，应注意对转化成功所获利益分享及转化失败的损失承担作出约定，尤其要注意，对在科技成果转化中产生的新的知识产权的归属与分享作出约定。

(3)对科技成果的监测和评估要遵循相关规定。科技成果转化活动中对科技成果进行检测和价值评估，必须遵循公正、客观的原则，不得提供虚假的检测结果或者评估证明。国家设立的研究开发机构、高等院校和国有企业与中国境外的企业、其他组织或者个人合作进行科技成果转化活动，必须按照国家有关规定对科技成果的价值进行评估。

（4）国家设立的研究开发机构、高等院校应当按照规定格式，于每年 3 月 30 日前向其主管部门报送本单位上一年度科技成果转化情况的年度报告，主管部门审核后于每年 4 月 30 日前将各单位科技成果转化年度报告报送至科技、财政行政主管部门指定的信息管理系统。年度报告内容主要包括：①科技成果转化取得的总体成效和面临的问题；②依法取得科技成果的数量及有关情况；③科技成果转让、许可和作价投资情况；④推进产学研合作情况，包括自建、共建研究开发机构、技术转移机构、科技成果转化服务平台情况，签订技术开发合同、技术咨询合同、技术服务合同情况，人才培养和人员流动情况等；⑤科技成果转化绩效和奖惩情况，包括科技成果转化取得的收入及分配情况，对科技成果转化人员的奖励和报酬等。

（5）对于科技成果转化中的对外合作，涉及国家秘密事项的，有关主体还应依法提出申请，经批准后方可实施。

三、企业的权利与义务

企业也是科技成果转化活动中的必要主体，在产学研结合的模式中，企业往往扮演着将科技成果转化成现实生产力的重要角色。在科技成果转化过程中，企业应当"遵守法律，维护国家利益，不得损害社会公共利益"，同时依照合同约定，明确合同义务。

根据《促进科技成果转化法》第 11、12 条规定，在科技成果转化过程中，企业的权利包含有以下内容。第一，企业为采用新技术、新工艺、新材料和生产新产品，可以自行发布信息或者委托技术交易中介机构征集其所需的科技成果，或者征寻科技成果转化的合作者。第二，企业依法有权独立或者与境内外企业、事业单位和其他合作者联合实施科技成果转化。企业可以通过公平竞争，独立或者与其他单位联合承担政府组织实施的科技研究开发和科技成果转化项目。

四、技术市场以及科技中介机构的权利与义务

技术市场是实现科技成果转化的重要平台，而在市场经济体制下，科技中介机构以专业知识、专门技能为基础，与各类创新主体和要素市场建立紧

密联系，为科技创新活动提供重要的支撑性服务，在有效降低创新风险、加速科技成果产业化进程中发挥着不可替代的关键作用。

国家培育和发展技术市场，鼓励创办科技中介服务机构，为技术交易提供交易场所、信息平台以及信息检索、加工与分析、评估、经纪等服务。科技中介服务机构提供服务，应当遵循公正、客观的原则，不得提供虚假的信息和证明，对其在服务过程中知悉的国家秘密和当事人的商业秘密负有保密义务。

科技服务机构及其从业人员违反法律规定，故意提供虚假的信息、实验结果或者评估意见等欺骗当事人，或者与当事人一方串通欺骗另一方当事人的，由政府有关部门依照管理职责责令改正，没收违法所得，并处以罚款；情节严重的，由工商行政管理部门依法吊销营业执照。给他人造成经济损失的，依法承担民事赔偿责任；构成犯罪的，依法追究刑事责任。科技中介服务机构及其从业人员违反法律规定泄露国家秘密或者当事人的商业秘密的，依照有关法律、行政法规的规定承担相应的法律责任。

第三节　科技成果转化的保障制度

一、科技成果转化中的财力支持措施

科技成果转化是一项高风险、高投入、高回报的活动，要成功转化科技成果不是企业和个人所能够独立完成的，需要国家提供财政、税收政策、信贷保障、人力保障与公共服务体系的保障。除了国家财政、税收之外，国家完善多层次资本市场，支持企业通过股权交易、依法发行股票和债券等直接融资方式为科技成果转化项目进行融资。

（一）财政经费支持

科技成果转化财政经费，主要用于科技成果转化的引导资金、贷款贴息、补助资金和风险投资以及其他促进科技成果转化的资金用途。

（二）税收优惠政策

国家依照有关税收法律、行政法规规定对科技成果转化活动实行税收优惠。

（三）信贷支持政策

国家鼓励银行业金融机构在组织形式、管理机制、金融产品和服务等方

面进行创新，鼓励开展知识产权质押贷款、股权质押贷款等贷款业务，为科技成果转化提供金融支持。国家鼓励政策性金融机构采取措施，加大对科技成果转化的金融支持。

（四）保险支持政策

国家鼓励保险机构开发符合科技成果转化特点的保险品种，为科技成果转化提供保险服务。

（五）创业投资支持政策

国家鼓励创业投资机构投资科技成果转化项目。国家设立的创业投资引导基金，应当引导和支持创业投资机构投资初创期科技型中小企业。

（六）基金支持政策

国家鼓励设立科技成果转化基金或者风险基金，其资金来源由国家、地方、企业、事业单位以及其他组织或者个人提供，用于支持高投入、高风险、高产出的科技成果的转化，加速重大科技成果的产业化。

二、允许科技人员兼职、离岗创业及其待遇

（一）增加奖励额度，激发现职科研人员的转化动力

国家设立的研究开发机构、高等院校制定转化科技成果收益分配制度时，要按照规定充分听取本单位科技人员的意见，并在本单位公开相关制度。依法对职务科技成果完成人和为成果转化做出重要贡献的其他人员给予奖励时，按照以下规定执行：

（1）以技术转让或者许可方式转化职务科技成果的，应当从技术转让或者许可所取得的净收入中提取不低于50%的比例用于奖励。

（2）以科技成果作价投资实施转化的，应当从作价投资取得的股份或者出资比例中提取不低于50%的比例用于奖励。

（3）在研究开发和科技成果转化中做出主要贡献的人员，获得奖励的份额不低于奖励总额的50%。

（4）对科技人员在科技成果转化工作中开展技术开发、技术咨询、技术服务等活动给予的奖励，可按照《促进科技成果转化法》及其他相关规定执行。

（二）允许科技人员兼职、离岗创业，使科研人员进一步释放科技创新能力

国家设立的研究开发机构、高等院校科技人员在履行岗位职责、完成本职工作的前提下，经征得单位同意，可以兼职到企业等从事科技成果转化活动，或者离岗创业，在原则上不超过 3 年时间内保留人事关系，从事科技成果转化活动。研究开发机构、高等院校应当建立制度规定或者与科技人员约定兼职、离岗从事科技成果转化活动期间和期满后的权利和义务。离岗创业期间，科技人员所承担的国家科技计划和基金项目原则上不得中止，确需中止的应当按照有关管理办法办理手续。

积极推动逐步取消国家设立的研究开发机构、高等院校及其内设院系所等业务管理岗位的行政级别，建立符合科技创新规律的人事管理制度，促进科技成果转移转化。

三、建立健全科技报告制度和科学技术信息网络服务体系

（一）科技报告制度和科技成果信息系统

国家建立、完善科技报告制度和科技成果信息系统，向社会公布科技项目实施情况以及科技成果和相关知识产权信息，提供科技成果信息查询、筛选等公益服务。公布有关信息不得泄露国家秘密和商业秘密。对不予公布的信息，有关部门应当及时告知相关科技项目承担者。

利用财政资金设立的科技项目的承担者应当按照规定及时提交相关科技报告，并将科技成果和相关知识产权信息汇交到科技成果信息系统。

国家鼓励利用非财政资金设立的科技项目的承担者提交相关科技报告，将科技成果和相关知识产权信息汇交到科技成果信息系统，县级以上人民政府负责相关工作的部门应当为其提供方便。

（二）年度报告制度

国家设立的研究开发机构、高等院校应当按照规定格式报送本单位上一年度科技成果转化情况的年度报告，主管部门审核后将各单位科技成果转化年度报告报送至科技、财政行政主管部门指定的信息管理系统。

第十三章
技术合同法律制度

第一节　技术合同概述

一、技术合同概念和特征

技术合同是当事人之间就技术开发、转让、咨询或者服务所订立的确定相互权利和义务的合同。

与一般合同相比，技术合同的特点有：

（1）技术合同的标的是提供技术开发、技术转让、技术咨询或技术服务行为。因此，技术合同是平等主体之间的双务有偿合同，只是其标的所涉及的对象不是一般商品，而是人类的智力劳动成果——具有无形性，载体多样化，可以同时被多方占有等特点。因此，需要对作为标的的技术严格界定，以减少以后合同解释和履行中可能产生的纠纷。

（2）调整技术合同的法律具有多样性。技术合同反映的是技术成果在交换领域中的债权关系，所以，技术合同作为合同的一种，首先应遵循合同法的规定，同时，技术合同还应当遵循民法中关于债权的一般规定。最后，由于技术合同是基于技术的开发、转让、服务或咨询而产生的合同关系，因而其在许多方面，尤其是技术的所有权方面，要受知识产权法、科技法的调整。

（3）技术合同的履行具有特殊性。技术合同的履行常因涉及与技术有关的其他权利归属，如发明权、科技成果权、专利权等，故其既受债法约束，又受知识产权制度的规范。债法中实际履行制度有时无法适用，如果技术开发难度较大，开发失败，则合同义务无法履行，若强求履行，对双方当事人均不利。

二、技术合同的种类

根据合同法的规定，技术合同可分为技术开发合同、技术转让合同、技术咨询合同和技术服务合同。技术开发合同和技术转让合同将专节阐述。这里对技术咨询合同和技术服务合同稍作展开。

技术咨询合同是当事人就特定技术项目提供可行性论证、技术预测、专题技术调查、分析评价报告等事宜确立相互之间的权利义务的协议。技术服务合同是当事人一方以技术知识为另一方解决特定技术问题所订立的合同，不包括建设工程合同和承揽合同。技术服务合同与技术咨询合同不同。首先，总体上看，技术服务合同强调的是受托人对委托人所面临具体技术难题的解决；而技术咨询合同强调的是受托人对委托人的决策提出咨询意见。再者，技术服务合同的受托人是以解决具体技术问题为工作内容，以解决问题的成果为对价，受托人对解决技术问题的实施结果负责；而技术咨询合同的受托人以特定技术项目的咨询为工作内容，以可行性论证、技术预测、专题技术调查、分析评价报告等成果为对价，受托人对他咨询意见的本身质量负责，对委托人依据咨询意见作出决策造成的损失不负责。

三、技术合同的订立

（一）技术合同订立的目的和原则

订立技术合同，应当有利于科学技术的进步，加速科学技术成果的转化、应用和推广。

订立技术合同应遵循平等、自愿、诚实信用、不得损害公共利益原则。

（二）技术合同的订立形式

依据《民法典》，技术开发合同应当采用书面形式。当事人之间就具有产业应用价值的科技成果实施转化订立的合同，参照技术开发合同的规定。技术转让合同应当采用书面形式。其他技术合同，包括技术咨询合同和技术服务合同，既可以书面形式外，也可以口头形式或其他形式。

订立技术开发合同、技术转让合同之所以应当采用书面的形式，是因为技术开发合同、技术转让合同具有自己的特点。首先，技术开发合同、技术转让合同关系到当事人的技术权益和经济利益。不少技术交易涉及知识产权的保护、技术成果的分享、开发风险的承担、技术情报的保密、侵权行为的责任等复杂行为。其次，技术开发合同、技术转让合同涉及国家对技术市场在财政、信贷、税收、奖励诸方面的优惠政策的贯彻和实施。而申请这些优惠时则需要合同文本。最后，技术开发合同、技术转让合同的标的是无形的知识形态商品，合同履行的环节较多，履行的期限较长，价款和报酬的支付与计算与一般合同也不一样。

（三）技术合同的主要内容

技术合同是当事人设定民事权利义务的协议，其内容应当由当事人自由约定，这是"契约自由"的体现。但是，考虑到技术合同涉及的技术内容较为复杂，订立技术合同又是一项专业性较强的工作，故《民法典》规定了技术合同应当具备的一般条款，目的在于引导当事人的行为。

技术合同一般应包括以下条款：项目名称；标的的内容、范围和要求；履行的计划、进度、期限、地点、地域和方式；技术情报和资料的保密；风险责任的承担；技术成果的归属和收益的分成办法；验收标准和方法；价款、报酬或者使用费及其支付方式；违约金或者损失赔偿的计算方法；解决争议的方法；名词和术语的解释。

与履行合同有关的技术背景资料、可行性论证和技术评价报告、项目任务和计划书、技术标准、技术规范、原始设计和工艺文件，以及其他技术文档，按照当事人的约定可以作为合同的组成部分。

此外，技术合同涉及专利，应当注明发明创造的名称、专利申请人和专利权人、申请日期、申请号、专利号以及专利权的有效期限。

四、技术合同的价款、报酬和使用费的支付

技术合同的价款、报酬和使用费的支付具有特殊性。价款、报酬和使用费是技术作为技术合同标的价金，是一方当事人获取、使用技术所应支付的代价。价款是技术作为知识形态的商品价值的货币表现形式，也是技术作为商品进行等价交换的结果。由于技术在形成过程中所耗费的人类劳动、使用的资金、运用的科技知识、信息、经验、技能和研究方法的不同，以及技术产生的经济效益和社会效益的不同，技术没有统一的市场价格，也不能由国家根据经济理论和价格政策确定。技术合同的价款、报酬和使用费由当事人协商确定。当事人应当根据技术成果的经济效益和社会效益、研究开发技术的成本、技术成果的工业化开发程度、当事人享有的权益和承担的责任协商议定。价款、报酬、使用费中包含非技术性款项的，应当分项计算。

五、技术合同成果的权利归属和风险负担

（1）这里所说的技术合同成果，可以分为职务技术成果和非职务技术成果，其归属问题查阅前述第十章关于科技成果原始权属制度的有关内容。

（2）风险的负担。《民法典》第858条第1款规定："在技术开发合同履行过程中，因出现无法克服的技术困难，致使研究开发失败或者部分失败的，该风险由当事人约定；没有约定或者约定不明确，依照本法第510条❶的规定仍不能确定的，风险由当事人合理分担。"

（3）通知及减损义务。根据《民法典》第858条第2款的规定，当事人一方发现前款规定的可能致使研究开发失败或者部分失败情形时，应当及时通知另一方并采取适当措施减少损失；没有及时通知并采取适当措施，致使损失扩大的，应当就扩大的损失承担责任。在此，注意区分技术开发失败与不可抗力、违反合同的区别：①技术开发失败与不可抗力的区别。技术开发失败是由于技术上不可克服或者技术开展的一定时期内不可克服的困难导致的失败。不可抗力是技术困难之外的法定免责事由。②技术开发失败与违反合同的区别。技术合同是否适用严格责任原则，理论上尚有疑问。但开发失败既不是因不可抗力，也不是因不可克服的技术困难，原则上应当认定构成违约。

六、技术合同无效的特别规定

技术合同的无效是指欠缺技术合同生效要件，不产生其应有法律效力的技术合同。除适用一般合同无效的规定之外，《民法典》第850条还特别规定："非法垄断技术或者侵害他人技术成果的技术合同无效。"

（一）非法垄断技术

技术合同的订立应当有利于技术进步、技术成果的转化应用和推广。这是订立技术合同应遵循的总目的。如果一方当事人利用合同条款限制另一方在合同技术的基础上进行新的研究开发，限制另一方从其他渠道吸收技术，或者阻碍另一方根据市场的需要按照合同的方式充分实施专利和非专利技术等，都应当受到法律的禁止，合同当然无效。

所谓"非法垄断技术"是指如下六种情形：

（1）限制另一方在合同标的技术的基础上进行新的研究开发，或者双方交换改进技术的条件不对等，包括要求一方将其自行改进的技术无偿地提供

---

❶ 《民法典》第510条规定："合同生效后，当事人就质量、价款或者报酬、履行地点等内容没有约定或者约定不明确的，可以协议补充；不能达成补充协议的，按照合同相关条款或者交易习惯确定。"

给对方、非互惠性地转让给对方、无偿地独占或者共享该改进技术的知识产权；

（2）限制另一方从其他来源吸收技术；

（3）阻碍另一方根据市场的需求，按照合理的方式充分实施合同标的技术，包括不合理地限制技术接受方实施合同标的技术生产产品或者提供服务的数量、品种、价格、销售渠道和出口市场；

（4）要求技术接受方接受并非实施技术必不可少的附带条件，包括购买技术接受方并不需要的技术、服务、原材料、设备或者产品等和接收技术接受方并不需要的人才等；

（5）不合理地限制技术接受方自由选择从不同来源购买原材料、零部件或者设备等；

（6）禁止技术接受方对合同标的技术的知识产权的有效性提出异议。

（二）侵害他人技术成果

当事人一方侵害另一方或者第三方的专利权、专利申请权、专利实施权、非专利技术使用权和转让权或者发明权、发现权以及其他科技成果权的技术合同无效。

所谓"侵害他人技术成果"，具体包括：

（1）侵害他人专利权、专利申请权、专利实施权的；

（2）侵害他人技术秘密成果使用权、转让权的；

（3）侵害他人植物新品种权、植物新品种申请权、植物新品种实施权的；

（4）侵害他人计算机软件著作权、集成电路布图设计权、新药成果权等技术成果权的；

（5）侵害他人发明权、发现权以及其他科技成果权的。

另外，当事人使用或者转让其独立研究开发或者以其他正当方式取得（指通过合法的参观访问或者对合法取得的产品进行拆卸、测绘、分析等反向工程手段掌握相关技术）的与他人的技术秘密相同或者近似的技术秘密的，不属于上述"侵害他人技术成果"的情形。

无效的技术合同自始没有法律效力。合同部分无效，不影响其他部分效力的，其他部分仍然有效。据此，非法垄断技术或者侵害他人技术成果的技术合同也可能部分无效。

在处理无效技术合同时，应着重贯彻赔偿损失的原则和保护技术权益的原则。

第二节　技术开发合同

一、技术开发合同的概念和特征

（一）技术开发合同的概念

技术开发合同指当事人之间就新技术、新产品、新工艺或者新材料及其系统的研究开发所订立的合同。技术开发合同包括委托开发合同和合作开发合同。前者是指当事人一方委托另一方进行研究开发所订立的合同，后者是指当事人各方为共同进行研究开发所订立的合同。

（二）技术开发合同的特征

技术开发合同具有技术合同的一般特征，尤其需要强调具有以下几个法律特征：

（1）技术开发合同的标的须是新技术成果。作为技术开发合同标的所涉及的技术成果，必须在订立合同时属于尚未掌握或尚未存在的产品、工艺、材料及其系统等技术方案。但是，在技术上没有创新的现有产品改型、工艺变更、材料配方调整以及技术成果的检验、测试和使用除外。

（2）技术开发合同为双务、有偿、诺成、要式合同。技术开发合同的双方当事人互负义务、互有对价，因而技术开发合同是双务有偿合同。技术开发合同的成立生效不以实物交付为要件，当事人双方意思表示一致即告合同成立，因而为诺成合同。

（3）由于技术开发合同的当事人之间的权利义务关系比较复杂，而且技术的研究、开发牵涉的时间长，因此技术开发合同应当采用书面形式。

（4）技术开发合同的风险较大。开发一个技术项目时，尽管经过合同当事人努力攻关，密切协作，也可能产生在现有技术条件下遇到的无法预见、无法防止和无法克服的技术困难，而导致研究开发失败或部分失败。因此，当事人的投入很可能没有产出，风险较大。

二、技术开发合同的类型和当事人的权利义务

以技术开发的人员构成为标准，技术开发合同可分为委托开发合同和合

作开发合同两类。由于技术开发合同是双务有偿合同，所以，一方的义务实际上就是另一方的权利。这里以义务为线索加以叙述。

（一）委托开发合同当事人的义务

1. 委托人的主要义务

①按约定支付研究开发经费和报酬。②按约定提供技术资料、原始数据，并按约定完成协作事项。③按期接受研究开发成果。

2. 研究开发人的主要义务

①按照约定制订和实施研究开发计划。②合理使用研究开发经费，专款专用，不得浪费，力争以最小的耗费获得最大的科技成果产出。③按期完成研究开发工作，交付研究开发成果，提供有关的技术资料和必要的技术指导，帮助委托人掌握研究开发成果。④受托人不得对第三人泄露技术开发成果的内容，也不得向第三人提供该项技术成果。

3. 双方当事人的违约责任

（1）委托人违反约定，造成研究开发工作停滞、延误或者失败的，应当承担违约责任。第一，委托人延迟支付研究开发经费，造成研究开发工作停滞、延误，研究开发方不承担责任。第二，委托人未按照合同约定提供技术资料、原始资料和协作事项或者所提供的技术资料、原始数据和协作事项有重大缺陷，导致研究开发工作停滞、延误、失败的，委托人应当承担责任。委托人逾期一定期间内不提供技术资料、原始数据和协作事项的，研究开发方有权解除合同，并要求委托人赔偿因此所造成的损失。第三，委托人逾期一定期间不接受研究开发成果的，研究开发方有权处分研究开发成果，并从处分所得的收益中扣除约定的报酬、违约金及保管费等费用。

（2）研究开发人违反约定，造成研究开发工作停滞、延误或者失败的，应当承担违约责任。第一，研究开发人未按计划实施研究开发工作的，委托人有权要求其实施研究开发计划并采取补救措施。研究开发人逾期一定期间不实施开发计划的，委托人有权解除合同，并要求开发人返还研究开发经费、赔偿因此造成的损失。第二，研究开发人将研究开发经费用于履行合同以外目的的，委托人有权制止并要求其退还相应的经费用于研究开发工作。因此造成研究开发工作停滞、延误或者失败的，研究开发人应当支付违约金或赔偿损失，经委托人催告后，研究开发逾期一定期间未退还经费于研究开发工作的，委托方有权解除合同。第三，由于研究开发人的过错，造成研究开发成果不符合合同约定条件的，研究开发人应当支付违约金或者赔偿损失，造成研究开发工作失败的，研究开发人应当返还部分或者全部研究开发经费，支付违约金或者赔偿损失。

（二）合作开发合同当事人的义务

（1）合作开发合同各方当事人的主要义务有：①按照约定进行投资，包括以技术进行投资；②分工参与研究开发工作；③合作开发各方应该在约定分工的基础上与其他各方协作配合，共同完成研究开发项目。

（2）合作开发合同各方的违约责任。合作开发合同的当事人违反约定，造成研究开发工作停滞、延误或者失败的，应当承担违约责任。①合作开发各方中，任何一方违反合同，造成研究开发工作停滞、延误或者失败的，应当支付违约金或者赔偿损失。②当事人一方逾期两个月不进行投资或者不履行其他约定的，另一方或者其他各方有权解除合同，违约方应当赔偿因此给他方造成的损失。

三、技术开发合同的特别解除

技术开发合同的解除，应当依据合同的一般规定。除此之外，《民法典》第 857 条还规定了技术开发合同解除的特殊情形："作为技术开发合同标的的技术已经由他人公开，致使技术开发合同的履行没有意义的，当事人可以解除合同。"

这里的"技术已经由他人公开"，通常是指以下三种情况：其一，他人已经开发出此项技术，该技术已经由他人申请专利公开；其二，该技术已由他人研究成功或者从国外引进并可以在技术市场买到；其三，技术开发的标的已由公开发行的技术文献披露，或者在展览会上或者其他方式向社会公开。这些情况都使技术开发合同继续履行没有实质意义，因为当事人可以从公开的渠道获取该技术。这是技术开发过程中的固有风险，属于不可归责于双方当事人的事由。当事人可以解除合同，由此给各方当事人造成的损失，有约定的，依照约定；没有约定的，由当事人协商合理分担。

第三节　技术转让合同

一、技术转让合同的概念和特征

技术转让合同是当事人就技术成果有偿让渡达成一致意见的协议。技术转让合同包括专利权转让合同、专利申请权转让合同、技术秘密转让合同、专利实施许可合同。

《民法典》第 863 条第 3 款规定："技术转让合同和技术许可合同应当采用书面形式。"也就是说，上述四种技术转让合同都应采取书面形式。现行《专利法》第 10 条第 3 款规定："转让专利申请权或者专利权的，当事人应当订立书面合同，并向国务院专利行政部门登记，由国务院专利行政部门予以公告。专利申请权或者专利权的转让自登记之日起生效。"

技术转让合同可以约定让与人和受让人实施专利或者使用技术秘密的范围，但不得限制技术竞争和技术发展。

技术转让合同也是平等主体之间订立的双务有偿合同，除此之外，技术转让合同还有自己独有的特征：

（1）转让的技术必须是一项或几项特定的技术方案，即某一种产品、工艺、材料及其系统或改进的方案。这些技术方案不是抽象的或原理式的，而是具有特定的名称、特定的技术指标、特定的功能、特定的使用或生产方法等具体特征的完整的技术方案。

（2）转让的技术必须是现有的。作为可以转让的技术，必须是合同当事人一方已经掌握的技术方案。一项技术方案如果仅仅是一种设想，不论其在理论上多么完善，所设想的实用价值多大，如果设想者本人尚未掌握，无法运用于生产和科研实践，是无法转让给他人的。正在开发的技术，还未能为人们所掌握，其各种性能和技术指标尚未确定，也不能作为技术转让。

（3）转让的必须是权利化的技术方案。这里的"权利化的技术方案"是指已经通过法律或合同合法地设定了专利权、专利申请权、专利实施权以及技术秘密的使用权、转让权的技术方案。技术的转让，从实质上说，是权利的转让。技术转让合同的标的是具有权属的技术，如专利权、专利申请权、专利实施权、技术秘密的使用权、转让权等。普通技术人员已经掌握的技术、专利期满的技术等属于社会公知的技术，不能成为技术转让的标的。

（4）技术合同的形式和救济特点。技术转让合同应当采用书面形式。技术合同的主要救济方式是支付违约金和赔偿损失。当某些技术达不到工业实施的目的，但是前期投入又无法收入或转化，更无法恢复原状，因而，基于技术转让合同产生纠纷，救济的主要措施是支付违约金或赔偿损失。

二、几种常见的转让（许可）合同

（一）专利权转让合同

专利权转让合同，是指专利权人作为转让人将其发明创造（发明、实用新型和外观设计）专利的所有权转让给受让人，受让人支付约定价款所订立的合同。专利权转让合同生效后，受让人成为新的专利权人，享受实施该项发明创造的排他性权利；原专利权人就失去了专利的所有权。除合同另有约定的以外，转让人自己也不得再实施该项专利技术。

出于国家利益的考虑，中国单位或者个人向外国人转让专利权的，必须经国务院有关主管机关批准。

（二）专利申请权转让合同

专利申请权转让合同，是指转让人将其就特定的发明申请专利的权利转让给受让人，受让人支付约定价款的合同。

出于国家利益的考虑，中国单位或者个人向外国人转让专利申请权的，必须经国务院有关主管部门批准。

（三）专利实施许可合同

（1）专利实施许可合同，又称"专利许可证合同"，是指专利权人或者其授权的人作为转让方许可受让方在约定的范围内实施专利，受让方支付使用费所订立的合同。出让专利使用权并取得使用费的一方称为"许可方"，将取得专利使用权并支付使用费的一方称为"被许可方"。

专利实施许可合同是以转让专利技术的使用权为目的的双务合同，转让方不因其转让专利的使用权而丧失其专利权。

（2）对专利实施许可合同的基本要求如下。①专利实施许可合同只在该专利权的存续期间内有效。发明专利的有效期是 20 年，实用新型和外观设计专利的有效期是 10 年。上述三种专利均自申请之日开始计算。专利权有效期届满或者专利权被宣布无效，专利权人不得就该专利与他人订立专利实施许可合同。②专利实施许可合同的让与人应当按照约定许可受让人实施专利，交付实施专利有关的技术资料，提供必要的技术指导。③专利实施许可合同的受让人应当按照约定实施专利，不得许可约定以外的第三人实施该专利，并按照约定支付使用费。《专利法》第 12 条规定："任何单位或者个人实施他人专利的，应当与专利权人订立书面实施许可合同，向专利权人支付专利使用费。被许可人无权允许合同规定以外的任何单位或者个人实施该专利。"

（四）技术秘密转让合同

技术秘密转让合同，是指转让人将拥有的技术秘密提供给受让人，明确相互之间就技术秘密的使用权、转让权，受让人支付约定使用费所订立的合同。

作为技术秘密转让合同的技术成果，应当实用可靠，并能够在合同约定的领域内应用。

三、技术转让合同当事人的违约责任

让与人未按照约定转让技术的，应当返还部分或者全部使用费，并应当承担违约责任；实施专利或者使用技术秘密超越约定的范围的，违反约定擅自许可第三人实施该项专利或者使用该项技术秘密的，应当停止违约行为，承担违约责任；违反约定的保密义务的，应当承担违约责任。

受让人未按照约定支付使用费的，补交使用费并按照约定支付违约金；不补交使用费或者支付违约金的，应当停止实施专利或者使用技术秘密，交还技术资料，承担违约责任；实施专利或者使用技术秘密超越约定范围的，未经让与人同意擅自许可第三人实施该专利或者使用该技术秘密的，应当停止违约行为，承担违约责任；违反约定的保密义务的，应当承担违约责任。

第十四章
国际科技合作和国际技术贸易法律制度

第一节　国际科技合作法律制度

一、国际科技合作的概念和意义

（一）国际科技合作的概念

人们在不同的意义上使用国际科技合作的概念，其分歧的焦点是国际科技合作是否包括单纯的国际技术贸易。实际上，一个术语的含义取决于历史文化传统、取决于这个术语产生和使用的语境。广义而言，国际技术贸易也属于国际科技合作的一部分。但是，当国际科技合作与国际技术贸易并列使用时，国际科技合作显然不能包括国际技术贸易。我国现行《国家科学技术奖励条例》第 12 条关于中华人民共和国国际科学技术合作奖授予范围的规定，也是取狭义的"国际科技合作"。由此，这里持狭义的见解：国际科技合作是指不同国家的法律主体之间就科学研究和技术开发而进行的合作与交流。

（二）国际科技合作的分类

1. 按照科技输出方向的划分

按照科技输出方向，国际科技合作可分为引进型的国际科技合作和输出型的国际科技合作。所谓引进型的国际科技合作，包括外国人或者外国组织作为输出方同中国的公民或者组织为了中方的利益所进行的合作研究、技术开发；向中国的公民或者组织传授先进科学技术、培养人才；为促进中国与外国的国际科学技术交流与合作等。所谓输出型的国际科技合作，为中国的有关组织和公民作为输出方与其他国家的组织和个人的科学技术合作。

2. 按照国际科技合作内容的划分

按照合作的内容，国际科技合作可划分为科学合作研究、合作技术开发、合作试验、合作召开国际科技会议、合作技术培训等。

3. 按照合作国家的个数和地域范围的划分

按照合作国家的个数和地域范围，可以把国际科技合作划分为双边合作、多边合作、区域合作。如中美、中俄、中荷等双边科技合作协定，就是适应规范双边合作的需要而签订的。《专利合作条约》（1970）是为适应多国之间专利合作而签订的国际条约。欧盟在欧盟层面推行统一知识产权保护制度，加强科技研发的区域合作。

4. 按照促成国际科技合作原动力的划分

按照促成国际科技合作原动力，可以把国际科技合作划分为政府主导搭建国际科技合作平台、金融支持推动的国际科技合作、产业园建设，以及中介推动的模式。❶

政府主导搭建国际科技合作平台，如生态环保的新型产业、生物制药食品安全产业、轨道交通产业，以及其他一些前沿性的科学研究项目，往往需要政府推动才能进行等。

金融支持推动的国际科技合作。国际科技合作需要资金支持。硅谷是美国高科技企业云集之地，它的发展、坐大背后就有金融的大力支持。1983年，硅谷银行成立于美国硅谷，硅谷银行自成立之日起就具有独特的特质——崇尚创新，敢于冒险，这成为支撑硅谷科技合作创新的一股重要力量。硅谷银行主要致力于服务科技型企业，为这些企业的科技创新合作提供资金支持。著名企业如脸书、推特等都得到过硅谷银行的支持。我国发起的亚洲基础设施投资银行（Asian Infrastructure Investment Bank，简称 AIIB，亚投行）是一个政府间性质的亚洲区域多边开发机构，其对推动世界各国科技合作与交流的积极作用已经显现，将来还要发挥更大作用。

产业园模式。产业园区可以邀请有关企业、高校、科研机构等单位来共同建造，还可以在产业园中设立国际科技人才交流培训中心和创新科技孵化基地，以园区建设带动科技合作发展。近年来，国际科技合作活动越来越多地汇集在产业园区中，例如美国的硅谷、印度的班加罗尔、中国的中关村园区正逐渐成为国际科技合作交流的聚集地。

在我国科技发展的历程中，引进、消化、再创新对我国的科技发展起到了极大的作用。而在引进先进技术的过程中，以中介为桥梁和纽带，实现技术的转移和对接，这就是中介推动模式。

---

❶ 黄滟雄. 国际科技合作的主要模式与特点研究［J］. 企业科技与发展，2017（3）：7-9.

（三）国际科技合作的意义

当今世界全球化的背景下，各国之间虽有竞争，但互相学习、互相取长补短的国际科技合作是十分必要的。没有哪一个国家能够孤立于世界之外闭关锁国地生存和发展。伴随经济全球化的不断深入与发展，科学技术的国际化也进入了一个新的发展阶段。跨国界、区域性、全球范围以及涉及全人类共同利益的科学问题正成为各国政府和科学界关注的热点，双边和多边参与的国际大科学研究计划成为科学界和政府普遍采取的一种科学研究组织方式，基于多边合作的大科学工程成为推动科学前沿发展的重要基地，科技创新要素的跨国流动正在加速世界范围的产业转型和高科技产业的发展。国际科技合作成为推进科技发展、培养创新人才、提高科技实力、促进产业升级、转变经济发展方式、改善国际关系的重要手段和支撑。

实践证明，我国的国际技术合作对国有的科学技术能力的提高、国民经济的发展起到了巨大的作用。在新历史条件下科学技术国际化的发展浪潮中，如何顺应国际科技合作的发展趋势，把国际技术合作进行科学合理的规划和指导，是我们目前最大的挑战。

二、科技部国际科技合作专项办公室和国家国际科技合作专项

（一）科技部国际科技合作专项办公室

2001 年科技部设立国际科技合作专项办公室。该办公室受科技部合作司直接领导，负责"国家国际科技合作专项"的过程管理工作。自 2001 年"国家国际科技合作专项"实施以来，专项办承担了大量的日常事务工作，包括承建网络管理系统、受理项目申请、组织项目咨询、组织项目验收、收集项目成果、编纂专项年报、定期印发工作简报等。

专项办按照国家科技计划项目管理有关规定和要求，建立了一套网上项目管理平台"国家国际科技合作专项管理系统"，实行项目管理网络化，并在系统内集成了国际科技合作专项专家库（包含同行评议专家库和国际科技合作管理专家库，涉及 40 个学科 500 个专业方向的 10000 多位专家）、项目库、成果库及管理信息库等，为"国际科技合作专项"提供了丰富的高层次人才储备和强有力的技术支撑。

（二）国家国际科技合作专项

国家国际科技合作专项是中国政府于 2001 年在国家层面设立的，旨在通过统筹、整合中国产学研的科技力量广泛、深入地开展国际科技合作与交流，有效利用全球科技资源，提高科技创新能力，共同推进全人类科技进步的科技计划。

国际科技合作是中国科技工作的重要组成部分。实施国家国际科技合作专项是在开放环境下开展"互利双赢"对外科技合作，解决人类共同面对的能源、资源、环境、健康等领域重大科技问题的有效途径；是推动双边、多边政府间科技合作，服务中国现代化建设和国家外交政策的重要平台；是促进跨部门、跨地区对外科技合作统筹协调，增强科技创新能力，推进国家创新体系建设的重要举措。

国际科技合作专项重点支持符合以下条件的国际科技合作项目：

（1）通过政府间双边和多边科技合作协定或者协议框架确定，并对我国科技、经济、社会发展和总体外交工作有重要支撑作用的政府间科技合作项目；

（2）立足国民经济、社会可持续发展和国家安全的重大需求，符合国家对外科技合作政策目标，着力解决制约我国经济、科技发展的重大科学问题和关键技术问题，具有高层次、高水平、紧迫性特点的国际科技合作项目；

（3）与国外一流科研机构、著名大学、企业开展实质性合作研发，能够吸引海外杰出科技人才或者优秀创新团队来华从事短期或者长期工作，有利于推动我国国际科技合作基地建设，有利于增强自主创新能力，实现"项目—人才—基地"相结合的国际科技合作项目。

多年来，中国的国际科技合作与交流工作坚持"引进来"与"走出去"相结合原则，遵循"互利互惠、合理分享"的国际惯例，紧密围绕国家科技、经济和社会发展需求，积极应对经济全球化带来的各种机遇和挑战，不断提高对外开放的水平，在更大范围、更广领域、更高层次积极参与对外科技合作与交流，使国际科技合作工作取得了明显的进展，有力地促进了国家科技发展总体目标的实现，初步形成了政府引导、民间参与、机构互动、产学研结合的对外合作架构，一个全方位、多层次、宽领域的国际科技合作态势已经呈现。

三、国际科技合作的法律规制

国际科技合作不仅关系到当事人国籍国的经济利益，还关系到当事人国籍国的国防、主权等安全利益，因此，必须受到有关法律规范的制约。这些法律规范构成了国际科技合作的法律依据。

（一）关于国际科技合作的国际法规范

规制国际科技合作的国际法包括有关的国际条约和国际惯例。

（1）国际条约是国际法最重要的渊源，是国际法主体间缔结的相互权利义务关系的书面协议，这方面的国际条约主要有《保护工业产权巴黎公约》（1967）、《专利合作条约》（1970）、《与贸易有关的知识产权协定》（TRIPS协议，1994）等多边条约，以及有关的双边条约和协定，如《中华人民共和国政府和美利坚合众国政府科学技术合作协定》（1979年初次签订，后于1984年又修改签订）、《中华人民共和国政府和俄罗斯联邦政府关于农工综合体经济与科技合作协定》（1994年签订）、《中华人民共和国政府和立陶宛共和国政府科学技术合作协定》（1992年签订）、《中华人民共和国政府与新西兰政府科学技术合作协定》（2003年签订）等。这些国际条约"直接纳入"，或者通过"转化"，对我国的国际科技合作产生法律约束力。

（2）国际惯例是在国家交往中逐渐形成的一些习惯做法和先例，是国际法的渊源之一。由于科技的日益重要性，国际条约越来越多，内容也愈具体，而国际惯例对国际科学技术合作的调节作用越来越小。

需要明确的是，调整国际科技合作关系的国际条约，要想对一个公民和组织有拘束力，在我国一般要通过转化。不过，我国的立法和司法实践也存在着直接使用的情况。所以，如双边协定，或者清晰地规定了合作方的权利与义务的国际条约，具有可执行性，在司法实践中可以直接作为执行、司法适用的规范依据。

（二）有关的国内法规范和其他规范性文件

首先，根据前述第一章科技法的渊源部分所述，国内科技法渊源中涉及国际科技合作的，当然是法律依据。

其次，除了法律规范之外，国务院及其下属科技部发布的许多规范性文件也调整我国的国际科技合作事宜。如《科技部关于2019年度中国政府友谊奖申报工作的通知》（2019年）、《科技部办公厅关于申报2019年度高端外国专家引进计划的通知》（2019年）、《科技部国际合作司关于申报2019年度中日青少年科技交流计划基层对口项目的通知》（2019年）、《科技部关于发布国家重点研发计划"战略性国际科技创新合作"重点专项2018年度联合研发与示范项目申报指南的通知》（2018年）、《国务院关于印发积极牵头组织国际大科学计划和大科学工程方案的通知》（2018年）、《科技部关于印发《"十

三五"国际科技创新合作专项规划》的通知》（2017 年）、《科技部关于印发
《国家国际科技合作基地评估办法（试行）》的通知》（2014 年）、《国家国际
科技合作专项管理办法》（2011 年）、《国家国际科技合作基地管理办法》
（2011 年）、《国际科技合作与交流专项经费管理办法》（2007 年）等。

四、国际科技合作主要法律制度

由于科学技术对现代国家和民族的经济、政治、外交、国防、教育、文
化等各方面具有重要作用，主权国家对科技输入输出越来越加强引导、管制
和监督，所以国际科技合作须臾也离不开法律予以规范；而且，相比于单纯
的国际经济合作，国际科技合作受国家管制的深度更深，面向也更广。

根据我国现行法律，国际科技合作的主要法律制度有国际科技合作的合
同制度、国际科技合作的成果分享制度、国际科技合作的审批（许可）制度、
国际科技合作的保密制度、国际科技合作的援助制度、国际科技合作的奖励
制度等方面。这些制度在本书有关章节或者其他法学课程中已经有所涉及，
为了避免重复这里不再赘述。

第二节　国际技术贸易法律制度

一、国际技术贸易的概念和主要方式

（一）国际技术贸易的概念

国际技术贸易，也称国际技术转让，是指跨越国境的技术转让。"跨越国
境"是指转让技术作跨越国境的移动，而不是单纯看技术转让方和受让方的
国籍是否为不同国家。尽管双方为不同国家的当事人，但如果其营业地在同
一国家境内，其技术转让并没有跨越国境，因而不构成国际技术转让。

（二）国际技术贸易的主要方式

鉴于技术的无形和可反复使用的特点，实践中，国际技术贸易中转让技
术所有权的情况不多。因为转让技术的所有权对技术转让方日后利用转让出
的技术很不方便，需要征得受让方许可。同时，受让技术所有权的一方虽然
支付了转让费，但技术转让人实际仍掌握该转让技术，因技术是装在持有人
的头脑之中的，购买技术的一方得到的只是图纸资料，所以，对技术受让方

来讲，受让技术使用权即可达到其经济目的，同时还比受让技术所有权支付较少的转让费。所以，绝大多数技术转让只是转让技术使用权，而不是所有权。

归纳起来，国际技术贸易经常采用的方式主要有许可证贸易、国际技术咨询服务、国际合作生产、国际工程承包、国际补偿贸易等。

这里的许可证贸易是指技术的许可方将其技术使用权在一定条件下让渡给被许可方，而由被许可方支付使用费的技术贸易形式。

这里的国际技术咨询服务是指一方当事人用自己的技术和劳务，跨越国界地为另一方当事人完成一定的工作任务，或者跨越国界地派遣专家或以书面方式向另一方当事人提供咨询意见，并收取报酬；另一方当事人接受工作成果或者取得咨询意见并付给报酬的技术贸易形式。

这里的国际合作生产是狭义的，特指两个或两个以上的当事人在制造某一项产品或完成某工程项目的过程中，各自承担生产的某些部分、工程项目的部分内容来共同完成全部项目的一种合作方式，其中合作的内容涉及技术的跨国境转移。

一般意义上，国际工程承包作为一项综合性的国际经济合作方式，是指从事国际工程承包的公司或联合体通过招标与投标的方式，与业主签订承包合同，取得某项工程的实施权利，并按合同规定，完成整个工程项目的合作方式。这里是特指包含了技术的跨国境转移的国际工程承包形式。

这里的国际补偿贸易，是指交易的一方提供设备、技术，另一方不支付现汇，而是以该设备、技术生产出来的产品或收益去偿还设备、技术的价款，而不同于传统的易货贸易的国际技术贸易形式。

其中，许可证协议是应用最广泛的国际技术贸易方式，故只对这种方式详加阐述。

二、国际许可证协议

（一）国际许可证协议的特征与种类

许可证协议是指出让方将其技术使用权在一定条件下让渡给受让方，而由受让方支付使用费的合同。国际许可证协议即指位于不同国家境内的当事人之间以让渡技术使用权为目的签订的合同。

1. 国际许可证协议的特征

国际许可证协议主要有如下特征：①许可证协议的主体即出让方和受让

方分处不同国家。他们可以是自然人，也可以是法人，但法人是常见主体。②许可证协议的客体是知识产权的使用权，并且作跨越国境的移动，即从一个国家转移到另一个国家。③许可证协议具有较强的时间性和地域性。许可证协议转让的是知识产权等无形财产权，由于知识产权具有时间性和地域性，使得许可证协议也具有这两种特性。④许可证协议不仅时间性较强，而且内容复杂。很多属于混合性协议，或以一种标的为主兼有其他标的转让，或和机器设备的买卖、工程承包、合资经营、补偿贸易、合作生产、咨询服务等方式结合在一起。⑤许可证协议是有偿合同。政府与政府之间，或者企业与企业之间出于某种特定目的，将其知识产权等无形财产的使用权无偿让渡所签订的协议，不属于国际许可证协议的范围。

2. 国际许可证协议的分类

在许可证贸易中，依许可标的及范围的不同可将许可证协议进行不同的分类。

根据许可证协议的标的可分为：①专利许可证协议；②商标许可证协议；③版权许可证协议；④专有技术许可证协议；⑤混合许可证协议。即同时转让专利、商标、版权和专有技术中的任何两种技术使用权。其中，最常见的是专利和专有技术混合许可证协议。

根据许可证协议许可使用地域范围以及使用权范围的大小，可将其分为独占许可证协议、排他许可证协议、普通许可证协议、交叉许可证协议和分许可证协议。一般而言，独占许可证协议中的技术使用费最高，普通许可证协议中的技术使用费最低。

（二）许可证协议的基本内容

许可证协议的内容，就是指出让方和受让方达成的规范双方权利与义务的合同条款。在许可证贸易中，许可证协议的内容是双方履行合同以及解决合同纠纷的依据。

通常情况下，许可证协议的基本条款有如下几项：①合同名称；②许可使用标的的内容；③许可使用标的技术达标考核检验的标准、期限、措施及风险责任的承担；④保密义务；⑤改进技术的归属和分享；⑥使用费及其支付方式；⑦违约责任及赔偿；⑧争议解决方式；⑨名词术语的解释。

由于各种不同标的许可证协议有其不同特性，使得不同标的许可证协议又有各自特殊的条款。

1. 专利许可证协议

专利许可证协议以转让专利使用权为目的，其内容分为合同正文和附件两部分。合同正文是有关权利义务的记载，是合同的核心。附件补充合同本文，是合同的一部分。

合同本文中的正文部分是许可证协议核心的核心，详细记载了出让方和受让方权利与义务，是履行协议以及解决争议的依据。专利许可证协议正文有如下主要条款：

（1）关键词语定义条款。该条款旨在避免双方当事人由于处在不同国家而可能导致对相同法律或技术用语的不同理解。通常需要定义的关键词语包括"专利技术""出让方""受让方""合同产品""合同工厂""净销售价""专利资料""合同生效日"等。如关键词语过多，可专列一个附件加以具体解释以简化合同正文。

（2）合同标的或范围条款。该条款也可称为"授权条款"，主要载明出让方许可受让方使用的对象和提供技术的途径，出让方授予受让方的权利范围期限和合同区域等。此条款是出让方和受让方履行协议的基本依据。

（3）合同价格和支付方式。合同价格条款即使用费条款。在专利许可证协议实务中，使用费的计算方法通常有以下 3 种。①一次总算价格，也称"固定价格"。即在合同中一次算清一个明确的使用费数额，并在合同中固定下来，可由受让人一次付清或分若干期付清。②提成价格，也称"滑动价格"。即在合同中规定，在项目建成投产后，按合同产品的产量、净销售额或利润提取一定百分比的费用作为使用费。③一次总算价格与提成价格相结合，也称"固定价格与滑动价格相结合"。即在合同中规定，在合同生效后立即支付固定价格部分（也称为"入门费"或"实付费"），在项目投产后一定期限内支付提成费。此种计算方法有时也称为"入门费加提成费"。入门费通常占总价的 10% 至 20%，提成费占总价的 80% 至 90%。此种计价方式综合了一次总算价格和提成价格的优势，风险由双方分担，比较合理，因而成为专利许可证贸易中常用的计价方式。我国在技术贸易中也多采用此方式。

专利使用费的支付方式也是合同的重要内容之一。它包括货币种类、汇款方式、付款单据、结算银行、支付时间等。

在专利许可证贸易中，值得特别注意的有以下几个问题。第一，共有专利的转让。大多数国家规定，共有人之中任何一方只有权转让共有份额中属于自己的那部分份额，而无权单独将整个专利权转让与他人，否则转让合同无效。第二，专利申请未被批准、专利权被判无效或未到期而失效。在许多专利许可证协议中，出让方向受让方转让的并不是得到正式批准的专利技术，而是正在申请中的技术。如果申请的一部分被批准为专利而另一部分未被批准，则受让方只有义务支付被授予专利部分的使用费。如果申请的全部未获批准，由于其已经由专利局公布，失去保密性，受让方也无义务支付专利使用费。专利被判无效，受让人有权停止支付使用费，同时还有权在某种情况下追回已交付的使用费。如果专利中途失效，则从失效之日起，受让人有权停止支付使用费。第三，产品责任问题。当受让方使用进出口技术生产的产品造成消费者人身伤害或经济损失时，由谁负责往往是扯皮之事。合同对此应作出明确规定。大多数协议都规定：产品责任由受让方承担。但是，如果受让方按出让方提供的技术资料正确操作，制造的产品又完全达到了出让方的技术指标，则由出让方承担产品责任。第四，合同中止问题。中止履行合同是守约一方当事人的一项重要补救措施。在发生中止履行合同情况时，出让方和受让方应对善后问题的处理作出明确规定或在协议中事先规定。如使用费的支付问题、技术资料是否归还问题、专利技术的使用问题、已生产产品的销售问题、已建成生产线的处理问题等。

2. 专有技术许可证协议

专有技术许可证协议以转让专有技术使用权为目的。由于专有技术的某些特性，使得专有技术的经济价值往往比专利要高，因而专有技术使用权的转让也日益重要。在目前的许可证贸易实践中，单纯的专利许可证协议越来越少，更多的是专利许可证协议与专有技术许可证协议相结合的混合协议。

（1）定义条款。该条款多对"受让方""出让方""合同产品""技术资料""合同工厂""净销售价""技术服务""商业性生产"等容易引起不同理解的关键词语进行解释。

（2）合同范围条款。该条款也称授权条款。主要规定受让方从出让方取得合同产品的专有技术的范围、权利性质（即独占或非独占）、使用领域等。有时该条款还规定出让方的部分义务，如提供合同产品有关的专有技术和技术资料、讲解技术资料并进行技术指导和服务、接受受让方人员进行技术培训、以最优惠价格向受让方提供合同产品所需机械零件等。

（3）合同价格和支付方式条款。该条款也称专有技术使用费条款。专有技术使用费同专利技术使用费一样也是许可证协议的首要问题。确定专有技术使用费时通常考虑使用权范围（即专有技术受让人通过获得技术秘密得到的垄断地位）、销售因素、制造因素、市场情况、技术地位、市场状况（即顾客服务、公开性、销售组织等情况）、受让方情况（包括对受让方好处、受让方经营状况、使用者财力等）等因素。

专有技术使用费的计算也分为三种，即固定价格、提成价格和固定价与提成价相结合的价格。固定价格在合同中明确写清，有时还详列各分项价格。

（4）保密条款。专有技术之所以具有经济价值，其根本原因在于其不公开性，因此，专有技术受让人承担保守专有技术秘密的责任是签订协议的前提或先决条件，即使合同中没有明确规定也应承担相应责任。但是为引起受让人对保密责任的重视，大多数专有技术许可证协议仍专门规定保密条款。可以说保密责任是专有技术受让人区别于其他技术受让人的最大特征。

我国法律规定，对出让方提供或者传授的专有技术和有关技术资料，受让方应当按照合同约定的范围和期限承担保密义务。保密期限一般不得超过合同有效期限；因特殊情况需要超过合同有效期，应当在合同中订明，并在申请办理审批手续时申明理由。在受让方承担保密义务期限内，由于非受让方原因技术被公开，受让方承担的保密义务即行终止。合同规定出让方在合同有效期内向受让方提供其发展和改进技术的，受让方可以在合同期满后继续承担保密义务，保密期限自出让方提供该项技术之日起计算，但该期限不得超过原合同规定的期限。

此外，在协议达成前的谈判阶段，保密义务也至关重要。所以谈判前，出让方往往要求与受让方签订初期保密协议。

（5）保证、侵权、索赔条款。保证条款同样包括权利保证和技术资料保证两方面内容。即出让方应保证它是提供的专有技术和技术资料的合法所有者并有权转让，保证提供技术资料的完整性和准确性。当出让方违反保证或其他合同义务时应承担相应违约责任，并支付罚款。

大多数专有技术许可证协议还规定，在协议终止后，受让方仍有权使用出让方提供的专有技术，仍有权设计、制造、使用、销售和出口合同产品，而不构成侵权。这一规定旨在使受让人不致在合同期满后突然失去在其原来领域中继续生产的机会。目前，有些国家对上述规定的合法性的认定持不同意见，因此出让方和受让方最好在协议中对合同期满后的各种事宜的处理作出明确规定。

三、我国《技术进出口管理条例》的主要内容

为了加强对技术的进出口管理，国家在不同时期针对不同的技术和领域先后颁布了许多规范性的文件。如 1985 年 5 月 24 日国务院发布的《中华人民共和国技术引进合同管理条例》和 1987 年 12 月 30 日国务院批准、1988 年 1 月 20 日对外经济贸易部发布的《中华人民共和国技术引进合同管理条例施行细则》。

21 世纪之初，国务院于 2001 年 12 月 10 日颁布了《中华人民共和国技术进出口管理条例》（简称《技术进出口管理条例》），并于 2002 年 1 月 1 日起施行。上述《技术引进合同管理条例》和《技术引进合同管理条例施行细则》同时废止。

《技术进出口管理条例》生效后又于 2011 年 1 月 8 日被《国务院关于废止和修改部分行政法规的决定》作了修订。现对修订后的《技术进出口管理条例》主要内容作扼要介绍。

（一）对技术进出口的界定

技术进出口，是指从中华人民共和国境外向中华人民共和国境内，或者从中华人民共和国境内向中华人民共和国境外，通过贸易、投资或者经济技术合作的方式转移技术的行为。具体包括专利权转让、专利申请权转让、专利实施许可、技术秘密转让、技术服务和其他方式的技术转移。

（二）技术进出口管理的原则

（1）国家统一管理原则。国家对技术进出口实行统一的管理制度，依法维护公平、自由的技术进出口秩序。

（2）技术进出口要符合国家政策原则。技术进出口应当符合国家的产业政策、科技政策和社会发展政策，有利于促进我国科技进步和对外经济技术合作的发展，有利于维护我国经济技术权益。

（3）技术进出口自由为主，例外管制原则。国家准许技术的自由进出口，但是，法律、行政法规另有规定的除外。行政法对于进出口技术的限制包括禁止进出口和限制进出口。禁止进出口的技术不得进出口，限制进出口的技术实行许可证制度。

具体的禁止和限制的有关货物、技术可查阅《中华人民共和国对外贸易法》《禁止进口限制进口技术管理办法》（商务部令 2009 年第 1 号令）和《禁止出口限制出口技术管理办法》（商务部令 2009 年第 2 号令）等法律法规。

（三）技术进口合同中不得含有的限制性条款

技术进口合同中不得含有下列限制性条款：

（1）要求受让人接受并非技术进口必不可少的附带条件，包括购买非必需的技术、原材料、产品、设备或者服务；

（2）要求受让人为专利权有效期限届满或者专利权被宣布无效的技术支付使用费或者承担相关义务；

（3）限制受让人改进让与人提供的技术或者限制受让人使用所改进的技术；

（4）限制受让人从其他来源获得与让与人提供的技术类似的技术或者与其竞争的技术；

（5）不合理地限制受让人购买原材料、零部件、产品或者设备的渠道或者来源；

（6）不合理地限制受让人产品的生产数量、品种或者销售价格；

（7）不合理地限制受让人利用进口的技术生产产品的出口渠道。

（四）技术进口合同的登记管理

《技术进出口管理条例》第17条规定："对属于自由进口的技术，实行合同登记管理。进口属于自由进口的技术，合同自依法成立时生效，不以登记为合同生效的条件。"第39条规定："对属于自由出口的技术，实行合同登记管理。出口属于自由出口的技术，合同自依法成立时生效，不以登记为合同生效的条件。"

为了落实上述规定，商务部2009年2月公布了新的《技术进出口合同登记管理办法》（商务部令2009年第2号令），对登记机构、登记事项、登记程序，以及变更登记、中止、解除备案等作了详细规定。

第十五章
提高国民科学素质与科普法律制度

第一节　提高国民科学素质制度

一、国民科学素质的含义和重要性

国民科学素质是公民素质的重要组成部分，我国一直重视国民科学素质的提高。现行《宪法》第 14 条第 1 款规定："国家通过提高劳动者的积极性和技术水平，推广先进的科学技术，完善经济管理体制和企业经营管理制度，实行各种形式的社会主义责任制，改进劳动组织，以不断提高劳动生产率和经济效益，发展社会生产力。"其第 20 条规定："国家发展自然科学和社会科学事业，普及科学和技术知识，奖励科学研究成果和技术发明创造。"其第 47 条规定："中华人民共和国公民有进行科学研究、文学艺术创作和其他文化活动的自由。国家对于从事教育、科学、技术、文学、艺术和其他文化事业的公民的有益于人民的创造性工作，给以鼓励和帮助。"《科学技术进步法》第 5 条规定："国家发展科学技术普及事业，普及科学技术知识，提高全体公民的科学文化素质。国家鼓励机关、企业事业组织、社会团体和公民参与和支持科学技术进步活动。"以上规定是普及科学知识、提高国民科技素质的基本法律规范。

进入 21 世纪以来，为适应我国科学技术飞速发展和科技法治日益完善的新要求，提高国民科学素质显得更加迫切，更需要将开展普及科学知识、提高国民素质工作纳入法治的轨道。根据党的十六大及十六届三中、四中、五中全会精神，依照《中华人民共和国科学技术普及法》和《国家中长期科学和技术发展规划纲要（2006—2020 年）》（国发〔2005〕44 号），国务院制定并实施《全民科学素质行动计划纲要（2006—2010—2020）》（简称《科学素质纲要》）。为落实创新驱动发展战略，适应新的形势需要，国务院办公厅 2016 年 3 月印发了《全民科学素质行动计划纲要实施方案（2016—2020 年）》（简称《纲要实施方案》），对"十三五"期间中国公民科学素质实现跨越提升作出总体部署。

根据上述纲要和《纲要实施方案》，国民基本科学素质是指国民了解必要的科学技术知识，掌握基本的科学方法，树立科学思想，崇尚科学精神，并具有一定的应用它们处理实际问题、参与公共事务的能力。国民基本科技素质包括三方面的内容：科学技术知识、科学方法和科技对社会及个人的重要价值。

提高公民科学素质，对于增强公民获取和运用科技知识的能力、改善生活质量、实现全面发展，对于提高国家自主创新能力，建设创新型国家，实现经济社会全面协调可持续发展，构建社会主义和谐社会，都具有十分重要的意义。

二、实施全民科学素质行动计划的方针、目标和途径

（一）方针

自 2006 年至 2020 年，实施全民科学素质行动计划的方针是"政府推动，全民参与，提升素质，促进和谐"。所谓政府推动，即各级政府将公民科学素质建设作为全面建设小康社会的重要工作，加强领导。各级政府将《科学素质纲要》纳入有关规划计划，制定政策法规，加大公共投入，推动《科学素质纲要》的实施。社会各界各负其责，加强协作。所谓全民参与，即公民是科学素质建设的参与主体和受益者，要充分调动全体公民参与实施《科学素质纲要》的积极性和主动性，在全社会形成崇尚科学、鼓励创新、尊重知识、尊重人才的良好风尚。所谓提升素质即提高公民科学素质是《科学素质纲要》的出发点和落脚点。通过实施《科学素质纲要》，推动形成全民学习、终身学习的学习型社会，促进人的全面发展。所谓促进和谐，即认真落实科学发展观，以人为本，实现科学技术教育、传播与普及等公共服务的公平普惠，促进社会主义物质文明、政治文明、精神文明建设与和谐社会建设全面发展。

（二）目标、措施和途径

《纲要实施方案》提出，到 2020 年我国全民科学素质工作的目标是：科技教育、传播与普及长足发展，建成适应创新型国家建设需求的现代公民科学素质组织实施、基础设施、条件保障、监测评估等体系，公民科学素质建设的公共服务能力显著增强，公民具备科学素质的比例由 2015 年的 6.20% 提升到 10% 以上。

《纲要实施方案》强调，要促进创新、协调、绿色、开放、共享的发展理念深入人心，大力宣传普及高新技术、绿色发展、健康生活等知识和观念，以青少年、农民、城镇劳动者、领导干部和公务员为重点，深入实施科技教育与培训、社区科普益民、科普信息化、科普基础设施、科普产业助力和科普人才建设等重大工程，大幅提升公民科学素质建设的公共服务能力，不断完善公民科学素质建设的共建、社会动员、监测评估等机制，建立科研与科普相结合的长效机制，确保我国公民提高科学素质的机会与途径显著增多。提高全民科学素质有如下途径：①科技教育计划。如普及中小学教育，有的国家普及幼儿教育等。②科技场馆，如科技馆、少年宫、博物馆、图书馆、档案馆，以及各种公共的科技知识宣传栏、橱窗等展示、宣讲科学技术知识。③大众传媒和数据库，如电视、广播、报纸、杂志、图书、网络、数据库等供大众获取科学知识。④国际合作。在新时代，各民族互相学习、各国互相借鉴成为必要。国际科学技术交流是提高国民素质的一个重要渠道。

三、经费投入和队伍建设

（一）采取多种措施，加大政府和社会投入，形成多渠道投入机制，为《科学素质纲要》的实施提供资金保障

1. 加大财政保障力度

切实执行《教育法》和《科学技术普及法》的有关规定，各级政府根据财力情况和公民科学素质建设发展的实际需要，逐步提高教育、科普经费的增长速度，并将科普经费列入同级财政预算，保障《科学素质纲要》顺利实施。中央财政根据财力状况，逐步加大对地方的转移支付力度。各级政府要从中央财政的财力性转移支付资金中安排一定的经费用于公民科学素质建设。

2. 落实各相关部门实施经费

各有关党政部门、事业单位和人民团体根据承担的《科学素质纲要》实施任务，按照国家预算管理的规定和现行资金渠道，统筹考虑和落实所需经费。

3. 鼓励捐赠，广辟社会资金投入渠道

进一步完善捐赠公益性科普事业个人所得税减免政策和相关实施办法，广泛吸纳境内外机构、个人的资金支持公民科学素质建设。

（二）队伍建设

培养专业化人才，发掘兼职人才，建立志愿者队伍，加强理论研究，为公民科学素质建设提供人才保障和智力支撑。

开展多种形式的培训和进修活动，加强业务学习，全面提升在职科学技术教育、传播与普及人员的科学素质和业务水平。

通过高等院校和有关研究机构培养大批科学技术传播与普及专门人才；改革专业课程内容，为不同类型科普场馆培养适应性广泛的专业人才。

建立有效机制和相应激励措施，充分调动在职科技工作者、大学生、研究生和离退休科技、教育、传媒工作者等各界人士参加公民科学素质建设的积极性，发挥他们的专业和技术特长，形成一支规模宏大、素质较高的兼职人才队伍和志愿者队伍。对在公民科学素质建设中做出重要贡献的个人和组织予以表彰和奖励。

增强科技界的责任感，支持科技专家主动参与科学教育、传播与普及，促进科学前沿知识的传播。

开展公民科学素质建设理论研究，加强国内外学术交流，把握基本规律和国际发展趋势，为公民科学素质建设的实践提供指导。

第二节　科技普及法律制度

根据宪法和《科学技术进步法》的有关规定，为提高国民科学素质，2002 年九届人大常委会第二十八次会议通过了《中华人民共和国科学技术普及法》，系统规定了我国的科技普及法律制度。

一、《科学技术普及法》立法宗旨、适用范围和科普方式

为了实施科教兴国战略和可持续发展战略，加强科学技术普及工作，提高公民的科学文化素质，推动经济发展和社会进步，是本法的立法宗旨。

《科学技术普及法》第 2 条规定："本法适用于国家和社会普及科学技术知识、倡导科学方法、传播科学思想、弘扬科学精神的活动。开展科学技术普及（以下称科普），应当采取公众易于理解、接受、参与的方式。"据此，科普的内容既包括自然科学知识，也包括社会科学知识，还包括科学方法、科学思想、科学精神的传播、弘扬和普及。开展科普的方式，应当采取公众易于理解、接受、参与的方式。科普工作应当坚持群众性、社会性和经常性，结合实际，因地制宜，采取多种形式。

二、科普工作的性质

《科学技术普及法》规定，科普是公益事业，是社会主义物质文明和精神

文明建设的重要内容。发展科普事业是国家的长期任务。国家扶持少数民族地区、边远贫困地区的科普工作。国家保护科普组织和科普工作者的合法权益，鼓励科普组织和科普工作者自主开展科普活动，依法兴办科普事业。

当然，在肯定科普工作公益性的同时，并不排斥依靠社会力量推动科技进步事业。所以，《科学技术普及法》第6条规定："国家支持社会力量兴办科普事业。社会力量兴办科普事业可以按照市场机制运行。"

三、科普工作的组织实施和管理

（一）政府主导

《科普法》规定，各级人民政府领导科普工作，应将科普工作纳入国民经济和社会发展计划，为开展科普工作创造良好的环境和条件。县级以上人民政府应当建立科普工作协调制度。国务院科学技术行政部门负责制定全国科普工作规划，实行政策引导，进行督促检查，推动科普工作发展。国务院其他行政部门按照各自的职责范围，负责有关的科普工作。县级以上地方人民政府科学技术行政部门及其他行政部门在同级人民政府领导下按照各自的职责范围，负责本地区有关的科普工作。

（二）科学技术协会是主要力量

科学技术协会是科普工作的主要社会力量。科学技术协会组织开展群众性、社会性、经常性的科普活动，支持有关社会组织和企业事业单位开展科普活动，协助政府制定科普工作规划，为政府科普工作决策提供建议。

（三）科普工作的全社会参与

根据《科学技术普及法》规定，科普是全社会的共同任务。社会各界都应当组织参加各类科普活动。国家机关、武装力量、社会团体、企业事业单位、农村基层组织及其他组织应当开展科普工作。公民有参与科普活动的权利。国家支持社会力量兴办科普事业。

《科学技术普及法》具体规定了各类学校及其他教育机构、科技馆（站）、科技活动中心和其他科普教育基地，科学研究和技术开发机构，高等院校，自然科学和社会科学类社会团体，科学技术工作者和教师，新闻出版、广播影视、文化等机构和团体，综合类报纸、期刊、广播电台、电视台，影视生产、发行和放映机构，书刊出版、发行机构，科技馆（站）、图书馆、博物馆、文化馆等文化场所，医疗卫生、计划生育、环境保护、国土资源、体育、气象、地震、文物、旅游等国家机关、事业单位，工会、共产主义青年团、妇女联合会等社会团体，企业、农村基层组织、各类农村经济组织、农业技术推广机构和农村专业技术协会，城镇基层组织及社区、公园、商场、机场、车站、码头等各类公共场所的经营管理单位等各类社会主体的科普责任和义务。

四、科普工作的保障措施

（一）财政、税收、融资等措施保障

《科学技术普及法》规定了开展科学知识普及工作的财政、税收、融资方面的倾斜、优惠政策，规定了硬件设施建设的政府保障，规定了保障少数民族地区、边远地区科普工作平衡发展政策要求。例如，《科学技术普及法》第23条规定："各级人民政府应当将科普经费列入同级财政预算，逐步提高科普投入水平，保障科普工作顺利开展。各级人民政府有关部门应当安排一定的经费用于科普工作。"其第25条规定："国家支持科普工作，依法对科普事业实行税收优惠。科普组织开展科普活动、兴办科普事业，可以依法获得资助和捐赠。"其第24条规定："省、自治区、直辖市人民政府和其他有条件的地方人民政府，应当将科普场馆、设施建设纳入城乡建设规划和基本建设计划；对现有科普场馆、设施应当加强利用、维修和改造。以政府财政投资建设的科普场馆，应当配备必要的专职人员，常年向公众开放，对青少年实行优惠，并不得擅自改作他用；经费困难的，同级财政应当予以补贴，使其正常运行。尚无条件建立科普场馆的地方，可以利用现有的科技、教育、文化等设施开展科普活动，并设立科普画廊、橱窗等。"其第4条第2款规定："国家扶持少数民族地区、边远贫困地区的科普工作。"

（二）肯定性法律后果的鼓励和否定性法律责任的责罚

《科学技术普及法》设立相应的奖惩制度，通过鼓励、引导和督责、惩罚措施，保障科普工作的顺利有效开展。如，其第29条规定，各级人民政府、科学技术协会和有关单位都应当支持科普工作者开展科普工作，对在科普工作中做出重要贡献的组织和个人，予以表彰和奖励。再如，该法以第30条、第31条、第32条、第33条专条设置了相应的民事责任、行政法律责任和刑事责任。如其第30条规定："以科普为名进行有损社会公共利益的活动，扰

乱社会秩序或者骗取财物，由有关主管部门给予批评教育，并予以制止；违反治安管理规定的，由公安机关依法给予治安管理处罚；构成犯罪的，依法追究刑事责任。"其第 31 条规定："违反本法规定，克扣、截留、挪用科普财政经费或者贪污、挪用捐赠款物的，由有关主管部门责令限期归还；对负有责任的主管人员和其他直接责任人员依法给予行政处分；构成犯罪的，依法追究刑事责任。"其第 32 条规定："擅自将政府财政投资建设的科普场馆改为他用的，由有关主管部门责令限期改正；情节严重的，对负有责任的主管人员和其他直接责任人员依法给予行政处分。扰乱科普场馆秩序或者毁损科普场馆、设施的，依法责令其停止侵害、恢复原状或者赔偿损失；构成犯罪的，依法追究刑事责任。"其第 33 条规定："国家工作人员在科普工作中滥用职权、玩忽职守、徇私舞弊的，依法给予行政处分；构成犯罪的，依法追究刑事责任。"

第十六章
科研伦理与学术不端行为

科研伦理与学术不端行为，是一个问题的两个方面。科研伦理，是道德规范的正面要求。学术不端行为是指科研工作者没有遵守科研伦理规范而具有的外在行为表现。强调伦理规范的本体价值，有助于建设长远的、健康的学术生态环境；把违背科研伦理的行为类型化为科研不端行为，凸显这些常见的背德行为，对违反科研伦理的行为加以治理能起到警示作用。将"标本兼治：急则治标，缓则治本"的辨证施治方针用于治理学术不端乱象，同样是适用的。

第一节　科研伦理

这里的科研伦理是广义的，即科技、学术伦理道德❶，是指科技工作者、教师、学生等科研、学术主体从事科研、学术活动过程中应该遵守的伦理道德规范。一方面，法律是道德底线，法律往往把重要的道德规范加以法定化。所以，违反科技法的违法犯罪行为一定是严重违反科研伦理道德规范的行为。另一方面，科研伦理规范还存在于其他规范性文件之中。也就是说，科研伦理道德规范存在于科技法律与其他科研规范性文件中。

一、规范性文件对科研伦理的规定

（一）宪法和科技基本法的规定情况

国家在根本法和科技基本法层面对科研伦理的核心内容作了规定。

---

❶　严格意义上，道德与伦理是两个不同的概念："道德"指行为应该如何的规范和规范在人们身上形成的心理自我——品德；"伦理"指行为事实如何的规律和行为应该如何的规范。即道德侧重于内心信念，伦理侧重于外在行为。不过，正是由于道德信念决定伦理行为，伦理行为是道德信念的外化，有什么样的道德信念，就要求什么样的伦理行为，所以，伦理与道德密不可分。再者，一些文献中也采用科技伦理、学术伦理的提法。在本书中，这几个术语的含义是相同的。

（1）《宪法》宣誓了"坚持真理"的积极作用，并把爱科学和反对腐朽思想作为五大社会主义公德的重要内容。《宪法》序言中开宗明义地宣告："中国新民主主义革命的胜利和社会主义事业的成就，是中国共产党领导中国各族人民，在马克思列宁主义、毛泽东思想的指引下，坚持真理，修正错误，战胜许多艰难险阻而取得的。"《宪法》其第 20 条规定，国家发展自然科学和社会科学事业，普及科学和技术知识，奖励科学研究成果和技术发明创造。其第 24 条第 2 款规定，国家提倡爱祖国、爱人民、爱劳动、爱科学、爱社会主义的公德，……反对资本主义的、封建主义的和其他的腐朽思想。

（2）《科学技术进步法》明确了国家对科技研发、科技创新的鼓励支持立场，要求科技工作者和科技组织都应该践行科学精神，强调了"诚实守信"在科研伦理中的关键地位；同时，从禁止的角度明确规定"不得弄虚作假，不得参加、支持迷信活动"的科技伦理规范。该法第 3 条规定："国家保障科学技术研究开发的自由，鼓励科学探索和技术创新，保护科学技术人员的合法权益。全社会都应当尊重劳动、尊重知识、尊重人才、尊重创造。学校及其他教育机构应当坚持理论联系实际，注重培养受教育者的独立思考能力、实践能力、创新能力，以及追求真理、崇尚创新、实事求是的科学精神。"其第 44 条规定："科学技术研究开发机构应当按照章程的规定开展科学技术研究开发活动；不得在科学技术活动中弄虚作假，不得参加、支持迷信活动。"其第 55 条规定："科学技术人员应当弘扬科学精神，遵守学术规范，恪守职业道德，诚实守信；不得在科学技术活动中弄虚作假，不得参加、支持迷信活动。"

（二）单行科技法对科研伦理和严重违背科研伦理的违法行为的规定

《促进科技成果转化法》第 3 条第 2 款规定，科技成果转化活动应当尊重市场规律，发挥企业的主体作用，遵循自愿、互利、公平、诚实信用的原则，依照法律法规规定和合同约定，享有权益，承担风险。该条再次突出地强调了"诚实信用"原则内容。

《著作权法》《专利法》《商标法》等知识产权法对于非法侵占、歪曲、篡改、剽窃他人作品；非法使用、擅自实施他人专利、假冒他人专利；恶意抢注商标、假冒他人注册商标等严重违背科研伦理的行为列为违法并规定了相应的法律责任。

（三）部委的政府规章与学术团体、高校、科研单位等出台的规范性文件的规定

按所发布的时间顺序，此类文件重要的有：

（1）科技部、教育部、中国科学院、中国工程院、中国科协 1999 年 11 月 18 日共同制定的《关于科技工作者行为准则的若干意见》提出了规范科技工作者行为准则，主要有如下内容：①遵纪守法，拥党爱国，增强政治责任感和实现中华民族伟大复兴的历史使命感。②不断创新、加速科技成果转化；积极弘扬科学精神、传播科学思想和科学方法。③牢固树立正确的世界观、人生观和价值观。坚持真理，自觉维护科学尊严，勇于同一切愚昧、迷信活动和各种伪科学活动作斗争。④要在遵守社会公德方面率先垂范，严于律己，大力弘扬团结协作的集体主义精神。⑤以实事求是的态度、严格的要求、严谨的方法对待科研工作。⑥在科研立项、科技成果的评审、鉴定、验收和奖励等活动中，遵循客观、公正、准确的原则，如实作出评审、鉴定。⑦要做保守国家秘密、保护知识产权的模范。⑧要自觉接受舆论的监督，面对新闻媒体的舆论监督，不得对他人恶意诬告、中伤诽谤，不得侵犯当事人和他人的合法权益等。

（2）中科院和工程院的自律守则。结合行业特点，2001 年中国科学院制定了《中国科学院院士科学道德自律准则》（2001 年 11 月 9 日学部主席团会议通过）。中国工程院科学道德建设委员会在《中国工程院院士科学道德行为准则》（1998 年 5 月 25 日印发）的基础上制定了《中国工程院院士科学道德行为准则若干自律规定》（2001 年 12 月 17 日印发）。之后，2012 年 5 月 24 日又修订为《中国工程院院士科学道德守则》。

中国科学院和中国工程院制定的《科学道德自律准则》和《科学道德守则》，主要属于学术共同体的自律行为规范。

（3）教育部 2002 年 2 月 27 日印发《关于加强学术道德建设的若干意见》的通知。该通知旨在端正学术风气，加强学术道德建设，其中规定："建设一支热爱祖国、具有强烈使命感、学术作风严谨、理论功底扎实、富有创新精神的高素质学术队伍，营造良好的学术氛围和制度环境，促进学术进步和科技创新。"加强学术道德建设的基本要求包括：①加强学术道德建设要以邓小平理论和党的十五届六中全会精神为指导，以国家有关法律法规为依据；②增强献身科教、服务社会的历史使命感和社会责任感；③坚持实事求是的科学精神和严谨的治学态度；④树立法制观念，保护知识产权、尊重他人劳

动和权益；⑤认真履行职责，维护学术评价的客观公正；⑥为人师表、言传身教，加强对青年学生进行学术道德教育。

（4）中国科协七届三次常委会议 2007 年 1 月 16 日审议通过了《科技工作者科学道德规范（试行）》。主要内容有：①进行学术研究应检索相关文献或了解相关研究成果，在发表论文或以其他形式报告科研成果中引用他人论点时必须尊重知识产权，如实标出。②在课题申报、项目设计、数据资料的采集与分析、公布科研成果、确认科研工作参与人员的贡献等方面，遵守诚实客观原则。对已发表研究成果中出现的错误和失误，应以适当的方式予以公开和承认。③诚实严谨地与他人合作，耐心诚恳地对待学术批评和质疑。④公开研究成果、统计数据等，必须实事求是、完整准确。搜集、发表数据要确保有效性和准确性，保证实验记录和数据的完整、真实和安全，以备考查。⑤对研究成果做出实质性贡献的专业人员拥有著作权。仅对研究项目进行过一般性管理或辅助工作者，不享有著作权。⑥合作完成成果，应按照对研究成果的贡献大小的顺序署名（有署名惯例或约定的除外）。署名人应对本人做出贡献的部分负责，发表前应由本人审阅并署名。

（5）教育部 2012 年 12 月 18 日发布了《教育部关于进一步规范高校科研行为的意见》[教监（2012）6 号]。

该意见系统、全面地提出了规范高校科研行为的总体要求和高校科研行为规范的具体内容，并就建立健全高校科研行为管理机制、依法惩处高校科研违法违纪行为提出了新要求。其中，高校科研基本规范的主要内容有：①科研人员申报项目材料真实可信。不得隐瞒与项目协作单位以及参与人员的利益关系。不得以任何方式干扰影响项目评审工作。②不得以编造虚假合同、虚列支出项目等手段编报虚假预算。③不得违反规定将科研任务外包、转包他人，利用科研项目为特定关系人谋取私利。不得泄露国家秘密、商业秘密和个人隐私，确保科研项目安全。④不得抄袭、剽窃、侵占他人研究成果，伪造、篡改科研数据文献。⑤不得违反规定转拨、转移科研经费，购买与科研活动无关的设备、材料。不得虚构项目支出、使用虚假票据套取科研经费。不得虚列、虚报、冒领科研劳务费，用科研经费报销个人家庭消费支出。不得用科研经费从事投资、办企业等违规经营活动。不得隐匿、私自转让、非法占有学校用科研经费形成的固定资产和无形资产。不得借科研协作之名将科研经费挪作他用。⑥不得在学术评价或学术评审活动中徇私舞弊，接受可能影响客观公正的礼金和各种有价证券、支付凭证。不得泄露评审信息，散布不实评审信息，利用评审工作或掌握的评审信息谋取利益，从事不正当交易等。

（6）中国科协第九届常务委员会第四次会议于 2017 年 7 月 10 日审议通过了《科技工作者道德行为自律规范》，认为，科学道德和学术诚信是科技工作者必备的基本素质，砥砺高尚道德品质是科技工作者的不懈修炼。将基本的道德行为规范概括为"四个自觉"和"四个反对"：①自觉担当科技报国使命。②自觉恪尽创新争先职责。③自觉履行造福人民义务。④自觉遵守科学道德规范。⑤反对科研数据成果造假。⑥反对抄袭剽窃科研成果。⑦反对委托代写代发论文。⑧反对庸俗化学术评价。该《自律规范》要求，各学术团体要加强监督，确保本自律规范落到实处，营造风清气正的创新环境和学术氛围。

（7）中共中央办公厅、国务院办公厅 2018 年 5 月 30 日印发了《关于进一步加强科研诚信建设的若干意见》。意见认为，科研诚信是科技创新的基石。全面贯彻党的十九大精神，培育和践行社会主义核心价值观，弘扬科学精神，倡导创新文化，加快建设创新型国家，加强科研诚信建设、营造诚实守信的良好科研环境。该意见规定了总体要求、基本原则和主要目标，还就完善科研诚信管理工作机制和责任体系、加强科研活动全流程诚信管理、进一步推进科研诚信制度化建设、切实加强科研诚信的教育和宣传、严肃查处严重违背科研诚信要求的行为、加快推进科研诚信信息化建设和保障措施等做了具体部署。

此外，《教育法》（2015 年 12 月 27 日颁布）、《高等教育法》（2015 年 12 月 27 日颁布）、教育部发布的《高等学校学术委员会规程》（2014 年 1 月 29 日）、教育部发布的《关于深化高校教师考核评价制度改革的指导意见》（2016 年 8 月 29 日），以及教育部、财政部 2012 年 12 月 27 日发布的《关于加强中央部门所属高校科研经费管理的意见》（教财〔2012〕7 号）和教育部 2012 年 12 月 27 日发布的《关于进一步加强高校科研项目管理的意见》（教技〔2012〕14 号）等文件都有关于科研学术道德规范的内容。

二、对上述规定的评价

（1）科技基本法和单行科技法通过直接规定科研伦理，或者规定科研违法犯罪行为，确认了重要的科研伦理规范。但是，由于科技基本法立法滞后（1993 年 7 月颁布，后于 2007 年 12 月修订），对主要学术道德规范强制推行的力度不够，该法具有相当程度的软法性质，没有给严重的学术不端行为配置足够、清晰的法律责任形态。之后，以基本法为依据指定的单项科技法也没有改变这种立法不足。

（2）政府规章及其他律性规范文件存在的不足主要有：①自 1999 年至今

20 年来，我国各部门治理学术不端行为的专项政府规章呈现出政出多门、文件罗列——有单个单位下文的，有两个单位、三个单位，甚至二十个国家机关和科研单位等联合下文的情况。这既反映各级政府等部门的努力，也反映树立科研伦理道德的正气之风的艰难、科研诚信建设任重道远。②立法技术和规范性文件的制定技术欠佳，表现在：一方面，对于科研伦理内容到底包含哪些，缺乏深入的思考，具体内容令人眼花缭乱、各种规范的轻重秩序关系不明显，文件之间"一大抄"，发布文件欠慎重；另一方面，一个部门多次下文，前次文件与后面的文件的关系不清，也没有指明本文件规范与国家有关法律法规相应的规范之间的衔接关系，前者体现出的是执政能力，后者折射出的是狭隘的部门本位思想，眼光只盯着自己的一亩三分地。③由于对科研伦理规范内容缺乏分层概念，没有章法地堆砌，结果对科技工作者赋予的道德要求内容太多、要求过高，把科学家科技工作者视为纯粹的、脱离了凡夫俗子的崇高群体，由此存在把科技伦理道德标准定得过高和内容负荷过重的情况，有的甚至成为科研工作者的伦理负担。

（3）学会、协会、学术单位、高校等自律性规范文件存在一些不尽如人意的地方。①基于中国传统的中央集权制传统，作为社会组织的科学家共同体的权利和社会活动的空间都很有限。对发生的学术不端行为最先感知，但反应不迅速，发挥作用被动，对其成员的约束力不像西方私有制国家那里的学术共同体和学术单位之自律机制强劲。②受团体、组织、单位之有限的权利和被动的社会地位所限，自律机制方面也不可能有刚性强力措施来推行学术道德规范。在学术道德规范建设进程中，往往是根据上级主管部门的部署和文件来行事，相对被动而很少发挥主观能动。

这种情况表明我国急需对有关的法律和规范性文件进行清理、编纂，在学术道德规范的树立、推行机制上进行一定范围的重组优化。

三、对我国科研伦理规范重要内容分层维护

（一）科研伦理规范的层次划分

条文有限，而情无穷。意欲把所有的伦理规范都具体地列在纸上是不可能的，也是不必要的，更是不合理的。所以，只能对重要的科研伦理规范加以规定。其中又可分为三个层次：底线层、基线层和较高层。

（1）底线层。法律是道德的底线，对我国重要的科研（学术）规范的归纳必须结合现行法律，因为法律往往把重要的道德规范纳入其调整范围。这

一层次的道德规范（实际已变成法律）是认定科技违法犯罪的标准。需要强调的是，道德底线是一个子系统，不宜理解为是一个点或一条线。

（2）基线层。对重要的科研道德规范的把握不能局限于法律的明文规定，因为于法律之外，还存在学术团体、单位组织认为应该加以倡导、弘扬的科技道德规范。这部分学术团体章程或者科研教育单位制度所肯定的学术规范，是进行团体或者单位给予纪律责罚的标准，即最狭义的学术不端的规范标准。

（3）较高层。任何一个规范体系都有一个"度"。在科研道德规范体系中，有许多标准较高的道德规范构成较高以上的道德规范层次。例如，2012年11月8日召开的党的十八大报告指出，科技工作者作为受公众信赖和尊崇的全体，要比一般的民众具有更高的道德情操，在科技研发中，要做到三个"坚持"：要坚持以国家的重大利益为导向，面向国家重大需要，面向国民经济主战场；要坚持将眼光放长远，面向世界科技前沿，前沿探索争相领跑，在人类文明进步史上写下更多属于中国科技工作者的篇章；要坚持创新务实，注重科技成果的转化，为国家发展动力转换和经济转型升级的战略任务提供强大科技支撑。这三个"坚持"是对科技工作者道德的高标准要求，是理想模型和努力目标，显然只能提倡，即使有科技工作者没有达到这样高的道德标准，也不能进行责罚。这一层的规范属于较高的科研道德规范。

（二）不同层次科研伦理规范的维护

根据以上分层，首先，底线层的道德规范由法律强力推行，违背这些学术规范，行为突破底线，则构成科研违法犯罪。其次，基线层的学术道德规范通过学术团体规章、单位规章制度来推行，这些规范是衡量狭义的科研不端行为的道德标准。再次，对于较高层的道德规范，只能靠科研人员把道德内化为自己信念，转化为行为伦理，外化为合规的学术行为；违背这些学术道德规范的行为，也是学术不端行为，属于最广义的范畴。最后，把以上前两部分，即科研违法犯罪和狭义的学术不端行为称为广义的学术不端，其认定的道德规范合称为"基底道德规范"。

第二节　学术不端行为

一、概说

分析研究学术不端行为的内涵与外延，首先需要解决三个问题：一是名称问题；二是根据什么来归纳我国的学术不端行为，怎样归纳（主要是按什么标准和线索来归纳之）？三是内涵与外延怎样？

（一）关于名称问题

在理论界，"科研不端""学术不端""学术腐败""科学不端""学术失范""学术腐败"和"学者腐败"等术语都不同程度地被使用过。在实务上，科技部、教育部、中国科学技术协会、中国科学院，以及一些高校的有关规范性文件，采用较多的是"学术不端行为"和"科研不端行为"，也有用"科学不端"的。2019 年 9 月科技部、中央宣传部、最高人民法院、最高人民检察院、国家发展改革委、教育部、工业和信息化部、公安部等 20 部委联合发布的《科研诚信案件调查处理规则（试行）》（国科发监〔2019〕323号）却使用了更加广义的"违背科研诚信要求的行为"（简称科研失信行为）。

名不正则言不顺，必须以一个适当的概念对违背学术伦理的行为加以概括，这正如一个人戴帽子：帽子太大，不行；帽子太小，也不合适。笔者曾经为能够涵盖和凸显"技术开发中的不端行为"，主张采用"科技不端"的提法。❶ 但是，诸如买卖论文、代写论文、代替考试、替人做作业等，很难与科技研发直接挂起钩来；最新官方文件所使用的"科研失信行为"一语同样面临不能把学生的学术不端行为纳入的窘境。所以，本书采用"学术不端"一语，以期增加术语的涵盖面。

（二）关于按什么标准和线索来梳理学术不端的类型

学术不端行为类型的梳理，要有规范依据，而不能凭空设想。前文梳理了我国科研伦理的重要规范，违背学术道德规范是构成学术不端行为的必要条件。由此，一方面，学术不端行为的主要类型已经被规定在各级各类规范性文件之中；另一方面，由于规范性文件的滞后性，还需要将现实中的没有被规范调整的学术不端行为纳入规范的调整范围。那么，按照什么线索对于各层级规范性文件对学术不端行为类型化进行梳理呢？

笔者最初是按照规范的效力层级先梳理"全国性规范文件（即教育部和科技部发布的文件）"，再梳理"省（直辖市）级教育主管部门发布的文件"，最后梳理"各个高校、科研单位制定的文件"。但是，很快发现这一思路无助于准确再现科研学术不端行为在我国发生和被发现的客观情况和历史

---

❶ 牛忠志. 理论研究应该如何为治理科技不端作贡献——治理科技不端理论研究的回顾与前瞻[J]. 科技管理研究，2009（12）：536-538.

轨迹，也不能实事求是地反映科研教育单位对学术不端行为自律和国家公权力治理的历史进程。学术不端行为的最初敏感觉察者是一些高校、科研单位和行业学术团体，之后才引起了国家的警觉和重视，教育部、科技部先后发布了多个治理学术不端行为的全国性的、专门的规范性文件。接下来，全国各高校、科研单位对照自己，普遍执行文件。

有鉴于此，为反映这种"先自下而上、再自上而下，又由下到上"这一学术不端行为的发生、被发现和治理的客观情况，以及国家和社会组织对其"治理"反复博弈的沿革轨迹，实事求是地再现各规范性文件之间的依照、参照和借鉴关系，决定采用目前完全按照规范性文件发布的时间顺序，加以梳理。

（三）关于学术不端的外延

前文已述，本书把科研伦理规范划分为底线层、基线层和较高层。违反底线层的学术道德规范，可以构成科研违法犯罪行为；违反基线层的学术道德规范构成狭义的学术不端行为；违反所有学术道德规范（包括全部的三个层次）的行为，可构成最广义的学术不端行为。由此，学术不端行为，也有狭义、广义、最广义的理解。

当然，鉴于只能对作为基底学术道德规范才能进行强行推行，较高层次的学术道德规范只能靠道德信仰来实践，所以，本书的研究对象重点在于广义的学术不端行为。

二、各层级规范性文件针对学术不端行为的类型化情况

（一）文件

1. 1999 年 11 月 18 日科技部、教育部、中国科学院、中国工程院、中国科协共同制定的《关于科技工作者行为准则的若干意见》

该意见指出了一些学术不端行为。例如，危害国家安全和社会稳定、损害国家荣誉和利益；参与、支持任何形式的伪科学和愚昧、迷信活动；对不同学术观点武断压制，进行人身攻击；捏造、篡改、拼凑研究结果或者实验数据，或者投机取巧、断章取义，片面给出与客观事实不符的研究结论；故意夸大项目的学术价值和经济效益，通过弄虚作假等不正当手段骗取项目；未参加研究或者仅从事辅助性、服务性工作的单位和人员，挤入排名顺序，侵占他人应得的权益；引用他人的成果但不注明引证出处；未参加研究或者论著写作的人员在论著中署名或者牟取其他不正当利益；抄袭他人著作、论文或者剽窃他人科研成果的行为等。

2. 2002 年 2 月 27 日教育部印发的《关于加强学术道德建设的若干意见》的通知

该通知指出了学术风气不正、学术道德失范的主要表现：侵占他人劳动成果，或抄袭剽窃，或请他人代写文章，或署名不实；粗制滥造论文，甚至篡改、伪造研究数据；在研究成果鉴定、项目评审以及学校评估、学位授权审核等工作中弄虚作假，或试图以不正当手段影响评审结果的现象；利用科研管理权力为自己谋取学位、文凭，学校在利益驱动下降低标准乱发文凭等。

该通知要求，各高等学校采取切实措施端正学术风气，加强学术道德建设。其中，要求建立学术惩戒处罚制度：对违反学术道德的行为，各级教育行政部门和相关机构一经查实要视具体情况给予批评教育，撤销项目，行政处分，取消资格、学位、称号，直至解聘等相应的处理和处罚。对严重违反学术道德、影响极其恶劣的行为，在充分了解事实真相的基础上，通过媒体进行客观公正的批评。触犯法律的，依法追究有关当事人的法律责任。

该通知既指出了常见的学术失范行为及其不利后果，还规定了查处机制，应该说内容全面。

3. 2003 年年底发布的《清华大学关于处理学术不端行为的暂行办法（试行）》（经 2003—2004 学年度第 7 次校务会议讨论通过）

暂行办法规定，学术不端行为，是指违背学术道德的行为，包括：①在申报课题、进行研究、报告研究结果和评价学术成果中，伪造或篡改数据资料、剽窃他人成果和提供虚假信息；②在发表物中不正确注明他人的学术工作和不适当的署名；③使用不适当的统计或其他方法来夸大研究发现的重要性；④滥用科研经费和其他科研资源；⑤滥用机密性，包括泄露单位、集体和他人的专有信息和技术秘密，以及以不正当行为封锁资料、信息，妨碍正常的学术交流；⑥违反科学研究活动的有关规定，如关于避免利益冲突的规定、以人类为对象进行试验的规定、使用危险化学物和放射性物质的规定等；⑦侵犯知识产权；⑧包庇有严重学术不端行为的人；⑨对举报严重学术不端行为的人实施打击报复；⑩其他违背学术道德的行为。

在我国，高校虽是事业单位，但也代行一部分国家管理职能（如自主招生权、人事管理权、学位授予权、违纪学生处罚权等），因此，这一文件总体上是自律性的，但有一些规范属于行政法规范（如对违纪职工的警告、记过、记大过、降级、降职、撤职、开除公职留用察看、开除等处分）。

4. 2004 年 6 月 21 日教育部社会科学委员会通过的《高等学校人文社会科学研究学术规范（试行）》

该规范首先明确了其"高校教师、研究生及相关人员在学术活动中自律的准则"的属性。它由"总则、基本规范、研究程序规范、学术引文规范、学术成果规范、学术评价规范、学术批评规范、附则"这八个部分组成。其主要内容，一方面，规定了相应的学术活动的学术伦理规范；另一方面，从相反的角度明示了常见的学术不端行为，包括伪注，伪造和篡改文献、数据；抄袭、剽窃或侵吞他人学术成果；粗制滥造和低水平重复，片面追求数量；一稿多投，重复发表；学术评价人员不当评价、虚假评价、泄密和披露不实信息；其他人干扰学术评价；对正当的学术批评者压制或报复等。

从规范效力层次上看，教育部社会科学委员会还不等于教育部本身，因此，该规范还不是政府规章。

5. 2005 年 3 月国家自然科学基金委员会监督委员会发布的《对科学基金资助工作中不端行为的处理办法（试行）》

该办法根据科技项目申报管理中学术不端行为发生的环节分别对项目申报、项目研究和项目验收全过程的各环节的学术不端行为，视其情节轻重、不端行为实行者的态度等，给予相应的从轻、从重，减轻、加重处理。

（1）对科学基金项目申请者发生不端行为的处理：①在申请书中冒用他人签名的，撤销当年项目申请，给予谈话提醒或书面警告；伪造项目研究人员姓名的，撤销当年项目申请，取消项目申请资格 1~2 年，给予内部通报批评或通报批评。②在项目人员的国籍、资历、研究工作基础等方面提供虚假信息，情节较轻的，撤销当年项目申请，给予内部通报批评；情节较重的，并取消项目申请资格 1~2 年，给予内部通报批评或通报批评；情节严重的，并取消项目申请资格 3~4 年，给予通报批评。③在申请书中有抄袭他人申请书、剽窃他人学术成果的行为，情节较轻的，撤销当年项目申请，并取消项目申请资格 1~2 年，给予内部通报批评；情节较重的，并取消项目申请资格 3~4 年，给予内部通报批评或通报批评；情节严重的，取消项目申请资格 4 年以上至无限期，给予通报批评。④在申请书中伪造科学数据，或伪造国家机关、事业单位出具的证明等行为，撤销当年项目申请，并取消项目申请资格 3~4 年，给予通报批评；影响恶劣的，并取消项目申请资格 4 年以上至无限期，给予通报批评。⑤干扰评审工作秩序，影响评议、评审公正的，撤销当年项目申请，给予书面警告；影响恶劣的，并给予内部通报批评或通报批评。

（2）对科学基金项目承担者发生不端行为的处理：①未按规定履行研究职责，情节较轻的，给予谈话提醒或书面警告；情节较重的，中止项目，取消项目申请资格1~2年，给予内部通报批评；情节严重的，撤销项目，取消项目申请资格3~4年，给予内部通报批评或通报批评。②在项目实施过程中伪造、篡改研究结果，情节较轻的，中止项目，取消项目申请资格1~2年，给予内部通报批评；情节较重的，撤销项目，取消项目申请资格3~4年，给予内部通报批评或通报批评；情节严重并造成恶劣影响的，撤销项目，取消项目申请资格4年以上至无限期，给予通报批评。③在标注科学基金资助的学术论文、专著或其他科研成果中，抄袭、剽窃他人成果，情节较轻的，撤销项目，并取消项目申请资格1~2年，给予内部通报批评；情节较重的，并取消项目申请资格3~4年，给予内部通报批评或通报批评；情节严重并造成恶劣影响的，并取消项目申请资格4年以上至无限期，给予通报批评。④一稿多投或署名不实，给予谈话提醒或书面警告；影响恶劣的，给予内部通报批评。⑤挪用、滥用科学基金经费的，撤销项目，并取消项目申请资格3~4年，给予通报批评；情节严重的，并取消项目申请资格4年以上至无限期，给予通报批评；涉嫌犯罪的，转交司法机关处理。

（3）对科学基金项目评议、评审者发生不端行为的处理：①违反科学基金保密、回避规定，情节较轻的，给予谈话提醒或书面警告；情节较重的，取消项目评议、评审资格，给予内部通报批评；情节严重的，取消项目评议、评审资格，给予通报批评。②抄袭、剽窃他人申请书内容，情节较轻的，取消评议、评审资格，给予内部通报批评；情节严重的，取消评议、评审资格，给予通报批评。③打击报复、诬陷或故意损毁申请者名誉等，情节较轻的，取消评议、评审资格，给予内部通报批评；情节严重的，取消评议、评审资格，给予通报批评。④利用评议、评审谋取私利的，取消评议、评审资格，给予通报批评；涉嫌犯罪的，转交司法机关处理。

（4）对科学基金项目依托单位发生不端行为的处理：①对项目申请者或承担者发生不端行为负有疏于管理责任，视情节轻重给予谈话提醒、书面警告或内部通报批评。②纵容、包庇、协助有关人员实施不端行为的，视情节轻重给予内部通报批评或通报批评。③挪用、克扣、截留科学基金项目经费，给予通报批评，并按有关规章处理，情节严重的，转交司法部门处理。

为落实科教兴国战略，建设创新型国家，支持科技创新活动，国家专列财政设立了自然科学基金计划项目，资助的力度相当可观且逐年增加。面对利益，一些科技工作者、有的项目依托单位、基金委员会工作人员利欲熏心、不择手段，弄虚作假，实施违法犯罪或者其他学术不端行为。国家自然科学基金委员会是管理我国自然科学基金资助项目的主管机构，在自科项目的申报、立项评审、过程管理、结题验收等环节对于上述人员和单位实施的违法犯罪及其他科研不端行为最先感知并及时提出应对措施。

国家自然科学基金委员会是应科技部的申请，国务院于 1986 年 2 月 14 日批准成立的。该委员会属于科技部下属的事业单位，履行管理国家自科基金的职能。因此，基金委的监督委员会发布的文件，其效力不能等同于科技部发布的政府规章。但是，这是我国科技部系属最早的专项治理学术不端行为的规范性文件，也同样具有里程碑意义。

6. 2006 年 9 月科技部发布的《国家科技计划实施中科研不端行为处理办法（试行）》

该办法所称的科研不端行为，是指违反科学共同体公认的科研行为准则的行为，具体包括：①在有关人员职称、简历以及研究基础等方面提供虚假信息。②抄袭、剽窃他人科研成果。③捏造或篡改科研数据。④在涉及人体的研究中，违反知情同意、保护隐私等规定。⑤违反实验动物保护规范。⑥其他科研不端行为。同时，该办法对调查和处理机构、处罚措施、处理程序、申诉和复查等作了系统的规定。

科技部这一文件从效力上看，应该属于政府规章。其规范内容是后续的科技部有关文件和有关科研机构和高校等制定其专门文件的模板。如后面的 2007 年 1 月 16 日科协发布的文件和 2009 年 7 月 7 日发布的《中南大学科研道德与诚信规范（征求意见稿)》。在这里，科技部使用了"科研不端"的术语。

7. 2007 年 1 月 16 日中国科协发布的《科技工作者科学道德规范（试行)》

《科技工作者科学道德规范（试行)》从正面明确规定了科技工作者应该遵守的科学道德规范之后，对学术不端行为的内涵、科技活动中存在的具体学术不端行为类型进行了归类，指出："学术不端行为，即在科学研究和学术活动中的各种造假、抄袭、剽窃和其他违背科学共同体惯例的行为。"具体的学术不端行为类型主要有：

（1）故意做出错误的陈述，捏造数据或结果，破坏原始数据的完整性，篡改实验记录和图片，在项目申请、成果申报、求职和提职申请中做虚假的陈述，提供虚假获奖证书、论文发表证明、文献引用证明等。

（2）侵犯或损害他人著作权，故意省略参考他人出版物，抄袭他人作品，篡改他人作品的内容；未经授权，利用被自己审阅的手稿或资助申请中的信息，将他人未公开的作品或研究计划发表或透露给他人或为己所用；把成就归功于对研究没有贡献的人，将对研究工作做出实质性贡献的人排除在作者名单之外，僭越或无理要求著者或合著者身份。

（3）成果发表时一稿多投。

（4）采用不正当手段干扰和妨碍他人研究活动，包括故意毁坏或扣压他人研究活动中必需的仪器设备、文献资料，以及其他与科研有关的财物；故意拖延对他人项目或成果的审查、评价时间，或提出无法证明的论断；对竞争项目或结果的审查设置障碍。

（5）参与或与他人合谋隐匿学术劣迹，包括参与他人的学术造假，与他人合谋隐藏其不端行为，监察失职，以及对投诉人打击报复。

（6）参加与自己专业无关的评审及审稿工作；在各类项目评审、机构评估、出版物或研究报告审阅、奖项评定时，出于直接、间接或潜在的利益冲突而作出违背客观、准确、公正的评价；绕过评审组织机构与评议对象直接接触，收取评审对象的馈赠。

（7）以学术团体、专家的名义参与商业广告宣传。

中国科协出台的这一专门、系统地规定科技工作者道德规范的文件，具有基本性、专业性和权威性。所谓基本性，是指该文件对科技道德的主要内容都作了规定，构成了以后各种相关文件的基本准据。所谓专业性是指中国科协是中国科学技术工作者的群众组织，因而是由专业人士组成的自治性的学术共同体，其成员没有外行人员，对科技道德的理解和感知比其他任何人都深刻从而更有发言权。所谓权威性，来自《中国科学技术协会章程》规定：中国科协是中国共产党领导下的人民团体，是党和政府联系科学技术工作者的桥梁和纽带，是国家推动科学技术事业发展的重要力量；是国家科教工作领导小组、中央精神文明建设指导委员会和中央人才工作协调小组成员单位。因而这一文件具有无可置疑的权威性。鉴于中国科协的地位，这一文件具有准规章的属性。

8. 2007年2月26日中国科学院发布的《关于加强科研行为规范建设的意见》

该意见从体例和内容上看，与前述中国科协文件《科技工作者科学道德规范（试行）》有承继关系。其特点有：

（1）给"科学不端行为"下了定义，除了重申中国科协关于科学不端行为的内涵外，还增加了"滥用和骗取科研资源等科研活动过程中违背社会道德的行为"的内容。文件采用的是"科学不端"的提法。

（2）在具体的学术不端行为类型上，没有承继科协文件的"成果发表时一稿多投"和"以学术团体、专家的名义参与商业广告宣传"的学术不端行为类型，而是新增了"在科研活动过程中违背社会道德的行为"，具体包括骗取经费、装备和其他支持条件等科研资源；滥用科研资源，用科研资源谋取不当利益，严重浪费科研资源；在个人履历表、资助申请表、职位申请表，以及公开声明中故意包含不准确或会引起误解的信息，故意隐瞒重要信息。

9. 2009 年 3 月教育部发布的《关于严肃处理高等学校学术不端行为的通知》（教社科〔2009〕3 号）

该通知把高等学校对下列学术不端行为归纳为：①抄袭、剽窃、侵吞他人学术成果；②篡改他人学术成果；③伪造或者篡改数据、文献，捏造事实；④伪造注释；⑤未参加创作，在他人学术成果上署名；⑥未经他人许可，不当使用他人署名；⑦其他学术不端行为。

这是教育部首次以政府规章的形式发布的规范全国高校及其工作人员的文件。这一文件成了此后我国教育领域惩治学术不端行为的规范依据：教育部后续发布的有关文件，各省教育厅和各高校发布的相应文件都以该文件的内容为模板。文件采用的术语是"学术不端"。

10. 2009 年 6 月 30 日山东省教育厅出台的《关于加强高等学校学风建设净化学术环境的意见》

该意见的内容基本上重申了前述 2009 年 3 月教育部（教社科〔2009〕3号）文件。只增加了一种不端情形——"夸大研究成果，一稿多投"。要求山东省各高校党委和行政部门要认真受理对学术不端行为的举报，发现一起，调查一起，处理一起，查处结果要在一定范围内公开，接受群众监督。

11. 2009 年 7 月 7 日发布的《中南大学科研道德与诚信规范（征求意见稿)》

该征求意见稿是国内高校较早出台的治理科研不端行为的行为规范，归纳了 8 种常见的重要的学术不端行为类型。对比具体的学术不端行为类型规定会发现，中南大学的这一文件除了吸收了教育部发布的相应文件外，还同时汲取了前述 2006 年 9 月的科技部文件内容。由此，也成了高校行列专项文件的楷模。

12. 2012 年 1 月 8 日江苏省教育厅制定的《江苏高等学校学术不端行为处理规程（试行）》（苏教科〔2012〕2 号）

该规程第 2 条规定的学术不端行为，涵盖了在科学研究和学术活动中的不端行为。其内容一方面，把教育部《关于严肃处理高等学校学术不端行为的通知》（教社科〔2009〕3号）内容全部吸收；另一方面，结合江苏实际情况，又增加了以下五类学术不端行为：①伪造、篡改学术经历、学术能力、学术成果；②违反正当程序或者放弃学术标准，进行不当学术评价；③对学术批评者进行压制、打击或者报复；④论文或论著一稿多投或重复发表；⑤采用不正当手段干扰和妨碍他人研究活动。

13. 2012年11月教育部发布的《学位论文作假行为处理办法》

该办法所称学位论文作假行为包括下列情形：①购买、出售学位论文或者组织学位论文买卖的；②由他人代写、为他人代写学位论文或者组织学位论文代写的；③剽窃他人作品和学术成果的；④伪造数据的；⑤有其他严重学位论文作假行为的。

这一文件是针对学生学习、完成学业、取得学位的过程中的学生方面的学术不端行为作出的新规定。其出台的背景是：社会现实中，不仅学校的教师员工，在学生层面发生的学术不端行为也广泛地存在并愈演愈烈，因而，国家公权力必须做出有力的回应。

14. 2012年12月18日教育部发布的《教育部关于进一步规范高校科研行为的意见》

该意见明确、系统地总结了高校科研行为规范的具体内容，实际上也同时指出了高校科研方面的主要的学术不端行为：①申报项目隐瞒与项目协作单位以及参与人员的利益关系，擅自干扰影响项目评审工作。②以编造虚假合同、虚列支出项目等手段编报虚假预算。③违反规定将科研任务外包、转包他人，利用科研项目为特定关系人谋取私利。或者泄露国家秘密、商业秘密和他人的个人隐私。④抄袭、剽窃、侵占他人研究成果，伪造、篡改科研数据文献。⑤违反规定转拨、转移科研经费，购买与科研活动无关的设备、材料。虚构项目支出、使用虚假票据套取科研经费。虚列、虚报、冒领科研劳务费，用科研经费报销个人家庭消费支出。用科研经费从事投资、办企业等违规经营活动。隐匿、私自转让、非法占有学校用科研经费形成的固定资产和无形资产。借科研协作之名将科研经费挪作他用。⑥在学术评价或学术评审活动中徇私舞弊，接受可能影响客观公正的礼金和各种有价证券、支付凭证。泄露评审信息，散布不实评审信息，利用评审工作或掌握的评审信息谋取利益，从事不正当交易。

15. 2014年的《中国药科大学学术不端行为查处办法》（药大科〔2014〕83号）

该文件的第2章将学术不端行为规定了"十种类型"，具体内容与前述江苏省教育厅《江苏高等学校学术不端行为处理规程（试行）》（苏教科〔2012〕2号）前九项完全一致，只是其第十项规定将江苏教育厅的"（十）其他学术不端行为"进一步细化为"其他违背学术界公认的学术道德规范的行为或对学校声誉造成恶劣影响的学术行为"。作为高校能直面各种学术不端行为并出台专门文件加以治理，是应该给予肯定和称道的。

16. 2016年4月教育部发布的《高等学校预防与处理学术不端行为办法》（教育部令第40号）

该办法是教育部对以前所发的有关文件的集成。①拓展了学术不端行为的主体范围，把学生的学术不端行为也明确纳入调整范围。本办法所称学术不端行为是指高等学校及其教学科研人员、管理人员和学生，在科学研究及相关活动中发生的违反公认的学术准则、违背学术诚信的行为。②其对学术不端行为的类型是对前述2009年3月教育部发布的《关于严肃处理高等学校学术不端行为的通知》、2012年11月发布的《学位论文作假行为处理办法》和2012年12月发布的《教育部关于进一步规范高校科研行为的意见》的综合吸收，没有实质增加新的类型。

17. 2017年7月10日中国科协第九届常务委员会第四次会议审议通过的《科技工作者道德行为自律规范》

这一文件把主要的学术不端包含在"四个反对"之中：①反对科研数据成果造假；②反对抄袭剽窃科研成果；③反对委托代写代发论文；④反对庸俗化学术评价。

18. 2018年5月30日中共中央办公厅、国务院办公厅印发的《关于进一步加强科研诚信建设的若干意见》

该意见强调从事科研活动和参与科技管理服务的各类人员要坚守底线，严格自律。具体包括：①不得抄袭、剽窃他人科研成果或者伪造、篡改研究数据、研究结论；②不得购买、代写、代投论文，虚构同行评议专家及评议意见；③不得违反论文署名规范，擅自标注或虚假标注获得科技计划（专项、基金等）等资助；④不得弄虚作假，骗取科技计划（专项、基金等）项目、科研经费以及奖励、荣誉等；⑤不得有其他违背科研诚信要求的行为。

19. 2019年9月科技部、中央宣传部、最高人民法院、最高人民检察院、国家发展改革委、教育部、工业和信息化部、公安部等20部委联合发布的《科研诚信案件调查处理规则（试行）》（国科发监〔2019〕323号）

该《调查处理规则（试行）》设七章：总则（含违背科研诚信要求的行为类型）、职责分工、调查程序、处理、申诉复查、保障与监督，以及附则，共 52 条，从实体和程序两个方面对科研诚信案件调查处理工作作了详细的规范。其中，科研失信行为类型是对前述 2018 年 5 月 30 日"两办"《意见》的重申，其价值重在查处程序上的完善化和规范化。

（二）简要评析

以上教育部和科技部（含它们的下属机构）、"两办""20 部委"、省级教育主管部门等国家行政机关，以及中国科协、中国科学院、有关高校等学术团体、单位组织等对学术不端行为的类型化，是对我国社会学术不端行为不断泛滥的现实之回应，基本上概括了千姿百态的学术不端行为样态，为治理学术不端、净化学术风气、维护良好的科研秩序和学术研究秩序提供了一定的规范供给。尤其是 2019 年 9 月科技部等 20 部委联合发布的《科研诚信案件调查处理规则（试行）》（国科发监〔2019〕323 号）则进一步要求高校要建立健全科研人员考核评价体系；高校要完善学术不端行为的查处机制，严肃查处科研活动中的违规违纪违法行为，对于违反科研行为规范的，视情节轻重，给予不同的责任追究等处理（违法的，追究法律责任；违纪的，给予纪律处分；涉嫌犯罪的，移送司法机关依法追究其刑事责任）。这些规定为科研不端行为的追责及时提供了程序、机制和责任制度等规范保障。这是问题的一方面。

另一方面，尽管学术不端行为的社会危害已经引起国家、社会的广泛关注，国家对于净化学术环境、惩治学术不端行为的严正态度和不懈努力——反复发文、多次发文、联合发文等值得肯定和赞赏，但是，目前的治理效果并不理想，各种严重的学术不端行为仍然在顽强地生长。造成这一不利局面的原因是多方面的，其中，现有规范对治理学术不端行为的制度供给不足无疑是一个重要原因。

目前的法律规范所存在的问题主要有：

（1）顶层制度设计几乎是空白，各个文件的办法有临时应变的权宜之嫌，内容缺乏系统、整体性安排。

科技部、教育部的文件在立法层次上最高为政府规章。中国科协的地位比较特殊，既因是学术团体而属于学术共同体，又代行一部分政府职能，因而中国科协的文件最多也只能算是规章一级。中共中央办公厅、国务院办公厅联合发布的文件，以及 2019 年 9 月科技部、中央宣传部、最高人民法院、最高人民检察院、国家发展改革委、教育部、工业和信息化部、公安部等 20 部主体联合发布的文件都是部委级的，所以，在性质上仍属于政府规章。

这些专项政府规章都没有达到国家狭义法律的高度，加上科技基本法以及其后颁布的单项科技法对学术不端行为的法律责任和查处程序和机制之规定设计得不多，可以说，在我国狭义的法律层面，治理学术不端行为的顶层制度设计总体上看几乎是空白状态。正因没有提升到国家法律的高度来打击学术不端行为，缺乏顶层制度的统帅，颁发各个规章一级的文件存在临时应变的权宜之嫌，相应的内容缺乏系统、整体性安排也便不难理解。所以，尽管教育部、科技部、中国科协等反复发文，多次发文，但并未取得所期待的效果。

（2）九龙治水，政出多门，教育部和科技部以及其他部委都是各管一条线或者一个领域，在治理学术不端行为的问题上条块分割，形成管理孤岛，缺乏应有的协调和配合。这种状况直到 2019 年 9 月科技部等 20 部委联合发布《科研诚信案件调查处理规则（试行）》，其状况才有所好转。

（3）退一步说，即使教育部和科技部作了协调，甚至是 20 个部委协调起来共同签发文件，也仍然会存在一定的规范缝隙。因为有些学术工作者存在于体制外：既不隶属于教育部，也不隶属于科技部或者其他部门的管制，对这部分主体的学术不端行为就存在着规范缝隙。在规章层面，除非全部的国家部委联合签署文件，才能对社会全面规制，否则，肯定会有遗漏的社会领域。就目前而言，网上大量的论文代写代发中介人员、中介组织以及大量的自由撰稿人等，基本是游离于规范之外的。

（4）就单独的某一个规范而言，对学术不端行为的规制仍存在着一些空白地带或者亟待进行的制度设计。以科技部发布的专项规章为例，在学术不端行为的法律责任设计上：①基本上缺乏相应的民事责任规定或者其他法律法规民事责任的对接、科研合同的性质、合同履行的担保；②在所规定的行政法律责任方面，由于规范仅指向体制内的科技工作者或者高校教师，所以处罚措施仅限于行政处分而没有行政处罚，纵向课题的管理过程中重视申报、轻视研究的情况没有相应的制度予以有力的制约，保障科研合同切实、全部履行的制度阙如。③受《立法法》关于立法权限的限制，政府规章不得设置刑罚处罚，所以，对于严重违背科研诚信规范的情节严重、社会危害性很大的学术不端行为（如捏造、篡改剽窃他人学术成果，代写代发、买卖论文等）难以治罪和实施刑事打击。由此，配置科学、合理的民事责任、行政法律责任和刑事责任，并使这三大法律责任之间保持合理梯次和无缝衔接存在很大的完善空间。

（5）从技术上看，无论是教育部还是司法部，它们自己或许没有意识到是在制定政府规章，这体现在文件制定的被动性和应急性，前后文件之间缺乏应有的连贯性——新法规的发布一定要说明与以前的相关法规的关系，是补充关系还是替代关系，由于不说明新发的文件与以前的文件的关系，就难系统地通盘考虑，而是因事制宜、不断发文、反复发文，结果是令受文者眼花缭乱。在术语方面，不要轻易换新词。比如，2019 年 20 家部委联合颁发的文件使用的是"学术失范行为"，这种改变有没有充分的理由？著名的奥卡姆剃刀原理："如无必要，勿增实体。"由此，不仅规范的内容有待完善，其立法技术也有待提升。

三、对学术不端行为的综合治理构想

综合治理发轫于我国社会治安治理，后来被推广运用到诸多社会领域的治理中。其核心内容是在各级党委和政府的统一领导下，以政法机关为骨干，依靠人民群众和社会各方面的力量，分工合作，综合运用法律、政治、经济、行政、教育、文化等各种手段，惩治违法犯罪行为，维护社会法律秩序。对于学术不端行为必须综合治理。

（一）认清学术不端行为的性质

与前文对科技伦理的广义相适应，这里的学术不端行为也应该是广义的，即包括违法犯罪性质的学术不端行为和其他学术不端行为。这里的"违法犯罪"包括违反法律法规、地方性法律、各种规章等学术不端行为。"其他学术不端行为"是指违背单位组织、社会团体学术共同体章程、规约、规章制度等的"违法犯罪"之外的学术不端行为。在社会现实中，后一大类甚至是主要的。科研不端行为种类如此广泛众多，性质严重程度轻重不一，法律所规制的科研不端行为只是一小部分。

（二）提高立法位阶，制定专项法律

有学者主张先由国务院制定专项行政法规《科学研究活动条例》，待国家立法条件成熟时再由全国人大常委会制定专门性法律。❶ 笔者认为，考虑到学术不端行为的严重情况、根据《立法法》的立法权限，在目前已颁布的行政规章的基础上，直接由全国人大常委会制定专门性法律《学术伦理促进和学术不端为惩治法》，将常见的、多发的学术不端行为纳入法律的调整范围，把调整规范到国家法律的高度。

---

❶ 胡志斌. 学术不端行为法律规制研究［M］. 北京：中国法制出版社，2014：191.

（三）实施以他律为主的自律与他律相结合的模式

学术不端行为的自律，是鉴于学术研究行为的很强的专业性、学术创新需要最大限度的学术自由性和遵从客观规律等特点，学术团体天然需要自由、自律和自治，而不适合科层化的行政管理、法律介入等外在力量的介入。在学术不端行为出现的早期，近代西方国家都是依靠学术界和科技界自律来防止，认为不宜由外部力量介入。但是，鉴于治理学术不端行为的自律和学术共同体的自治存在着不足，美国自 20 世纪 80 年代后期应对学术不端行为的策略发生了根本性的变化：逐步凸显公共政策和国家法律的立法调控和政府干预。❶

我国要治理学术不端行为，也要自律与他律有机结合。鉴于目前我国的学术不端行为情况比较严重，屡禁不止，且愈演愈烈，故自律机制已经无能为力，故应以他律为主。主张他律为主的中国国情的理由还在于，与西方社会进步的渐进性自然进程不同，我国现代社会在政府强力推动下的急剧转型和跳跃式发展得益于政府的核心动力地位，再加上长期的封建专制主义传统下国家权力绝对主导，我国的社会组织一直很不发达，社会力量比较微弱，在这样的社会中，科技自治组织、学术共同体对其成员的科研、学术行为的制约能力比较有限。所以，今后相当一段时期内以国家提供的他律为主，学术共同体和学者的自律在国家的监护下不断加强，直至学者自身形成纯洁的科学精神和高尚的科研情操，以及结成的学术共同体确实能够实现有效的自律时为止。

为此，需要建立健全法律法规外在强制和自省自律内在约束的两套制度规范。前者建议制定专项法律，提升规范档次，将治理学术不端行为的规范上升到国家法律的高度。后者包括单位组织、学术团体根据《惩治学术不端行为法》，结合本单位的情况，制定具有本单位特色的惩治学术不端专项规章制度，以加强对本单位的科技人员的自律性纪律约束，以及科研人员加强学术伦理规范学习和道德自律。在高校通识课程中加入学术伦理内容，及早灌输学术规范，增强其遵守学术道德意识。在职工中开展专项的学术伦理培训班，不断强化其自律意识。

---

❶ 蒋美仕. 从职业伦理到科研诚信——科研不端行为的国外研究动态分析［J］. 自然辩证法研究，2011（2）：96-102.

（四）完善学术不端行为的法律责任制度

吸收现有的政府规章，结合实践中出现的新情况，全面梳理学术不端行为类型，并配置完善民事法律责任、行政法律责任和刑事法律责任。

（五）社会相应的其他方面的改革

清理社会中促成学术不端行为产生的其他方面因素，如学术资源分配不公，学术评价的不合理不科学，国家社会治理方面的不合理、不科学，有违公平、正义、平等的公共政策或者制度规范。这是学术不端行为综合治理的固有的内涵，是规范学术科研活动的必要条件。

总之，采用综合治理的路径，目前以他律为主，自律与他律有机结合，自律治本、他律治标，实施对于学术不端行为打防并举、标本兼治、重在治本的方针，构筑起治理学术不端行为的个人自我约束、单位组织纪律处分、国家公权力追责（甚至定罪判刑）的三层堤坝，实现自律与他律的有机结合。一旦科研不端行为得到有效遏制，整体科研学术环境发生明显的好转之后，再适时调整我国对学术不端行为的治理模式。

第十七章
科技奖励法律制度

第一节　科技奖励制度概述

科技创新是出类拔萃的智者的事业，法律不能渴求任何人都必须做出科技创新、科技发现或者技术发明。缘于科技创新这一特点，科技法不同于其他法律，必须奉行"激励为主，惩罚为辅"的总格调，而不能对没有创新的人进行责罚。我国现行《科学技术进步法》亦然。该法第15条规定："国家建立科学技术奖励制度，对在科学技术进步活动中做出重要贡献的组织和个人给予奖励。具体办法由国务院规定。"

一、科技奖励的概念、特点

（一）科技奖励的概念

我国的科技奖励制度规定在《宪法》《科技进步法》（2007年修订）、《国家科学技术奖励条例》（2019年12月修订，简称《奖励条例》）、《国家科学技术奖励条例实施细则》（2008年）、《关于进一步鼓励和规范社会力量设立科学技术奖的指导意见》（国科发奖〔2017〕196号）、《促进科技成果转化法》《专利法》《著作权法》等法律中。既有根本法性质的宪法规范，也有科技基本法性质的法律规范，还有散在于专项科技法的奖励规范。所以，对科技奖励应广义地理解。由此，科技奖励是指国家、社会或者个人依照国家法律、法规和有关规范性文件的规定，对在科学研究、科技创新以及推动科技进步过程中做出突出贡献的自然人、法人或其他组织给予的物质或精神奖励。

（二）科技奖励的特点

我国的科技奖励主要是物质奖励和精神奖励并存但以精神奖励为主，注重创新的实效性、政策导向性和奖励多层次、多种类等特点。

首先，国家最高科学技术奖的奖金不高。如 2018 年度对国家科学技术奖奖金标准调整后，国家最高科学技术奖奖金额度由设立之初的 500 万元/人调整为 800 万元/人，国家科学技术奖三大奖奖金额度也同步提高了 50%，其结果最高也不过 500 万元而已。这些物质奖励与科技工作者所付出的艰辛劳动相比，显然不成比例。精神奖励是国家对为科学技术事业发展做出杰出贡献的公民或者组织，依法授予国家荣誉称号。国家勋章、国家荣誉称号是最高荣誉。各种国家科学技术奖的获得者称号才是至高无上的荣誉褒扬。除了国家勋章、国家荣誉称号外，科技荣誉称号有其他很多层次和众多名目。如"长江学者""青年长江学者"、十大杰出青年法学家称号、国家"千人计划""万人计划"入选者、泰山学者、江苏省"333 人才培养工程"中青年科学技术带头人等。在政府奖励之外，还存在众多由社会组织或者个人设立的奖项，如中国煤炭协会、中国法学会、省级法学会的优秀科研成果奖，中华绿色科技奖，何梁何利奖励基金奖，陈省身数学奖，钱端升法学研究成果奖，马克昌杯全国优秀刑法学论文奖等。它们也是我国现有的科技奖励体系的主要内容。

其次，科技奖励注重考察科技成果所具有的社会效益和经济效益。将实效性作为科技奖励评审的重要标准，推动科技创新面向未来、面向社会、面向经济，以实现科技创新与社会、经济的密切、快速地融合和互动发展。

再次，导向性。我国对科技创新的奖励，有所为有所不为。目前的科技奖励侧重于关键领域的基础研究、事关国民经济和国家安全的重要领域的技术发明和技术开发方面具有自主创新和自主知识产权的科技成果，导向性很强。

最后，多层次和多种类科技奖励并存。除了国家奖励之外，《奖励条例》第 24 条规定："国务院有关部门根据国防、国家安全的特殊情况，可以设立部级科学技术奖。具体办法由国务院有关部门规定，报国务院科学技术行政部门备案。省、自治区、直辖市人民政府可以设立一项省级科学技术奖。具体办法由省、自治区、直辖市人民政府规定，报国务院科学技术行政部门备案。"《科技进步法》（2007 年修订）"鼓励国内外的组织或者个人设立科学技术奖项，对科学技术进步给予奖励"。这就形成了中央政府、地方政府、社会和自然人个体等所设立的多层次、多种类的科技奖励体系。

二、科技奖励的方针和原则

(一) 科技奖励的方针

2008 年修订的《国家科学技术奖励条例实施细则》第 3 条规定了我国科技奖励制度以"尊重劳动、尊重知识、尊重人才、尊重创造"的方针，从物质奖励和精神奖励两个方面来褒扬和鼓励科技创新活动。

(二) 科技奖励的原则

1. 恪守科研诚信的原则

《国家科学技术奖励条例实施细则》第 21 条规定："剽窃、侵夺他人的发现、发明或者其他科学技术成果的，或者以其他不正当手段骗取国家科学技术奖的，由国务院科学技术行政部门报国务院批准后撤销奖励，追回奖金。"其第 22 条规定："推荐的单位和个人提供虚假数据、材料，协助他人骗取国家科学技术奖的，由国务院科学技术行政部门通报批评；情节严重的，暂停或者取消其推荐资格；对负有直接责任的主管人员和其他直接责任人员，依法给予行政处分。"

2. 注重科技创新的实效性原则

自然科学奖要注重前瞻性、理论性，加大对数学等基础研究的激励；技术发明奖、科学技术进步奖要与国家重大战略和发展需要紧密结合，注重创新性、效益性。

3. 评审过程公开、公正、公平原则

《国家科学技术奖励条例实施细则》（2008 年修订）第 4 条规定："国家科学技术奖的推荐、评审和授奖，遵循公开、公平、公正的原则，实行科学的评审制度，不受任何组织或者个人的非法干涉。"为了维护评奖的严肃性和权威性，国家科学技术奖实行科学的评审制度，不受任何组织或者个人的非法干涉。同时，《奖励条例》及其《实施细则》除了在奖项设置上严格细化其标准外，还通过一系列严密的程序规定保证评奖结果的公正性。例如，该细则第 5 条规定，国家科学技术奖在授予时，对于同一项目授奖的公民、组织应按贡献大小排序。公平、公正原则的贯彻实施，有助于实现"论功行赏"的奖励机制，最终保障奖励制度目的的实现。

4. 鼓励团结协作、联合攻关的原则

科研项目的申报实行课题组制度。鼓励跨学科、跨地区和部门组成科技

研究开发团队，优势互补、积聚智慧。在当今科技飞速发展、知识爆炸时代，任何单打独斗的家庭作坊式的方式都不是明智之举，只有团结协作、联合攻关，才是社会分工日益精细化、社会生产规模化的当今社会的科技创新必由之路。在科技奖励时，国家奖励授予某个人为代表的课题组，是对课题组全体成员科技创新工作的肯定。

值得强调的是，2019年12月18日，国务院总理李克强主持召开国务院常务会议，会议讨论《国家科学技术奖励条例》修改草案，拟将近年来科技奖励制度改革和实践中的有效做法上升为法规。修改要点有五个：一是将过去主要由单位推荐改为专家、学者、相关部门和机构等均可提名，打破部门垄断，并强化提名责任。这有利于保证公开、公正。二是完善评审标准，突出导向。自然科学奖要注重前瞻性、理论性，加大对数学等基础研究的激励；技术发明奖、科学技术进步奖要与国家重大战略和发展需要紧密结合，注重创新性、效益性。三是强化诚信要求，加大违纪违法惩戒力度。在科技活动中违反伦理道德或有科研不端行为的个人和组织，不得被提名或授奖。提名专家、机构和评审委员、候选者等违反相关纪律要求的，取消资格并记入科研诚信失信行为数据库。四是坚持评审活动公开、公平、公正，对提名、评审和异议处理实行全程监督。五是各地各部门要精简各类科技评奖，注重质量、好中选优，减轻参评负担，营造科研人员潜心研究的良好环境。

三、获得科技奖励与拥有知识产权的关系

获得科技奖励，并不等于当然就拥有了相应的知识产权。因为，科技奖励的授予和知识产权的获得或者授予，分别依据不同的法律、遵从不同的程序。以专利权为例，《专利法》和《民法典》第20章"技术合同"规定了职务发明的专利申请权和成果权属于单位，而不是发明人；与科技奖励的标准和程序不同，专利权的申请、初步审查和实质审查、最终授予，都主要依据《专利法》进行。所以，《国家科学技术奖励条例实施细则》第6条规定："国家科学技术奖是国家授予公民或者组织的荣誉，授奖证书不作为确定科学技术成果权属的直接依据。"当然，如果一项成果获得的科技奖励越高级，那么，其具有实质性进步的程度就越大，故在不丧失新颖性的情况下，其获批专利的可能性越大。由此应该注意，不要因为申报科技奖励的奖项而使自己的科技成果丧失新颖性。

第二节 用人单位对科技成果获得者的奖励

一、总体规定

《宪法》第20条和第47条从根本法层面对科技创新的鼓励、帮助和奖励等规定，前面已经多次阐述。根据宪法的规定，国家发展自然科学和社会科学事业，普及科学和技术知识，奖励科学研究成果和技术发明创造。《科学技术进步法》第15条规定："国家建立科学技术奖励制度，对在科学技术进步活动中做出重要贡献的组织和个人给予奖励。具体办法由国务院规定。国家鼓励国内外的组织或者个人设立科学技术奖项，对科学技术进步给予奖励。"其第39条规定："国有企业应当建立健全有利于技术创新的分配制度，完善激励约束机制。国有企业负责人对企业的技术进步负责。对国有企业负责人的业绩考核，应当将企业的创新投入、创新能力建设、创新成效等情况纳入考核的范围。"

以上科技基本法对完成科技成果的科技工作者的奖励作了一般的、总体的规定。根据上述规定，具体的专门（专项）科技法律法规和规范性文件就用人单位对于完成职务成果的科技人员（如职务作品的作者和职务发明者等）给予一定的奖励和收益提成作了具体规定。

二、职务发明的奖励和报酬

职务发明创造，是指：①在本职工作中作出的发明创造；②履行本单位交付的本职工作之外的任务所作出的发明创造；③退休、调离原单位后或者劳动、人事关系终止后1年内作出的，与其在原单位承担的本职工作或者原单位分配的任务有关的发明创造。这里的"本单位"，包括临时工作单位；"本单位的物质技术条件"，是指本单位的资金、设备、零部件、原材料或者不对外公开的技术资料等。

《专利法》（2008年修订）规定，被授予专利权的单位应当对职务发明创造的发明人或者设计人给予奖励；发明创造专利实施后，根据其推广应用的范围和取得的经济效益，对发明人或者设计人给予合理的报酬。

《专利法实施细则》（2010年修订）设专章对职务发明创造的发明人或者设计人的奖励和报酬作了规定。①"被授予专利权的单位可以与发明人、设计人约定或者在其依法制定的规章制度中规定专利法第16条规定的奖励、报酬的方式和数额。企业、事业单位给予发明人或者设计人的奖励、报酬，按照国家有关财务、会计制度的规定进行处理。"②"被授予专利权的单位未与发明人、设计人约定也未在其依法制定的规章制度中规定专利法第16条规定的奖励的方式和数额的，应当自专利权公告之日起3个月内发给发明人或者设计人奖金。一项发明专利的奖金最低不少于3000元，一项实用新型专利或者外观设计专利的奖金最低不少于1000元。由于发明人或者设计人的建议被其所属单位采纳而完成的发明创造，被授予专利权的单位应当从优发给奖金。"③"被授予专利权的单位未与发明人、设计人约定也未在其依法制定的规章制度中规定专利法第16条规定的报酬的方式和数额的，在专利权有效期限内，实施发明创造专利后，每年应当从实施该项发明或者实用新型专利的营业利润中提取不低于2%或者从实施该项外观设计专利的营业利润中提取不低于0.2%，作为报酬给予发明人或者设计人，或者参照上述比例，给予发明人或者设计人一次性报酬；被授予专利权的单位许可其他单位或者个人实施其专利的，应当从收取的使用费中提取不低于10%，作为报酬给予发明人或者设计人。"

三、职务作品的奖励和报酬

根据《著作权法》（2010修正），公民为完成法人或者其他组织工作任务所创作的作品是职务作品，除"法定特殊情况"外，著作权由作者享有，但法人或者其他组织有权在其业务范围内优先使用。作品完成两年内，未经单位同意，作者不得许可第三人以与单位使用的相同方式使用该作品。

根据《著作权法实施条例》（2013修订），这里的"工作任务"是指公民在该法人或者该组织中应当履行的职责，这里的"物质技术条件"是指该法人或者该组织为公民完成创作专门提供的资金、设备或者资料。

这里的法定例外情形，是指有下列情形之一：①主要是利用法人或者其他组织的物质技术条件创作，并由法人或者其他组织承担责任的工程设计图、产品设计图、地图、计算机软件等职务作品；②法律、行政法规规定或者合同约定著作权由法人或者其他组织享有的职务作品。对这种特殊情形的职务作品，作者享有署名权，著作权的其他权利由法人或者其他组织享有，法人或者其他组织可以给予作者奖励。

职务作品完成两年内，经单位同意，作者许可第三人以与单位使用的相同方式使用作品所获报酬，由作者与单位按约定的比例分配。作品完成两年的期限，自作者向单位交付作品之日起计算。

四、科技成果的转化效益的分配、提成与其他优益

(一)《促进科技成果转化法》及其实施办法的规定

(1)《促进科技成果转化法》(2015 年修订)第 20 条第 2 款规定:"国家设立的研究开发机构、高等院校应当建立符合科技成果转化工作特点的职称评定、岗位管理和考核评价制度,完善收入分配激励约束机制。"其第 43 条规定:"国家设立的研究开发机构、高等院校转化科技成果所获得的收入全部留归本单位,在对完成、转化职务科技成果做出重要贡献的人员给予奖励和报酬后,主要用于科学技术研究开发与成果转化等相关工作。"其第 44 条规定:"职务科技成果转化后,由科技成果完成单位对完成、转化该项科技成果做出重要贡献的人员给予奖励和报酬。科技成果完成单位可以规定或者与科技人员约定奖励和报酬的方式、数额和时限。单位制定相关规定,应当充分听取本单位科技人员的意见,并在本单位公开相关规定。"其第 45 条规定:"科技成果完成单位未规定、也未与科技人员约定奖励和报酬的方式和数额的,按照下列标准对完成、转化职务科技成果做出重要贡献的人员给予奖励和报酬:①将该项职务科技成果转让、许可给他人实施的,从该项科技成果转让净收入或者许可净收入中提取不低于百分之五十的比例。②利用该项职务科技成果作价投资的,从该项科技成果形成的股份或者出资比例中提取不低于百分之五十的比例。③将该项职务科技成果自行实施或者与他人合作实施的,应当在实施转化成功投产后连续三至五年,每年从实施该项科技成果的营业利润中提取不低于百分之五的比例。国家设立的研究开发机构、高等院校规定或者与科技人员约定奖励和报酬的方式和数额应当符合前款第一项至第三项规定的标准。国有企业、事业单位依照本法规定对完成、转化职务科技成果做出重要贡献的人员给予奖励和报酬的支出计入当年本单位工资总额,但不受当年本单位工资总额限制、不纳入本单位工资总额基数。"

(2)国务院《实施〈促进科技成果转化法〉若干规定》[国发(2016)16 号] 第 2 条规定:激励科技人员创新创业——国家设立的研究开发机构、高等院校制定转化科技成果收益分配制度时,要按照规定充分听取本单位科技人员的意见,并在本单位公开相关制度。依法对职务科技成果完成人和为成果转化做出重要贡献的其他人员给予奖励时,按照以下规定执行:①以技术转让或者许可方式转化职务科技成果的,应当从技术转让或者许可所取得的净收入中提取不低于 50% 的比例用于奖励;②以科技成果作价投资

实施转化的，应当从作价投资取得的股份或者出资比例中提取不低于50%的比例用于奖励；③在研究开发和科技成果转化中做出主要贡献的人员，获得奖励的份额不低于奖励总额的50%；④对科技人员在科技成果转化工作中开展技术开发、技术咨询、技术服务等活动给予的奖励，可按照促进科技成果转化法和本规定执行。

（二）财政部税务总局科技部发布的《关于科技人员取得职务科技成果转化现金奖励有关个人所得税政策的通知》（财税〔2018〕58号）

为贯彻落实财政部税务总局科技部《关于科技人员取得职务科技成果转化现金奖励有关个人所得税政策的通知》（财税〔2018〕58号，简称《通知》），有关征管问题如下：

（1）《通知》第5条第（3）项所称"三年（36个月）内"，是指自非营利性科研机构和高校实际取得科技成果转化收入之日起36个月内。非营利性科研机构和高校分次取得科技成果转化收入的，以每次实际取得日期为准。

（2）非营利性科研机构和高校向科技人员发放职务科技成果转化现金奖励（简称现金奖励），应于发放之日的次月15日内，向主管税务机关报送《科技人员取得职务科技成果转化现金奖励个人所得税备案表》。单位资质材料（《事业单位法人证书》《民办学校办学许可证》《民办非企业单位登记证书》等）、科技成果转化技术合同、科技人员现金奖励公示材料、现金奖励公示结果文件等相关资料自行留存备查。

（3）非营利性科研机构和高校向科技人员发放现金奖励，在填报《扣缴个人所得税报告表》时，应将当期现金奖励收入金额与当月工资、薪金合并，全额计入"收入额"列，同时将现金奖励的50%填至《扣缴个人所得税报告表》"免税所得"列，并在备注栏注明"科技人员现金奖励免税部分"字样，据此以"收入额"减除"免税所得"以及相关扣除后的余额计算缴纳个人所得税。

（三）中共中央办公厅、国务院办公厅《关于实行以增加知识价值为导向分配政策的若干意见》（厅字〔2016〕35号）

（1）鼓励科研人员通过科技成果转化获得合理收入。积极探索通过市场配置资源加快科技成果转化、实现知识价值的有效方式。财政资助科研项目所产生的科技成果在实施转化时，应明确项目承担单位和完成人之间的收益分配比例。对于接受企业、其他社会组织委托的横向委托项目，允许项目承担单位和科研人员通过合同约定知识产权使用权和转化收益，探索赋予科研人员科技成果所有权或长期使用权。

（2）引导科研机构、高校实行体现自身特点的分配办法。赋予科研机构、高校更大的收入分配自主权，科研机构、高校要履行法人责任，按照职能定位和发展方向，制定以实际贡献为评价标准的科技创新人才收入分配激励办法，突出业绩导向，建立与岗位职责目标相统一的收入分配激励机制，合理调节教学人员、科研人员、实验设计与开发人员、辅助人员和专门从事科技成果转化人员等的收入分配关系。对从事基础性研究、农业和社会公益研究等研发周期较长的人员和对从事应用研究和技术开发的人员，分别采用合理科学的激励制度。科学设置考核周期，合理确定评价时限，避免短期频繁考核，形成长期激励导向。

（3）完善适应高校教学岗位特点的内部激励机制。把教学业绩和成果作为教师职称晋升、收入分配的重要依据。对高校教师开展的教学理论研究、教学方法探索、优质教学资源开发、教学手段创新等，在绩效工资分配中给予倾斜。

（4）落实科研机构、高校在岗位设置、人员聘用、绩效工资分配、项目经费管理等方面的自主权。对科研人员实行岗位管理，用人单位根据国家有关规定，结合实际需要，合理确定岗位等级的结构比例，建立各级专业技术岗位动态调整机制。健全绩效工资管理，科研机构、高校自主决定绩效考核和绩效分配办法。赋予财政科研项目承担单位对间接经费的统筹使用权。

（5）重视科研机构、高校中长期目标考核。结合科研机构、高校分类改革和职责定位，加强对科研机构、高校中长期目标考核，建立与考核评价结果挂钩的经费拨款制度和员工收入调整机制，对评价优秀的加大绩效激励力度。

（6）强化科研机构、高校履行科技成果转化长期激励的法人责任。坚持长期产权激励与现金奖励并举，探索对科研人员实施股权、期权和分红激励，加大在专利权、著作权、植物新品种权、集成电路布图设计专有权等知识产权及科技成果转化形成的股权、岗位分红权等方面的激励力度。科研机构、高校应建立健全科技成果转化内部管理与奖励制度，自主决定科技成果转化收益分配和奖励方案，单位负责人和相关责任人按照《促进科技成果转化法》及《国务院关于实施〈中华人民共和国促进科技成果转化法〉若干规定》予以免责，构建对科技人员的股权激励等中长期激励机制。

（7）完善科研机构、高校领导人员科技成果转化股权奖励管理制度。科研机构、高校的正职领导和领导班子成员中属中央管理的干部，所属单位中担任法人代表的正职领导，在担任现职前因科技成果转化获得的股权，任职后应及时予以转让，逾期未转让的，任期内限制交易。限制股权交易的，在本人不担任上述职务一年后解除限制。

（8）完善国有企业对科研人员的中长期激励机制。尊重企业作为市场经济主体在收入分配上的自主权，完善国有企业科研人员收入与科技成果、创新绩效挂钩的奖励制度。国有企业科研人员按照合同约定薪酬，探索对聘用的国际高端科技人才、高端技能人才实行协议工资、项目工资等市场化薪酬制度。符合条件的国有科技型企业，可采取股权出售、股权奖励、股权期权等股权方式，或项目收益分红、岗位分红等分红方式进行激励。

（9）完善股权激励等相关税收政策。对符合条件的股票期权、股权期权、限制性股票、股权奖励以及科技成果投资入股等实施递延纳税优惠政策，鼓励科研人员创新创业，进一步促进科技成果转化。

第三节　国家科学技术奖励

《国家科学技术奖励条例》规定，国家科学技术奖共设立下列5项：①国家最高科学技术奖；②国家自然科学奖；③国家技术发明奖；④国家科学技术进步奖；⑤国际科学技术合作奖。其中，国家最高科学技术奖和国际科学技术合作奖不分等级，国家自然科学奖、国家技术发明奖、国家科学技术进步奖则设一等奖和二等奖。

2019年12月18日国务院讨论对《国家科学技术奖励条例》第三次修改，其要点有：①明确规定国家科学技术奖实行提名制度；②"三大奖"每年奖励总数从原来的400项大幅削减至不超过300项。这两大变化，呼应了科技界对国家科学技术奖的两大主要关切：行政推荐导致公信不足、数量过多影响奖项质量。

一、国家科学技术奖的授奖条件

（一）国家最高科学技术奖

国家最高科学技术奖是我国科学技术的最高奖项。《国家科学技术奖励条例》第8条规定："国家最高科学技术奖授予下列科学技术工作者：（1）在当代科学技术前沿取得重大突破或者在科学技术发展中有卓越建树的；（2）在科学技术创新、科学技术成果转化和高技术产业化中，创造巨大经济效益或者社会效益的。国家最高科学技术奖每年授予人数不超过2名。"

《国家科学技术奖励条例实施细则》（本节简称《实施细则》）对上述内容进一步细化：

（1）这里所称"在当代科学技术前沿取得重大突破或者在科学技术发展中有卓越建树"，是指"候选人在基础研究、应用基础研究方面取得系列或者特别重大发现，丰富和拓展了学科的理论，引起该学科或者相关学科领域的突破性发展，为国内外同行所公认，对科学技术发展和社会进步作出了特别重大的贡献。"

这里的"在科学技术创新、科学技术成果转化和高技术产业化中，创造巨大经济效益或者社会效益"，是指"候选人在科学技术活动中，特别是在高新技术领域取得系列或者特别重大技术发明，并以市场为导向，积极推动科技成果转化，实现产业化，引起该领域技术的跨越发展，促进了产业结构的变革，创造了巨大的经济效益或者社会效益，对促进经济、社会发展和保障国家安全作出了特别重大的贡献。"

（2）无论国家最高科学技术奖的获奖者属于上述规定中的哪种突出贡献的情形，其候选人都应当热爱祖国，具有良好的科学道德，并仍活跃在当代科学技术前沿，从事科学研究或者技术开发工作。

（3）国家最高科学技术奖奖金数额为500万元。其中50万元属获奖人个人所得，450万元由获奖人自主选题，用作科学研究经费。

（二）国家自然科学奖

《国家科学技术奖励条例》第9条规定："国家自然科学奖授予在基础研究和应用基础研究中阐明自然现象、特征和规律，做出重大科学发现的公民。前款所称重大科学发现，应当具备下列条件：（1）前人尚未发现或者尚未阐明；（2）具有重大科学价值；（3）得到国内外自然科学界公认。"

《实施细则》对上述内容进一步的细化：

（1）这里所称的"前人尚未发现或者尚未阐明"，是指该项自然科学发现为国内外首次提出，或者其科学理论在国内外首次阐明，且主要论著为国内外首次发表。这里所称的"具有重大科学价值"是指：①该发现在科学理论、学说上有创见，或者在研究方法、手段上有创新；②对于推动学科发展有重大意义，或者对于经济建设和社会发展具有重要影响。这里所称的"得到国内外自然科学界公认"，是指主要论著已在国内外公开发行的学术刊物上发表或者作为学术专著出版三年以上，其重要科学结论已为国内外同行在重要国际学术会议、公开发行的学术刊物，尤其是重要学术刊物以及学术专著所正面引用或者应用。

（2）对候选人的条件作了规定。国家自然科学奖的候选人应当是相关科学技术论著的主要作者，并具备下列条件之一：①提出总体学术思想、研究方案；②发现重要科学现象、特性和规律，并阐明科学理论和学说；③提出研究方法和手段，解决关键性学术疑难问题或者实验技术难点，以及对重要基础数据的系统收集和综合分析等。

（3）对国家自然科学奖等级和数量作了规定。国家自然科学奖一等奖、二等奖单项授奖人数不超过 5 人，特等奖除外。特等奖项目的具体授奖人数经国家自然科学奖评审委员会评审后，由国家科学技术奖励委员会确定。

关于国家自然科学奖授奖的等级标准，国家自然科学奖授奖等级根据候选人所做出的科学发现进行综合评定，评定标准如下。①在科学上取得突破性进展，发现的自然现象、揭示的科学规律、提出的学术观点或者其研究方法为国内外学术界所公认和广泛引用，推动了本学科或者相关学科的发展，或者对经济建设、社会发展有重大影响的，可以评为一等奖。②在科学上取得重要进展，发现的自然现象、揭示的科学规律、提出的学术观点或者其研究方法为国内外学术界所公认和引用，推动了本学科或者其分支学科的发展，或者对经济建设、社会发展有重要影响的，可以评为二等奖。③对于原始性创新特别突出、具有特别重大科学价值、在国内外自然科学界有重大影响的特别重大的科学发现，可以评为特等奖。

（三）国家技术发明奖

《国家科学技术奖励条例》第 10 条规定，国家技术发明奖授予运用科学技术知识做出产品、工艺、材料及其系统等重大技术发明的公民。这里所称重大技术发明，应当具备下列条件："（1）前人尚未发明或者尚未公开；（2）具有先进性和创造性；（3）经实施，创造显著经济效益或者社会效益。"

《实施细则》对上述内容进一步细化：

（1）这里所称的"产品""包括各种仪器、设备、器械、工具、零部件以及生物新品种等；工艺包括工业、农业、医疗卫生和国家安全等领域的各种技术方法；材料包括用各种技术方法获得的新物质等；系统是指产品、工艺和材料的技术综合。国家技术发明奖的授奖范围不包括仅依赖个人经验和技能、技巧又不可重复实现的技术"。

这里所称的"前人尚未发明或者尚未公开"，是指"该项技术发明为国内外首创，或者虽然国内外已有但主要技术内容尚未在国内外各种公开出版物、媒体及其他公众信息渠道发表或者公开，也未曾公开使用过"。

这里所称的"具有先进性和创造性"，是指"该项技术发明与国内外已有同类技术相比较，其技术思路、技术原理或者技术方法有创新，技术上有实质性的特点和显著的进步，主要性能（性状）、技术经济指标、科学技术水平及其促进科学技术进步的作用和意义等方面综合优于同类技术"。

这里所称的"经实施，创造显著经济效益或者社会效益"，是指"该项技术发明成熟，并实施应用三年以上，取得良好的应用效果"。

（2）关于候选人资格，这里的"国家技术发明奖的候选人"，应当是"该项技术发明的全部或者部分创造性技术内容的独立完成人。国家技术发明奖一等奖、二等奖单项授奖人数不超过 6 人，特等奖除外。特等奖项目的具体授奖人数经国家技术发明奖评审委员会评审后，由国家科学技术奖励委员会确定"。

（3）关于奖励等级的实质标准，国家技术发明奖授奖等级根据候选人所做出的技术发明进行综合评定。评定标准如下。①属国内外首创的重大技术发明，技术思路独特，主要技术上有重大的创新，技术经济指标达到了同类技术的领先水平，推动了相关领域的技术进步，已产生了显著的经济效益或者社会效益，可以评为一等奖。②属国内外首创的重大技术发明，技术思路新颖，主要技术上有较大的创新，技术经济指标达到了同类技术的先进水平，对本领域的技术进步有推动作用，并产生了明显的经济效益或者社会效益，可以评为二等奖。③对原始性创新特别突出，主要技术经济指标显著优于国内外同类技术或者产品，并取得重大经济或者社会效益的特别重大的技术发明，可以评为特等奖。

（四）国家科学技术进步奖

《国家科学技术奖励条例》第 11 条规定，国家科学技术进步奖授予在应用推广先进科学技术成果，完成重大科学技术工程、计划、项目等方面，做出突出贡献的下列公民、组织：①在实施技术开发项目中，完成重大科学技术创新、科学技术成果转化，创造显著经济效益的；②在实施社会公益项目中，长期从事科学技术基础性工作和社会公益性科学技术事业，经过实践检验，创造显著社会效益的；③在实施国家安全项目中，为推进国防现代化建设、保障国家安全做出重大科学技术贡献的；④在实施重大工程项目中，保障工程达到国际先进水平的。

《实施细则》对上述内容进一步细化规定：

（1）这里所称的"技术开发项目"，是指在科学研究和技术开发活动中，完成具有重大市场实用价值的产品、技术、工艺、材料、设计和生物品种及其推广应用。这里所称"社会公益项目"，是指在标准、计量、科技信息、科技档案、科学技术普及等科学技术基础性工作和环境保护、医疗卫生、自然资源调查和合理利用、自然灾害监测预报和防治等社会公益性科学技术事业中取得的重大成果及其应用推广。这里所称"国家安全项目"，是指在军队建设、国防科研、国家安全及相关活动中产生，并在一定时期内仅用于国防、国家安全目的，对推进国防现代化建设、增强国防实力和保障国家安全具有重要意义的科学技术成果。其第 26 条规定，这里所称的"重大工程项目"，是指重大综合性基本建设工程、科学技术工程、国防工程及企业技术创新工程等。其第 27 条规定，国家科学技术进步奖重大工程类奖项仅授予组织。在完成重大工程中做出科学发现、技术发明的公民，符合奖励条例和本细则规定条件的，可另行推荐国家自然科学奖、技术发明奖。

（2）关于国家科学技术进步奖的候选人条件，国家科学技术进步奖候选人应当具备下列条件之一：①在设计项目的总体技术方案中做出重要贡献；②在关键技术和疑难问题的解决中做出重大技术创新；③在成果转化和推广应用过程中做出创造性贡献；④在高技术产业化方面做出重要贡献。其第 29 条规定，国家科学技术进步奖候选单位应当是在项目研制、开发、投产、应用和推广过程中提供技术、设备和人员等条件，对项目的完成起到组织、管理和协调作用的主要完成单位。各级政府部门一般不得作为国家科学技术进步奖的候选单位。

（3）在奖项等级设置及获奖者名额限制方面，国家科学技术进步奖一等奖单项授奖人数不超过 15 人，授奖单位不超过 10 个；二等奖单项授奖人数不超过 10 人，授奖单位不超过 7 个；特等奖单项授奖人数不超过 50 人，授奖单位不超过 30 个。

（4）关于候选人和候选单位资格，国家科学技术进步奖候选人或者候选单位所完成的项目应当符合条件"技术创新性突出""经济效益或者社会效益显著""推动行业科技进步作用明显"等，《实施细则》作了详细的阐释。

（5）关于国家科学技术进步奖各等级奖项的评奖标准，国家科学技术进步奖授奖等级根据候选人或者候选单位所完成的项目进行综合评定，评定标准如下：

①技术开发与社会公益项目类。市场竞争力强，成果转化程度高，创造了重大的经济效益，对行业的技术进步和产业结构优化升级有重大作用的，

可以评为一等奖。在关键技术或者系统集成上有较大创新，技术难度较大，总体技术水平和主要技术经济指标达到国际同类技术或者产品的水平，市场竞争力较强，成果转化程度较高，创造了较大的经济效益，对行业的技术进步和产业结构调整有较大意义的，可以评为二等奖。在关键技术或者系统集成上有重大创新，技术难度大，总体技术水平和主要技术经济指标达到了国际同类技术或者产品的先进水平，并在行业得到广泛应用，取得了重大的社会效益，对科技发展和社会进步有重大意义的，可以评为一等奖。在关键技术或者系统集成上有较大创新，技术难度较大，总体技术水平和技术经济指标达到国际同类技术或者产品的水平，在行业较大范围应用，取得了较大的社会效益，对科技发展和社会进步有较大意义的，可以评为二等奖。

②国家安全项目类。在关键技术或者系统集成上有重大创新，技术难度很大，总体技术达到国际同类技术或者产品的先进水平，应用效果十分突出，对国防建设和保障国家安全具有重大作用的，可以评为一等奖。在关键技术或者系统集成上有较大创新，技术难度较大，总体技术达到国际同类技术或者产品的水平，应用效果突出，对国防建设和保障国家安全有较大作用的，可以评为二等奖。

③重大工程项目类。团结协作、联合攻关，在关键技术、系统集成和系统管理方面有重大创新，技术难度和工程复杂程度大，总体技术水平、主要技术经济指标达到国际同类项目的先进水平，取得了重大的经济效益或者社会效益，对推动本领域的科技发展有重大意义，对经济建设、社会发展和国家安全具有重大战略意义的，可以评为一等奖。团结协作、联合攻关，在关键技术、系统集成和系统管理方面有较大创新，技术难度和工程复杂程度较大，总体技术水平、主要技术经济指标达到国际同类项目的水平，取得了较大的经济效益或者社会效益，对推动本领域的科技发展有较大意义，对经济建设、社会发展和国家安全具有战略意义的，可以评为二等奖。

对于技术创新性特别突出、经济效益或者社会效益特别显著、推动行业科技进步作用特别明显的项目，可以评为特等奖。

（五）中华人民共和国国际科学技术合作奖

《国家科学技术奖励条例》第13条规定："中华人民共和国国际科学技术合作奖授予对中国科学技术事业做出重要贡献的下列外国人或者外国组织：（1）同中国的公民或者组织合作研究、开发，取得重大科学技术成果的。（2）向中国的公民或者组织传授先进科学技术、培养人才，成效特别显著的。

（3）为促进中国与外国的国际科学技术交流与合作，做出重要贡献的。"

这里的"外国人或者外国组织"，是指在双边或者多边国际科技合作中对中国科学技术事业做出重要贡献的外国科学家、工程技术人员、科技管理人员和科学技术研究、开发、管理等组织。

与国家最高科学技术奖一样，国际科学技术合作奖不设奖项等级，但每年授奖数额不超过 10 个。同时，按照《科学技术奖励制度改革方案》的规定，该奖项主要是荣誉奖。

二、国家科学技术奖的奖励程序

国家科技奖励必须遵循法定程序。通常需要经过推荐、评审和授奖等三个基本阶段。

（一）推荐

根据《国家科学技术奖励条例实施细则》，科学技术奖候选人由下列单位和个人推荐：省、自治区、直辖市人民政府；国务院有关组成部门、直属机构；中国人民解放军各总部，以及经国务院科学技术行政部门认定的符合国务院科学技术行政部门规定的资格条件的其他单位和科学技术专家。这里的"其他单位"，是指经科学技术部认定，具备推荐条件的国务院直属事业单位、中央有关部门及其他特定的机关、企事业单位和社会团体等；"科学技术专家"，是指国家最高科学技术奖获奖人、中国科学院院士以及中国工程院院士。同时，中华人民共和国驻外使馆、领馆可以推荐中华人民共和国国际科学技术合作奖的候选人；港澳台地区的国家科学技术奖候选人的推荐办法，由国务院科学技术行政部门另行规定。

国家科学技术奖实行限额推荐制度，各项推荐工作在当年下达的限额范围内进行，"综合性的重大自然科学发现""技术发明"的候选人人数超过规定限额的，推荐单位或个人应当在推荐书中提出充分理由。《实施细则》第52 至 56 条规定，推荐单位或个人推荐候选人时，应填写推荐书，并提供相应真实、可靠的评价材料。同时，为确保奖项评审的公正性，推荐环节所涉相关人员还应遵守一定的规则。

值得注意的是，2019 年 12 月 18 日关于科技奖励条例的修改强调，"要将过去主要由单位推荐改为专家、学者、相关部门和机构等均可提名，打破部门垄断，并强化提名责任。"

（二）评审

对候选人及其材料的评审是国家科技奖奖励程序中最重要的环节。依照《国家科学技术奖励条例》第6条的规定，国家科学技术奖励委员会聘请有关方面的专家、学者组成评审委员会，开展国家科学技术奖的评审工作。《国家科学技术奖励条例》第17条规定："评审委员会作出认定科学技术成果的结论，并向国家科学技术奖励委员会提出获奖人选和奖励种类及等级的建议。"

评审程序包括六个步骤：形式审查—学科（专业）组评审—评审委员会评审—奖励委员会审定——科技部审核—国务院批准。

（1）形式审查。奖励办公室对推荐材料进行形式审查。对不符合规定的推荐材料，可以要求推荐单位和推荐人在规定的时间内补正，逾期不补正或者经补正仍不符合要求的，可以不提交评审并退回推荐材料。

（2）学科（专业）组评审。对形式审查合格的推荐材料，由奖励办公室提交相应学科（专业）组评审组进行初评，同时在国家科学技术奖励网站等媒体上公布通过形式审查的国家自然科学奖、国家技术发明奖、国家科学技术进步奖的候选人、候选单位及项目。

（3）评审委员会评审。对通过初评的国家最高科学技术奖、国际科技合作奖人选，及通过初评且没有异议或者虽有异议但已在规定时间内处理的国家自然科学奖、国家技术发明奖、国家科学技术进步奖人选及项目，提交相应的国家科学技术奖评审委员会进行评审。

（4）国家科学技术奖励委员会对国家科学技术奖各评审委员会的评审结果进行审定并表决。

（5）科技部审核和国务院批准。科技部对国家科学技术奖励委员会通过的获奖人选、奖励种类奖励等级等决议，进行审核。通过之后，报国务院批准。

（三）监督、异议的处置和授奖

1. 监督和异议处置

依据法律法规之规定，对科技奖励的提名、评审和异议处理实行全程监督。

国家科学技术奖励委员会设监督委员会，负责对国家科学技术奖的推荐、评审和异议处理工作进行监督，对在评审活动中违反奖励条例及其细则有关规定的专家学者，可以分情况建议有关方面给予责令改正、记录不良信誉、警告、通报批评、解除聘任或者取消资格的处理。

同时，国家科学技术奖励接受社会的监督，对包括国家自然科学奖、国家技术发明奖和国家科学技术进步奖在内的评审工作实行异议制度。异议制度规定异议期为 60 天，自通过形式审查的项目公布之日起起算，在此期间，任何单位或个人都可以作为异议人提出书面异议，并附随相应证明材料。奖励办公室应当向相关的国家科学技术奖评审委员会报告异议核实情况及处理意见，提请国家科学技术奖评审委员会决定，并将决定意见通知异议方和推荐单位、推荐人。

2. 授奖

（1）国家最高科学技术奖由国务院报请国家主席签署并颁发证书和奖金。国家最高科学技术奖奖金数额为 500 万元。其中 50 万元属获奖人个人所得，450 万元由获奖人自主选题，用作科学研究经费。

（2）国家自然科学奖、国家技术发明奖、国家科学技术进步奖由国务院颁发证书和奖金。国家自然科学奖、国家技术发明奖、国家科学技术进步奖，一等奖 9 万元，二等奖 6 万元。

（3）国际科技合作奖由国务院颁发证书。

"三大奖"每年奖励总数从原来的 400 项调整为不超过 300 项，并明确规定国际科学技术合作奖每年授奖数额不超过 10 个，以实现进一步精简数量、提高质量的目的。

第四节　省部级和社会力量设置的科技奖励

除了国家科技奖励之外，我国还存在着地方政府和社会组织、个人等社会力量设置的其他多种类、多层次的科技奖励，这些奖励和国家科技奖励一道构成我国现有的科技奖励体系。

一、省、部级科技奖励

《国家科学技术奖励条例》第 25 条规定："国务院有关部门根据国防、国家安全的特殊情况，可以设立部级科学技术奖。具体办法由国务院有关部门规定，报国务院科学技术行政部门备案。同时，省、自治区、直辖市人民政府也可以设立一项省级科学技术奖，具体办法由省、自治区、直辖市人民政府规定，报国务院科学技术行政部门备案。"例如，教育部设立的高等学校科学研究优秀成果奖（科学技术）是仅次于国家三大奖"的科技奖项，其主要奖励在科学技术方面取得突出成果的个人和单位；各省（市、区）都设有省级社科成果奖和省科技进步奖等，如河北省设有自然科学奖、技术发明奖、科学技术进步奖等。

2017 年 5 月 31 日国务院办公厅印发的《关于深化科技奖励制度改革方案的通知》（国办函〔2017〕55 号）规定，引导省部级科学技术奖高质量发展，"省、自治区、直辖市人民政府可设立一项省级科学技术奖（计划单列市人民政府可单独设立一项），国务院有关部门根据国防、国家安全的特殊情况可设立部级科学技术奖。除此之外，国务院其他部门、省级人民政府所属部门、省级以下各级人民政府及其所属部门，其他列入公务员法实施范围的机关，以及参照公务员法管理的机关（单位），不得设立由财政出资的科学技术奖。""省部级科学技术奖要充分发挥地方和部门优势，进一步研究完善推荐提名制度和评审规则，控制奖励数量，提高奖励质量。设奖地方和部门要根据国家科学技术奖励改革方向，抓紧制订具体改革方案，明确路线图和时间表。"

二、社会力量设置的科技奖励

国家鼓励社会力量设立面向社会的科学技术奖，但要求应当在科学技术行政部门办理登记手续。

科技部 1999 年发布了《社会力量设立科学技术奖管理办法》，后于 2006 年 2 月对该办法作了修改。2017 年国务院办公厅发布的《关于深化科技奖励制度改革方案的通知》"鼓励社会力量设立的科学技术奖健康发展"："坚持公益化、非营利性原则，引导社会力量设立目标定位准确、专业特色鲜明、遵守国家法规、维护国家安全、严格自律管理的科技奖项，在奖励活动中不得收取任何费用。对于具备一定资金实力和组织保障的奖励，鼓励向国际化方向发展，逐步培育若干在国际上具有较大影响力的知名奖项。""研究制定扶持政策，鼓励学术团体、行业协会、企业、基金会及个人等各种社会力量设立科学技术奖，鼓励民间资金支持科技奖励活动。加强事中事后监管，逐步构建信息公开、行业自律、政府指导、第三方评价、社会监督的有效模式，提升社会力量科技奖励的整体实力和社会美誉度。"

目前，我国的社会力量（社会组织和个人）设置的科技奖项很多，丰富多彩，如何梁何利奖、钱端升奖、陈嘉庚科学奖、陈嘉庚青年科学奖、中华医学科技奖、茅以升北京青年科技奖、中华中医药学会科学技术奖等。

为了提高奖励的含金量，防止奖项泛滥，科技部于 2017 年 7 月 7 日发布了《关于进一步鼓励和规范社会力量设立科学技术奖的指导意见》（国科发奖〔2017〕196 号），进一步规范和压缩奖项，以使我国的社会力量奖励制度不断完善。

第十八章
违反科技法的法律责任

第一节　法律责任的一般理论

一、法律责任概念和特点

法律责任是主要的法律后果。法律后果，在法律规范逻辑形式上，是指因某种法律事实（法律行为或者法律事件）的出现而引起的结果。

根据法律后果对行为人是否有利，可分为肯定性法律后果和否定性法律后果。前者包括对合法行为的有效性的确认、对合法行为的保护、对合法行为的奖励。后者包括对违法行为否定、撤销违法行为、追究行为人的法律责任等。鉴于追究法律责任是最主要的否定后果，本章只分析法律责任部分。

一般而言，法律责任是指由于违法行为或者某种法律事件的出现而导致的责任主体应当承担的否定性法律后果。法律责任的承担方式即给予责任主体以法律制裁。其特点有：①法律责任是因违反法律上的义务（包括违约等）而产生的责任；②责任内容的法定性；③国家强制性；④法律责任是责任主体必须依法承担的不利后果。

二、不同性质法律责任的引起及其相应的制裁措施

按照违法行为的性质和程度将法律责任分为违宪法律责任、民事法律责任、行政法律责任、刑事法律责任等❶。

---

❶　或许读者会认为本书漏掉了"经济法律责任"。由于经济法律责任实际上分化为民事责任、行政法律责任和刑事法律责任，而没有独特的内容，所以，笔者不赞成将经济法律责任与民事法律责任、行政法律责任、刑事法律责任相并列。

（一）违宪与违宪责任

国家机关及其工作人员、各政党、社会团体、企事业单位和公民的言论或行为违背宪法的原则、精神和具体内容因而必须承担相应的法律责任。违宪通常表现为有关国家机关制定的某种法律、法规和规章，以及国家机关、社会组织或公民的某种行为与宪法的规定相抵触。

在我国，全国人民代表大会常务委员会负责监督宪法实施，认定违宪责任。违宪责任的追责方式（即制裁措施）有：①弹劾；②罢免；③撤销；④宣告无效；⑤取缔政治组织等。

（二）民事违法与民事责任

民事责任是指因民事违法行为或者特定的民事法律事件之出现而引起的否定性法律后果。民事责任包括缔约过失责任、违约责任、侵权责任，以及其他民事责任。

《民法典》第 179 条规定，承担民事责任的方式主要有："（1）停止侵害；（2）排除妨碍；（3）消除危险；（4）返还财产；（5）恢复原状；（6）修理、重作、更换；（7）继续履行；（8）赔偿损失；（9）支付违约金；（10）消除影响、恢复名誉；（11）赔礼道歉。其他法律规定惩罚性赔偿的，依照其规定。"以上承担民事责任的方式，可以单独适用，也可以合并适用。

（三）行政违法与行政法律责任

行政法律责任是指因违反行政法或者特定的行政法之法律事件的出现而引起的否定性法律后果，包括行政机关及其工作人员在执法中引起的行政法律责任和行政相对人违法所产生的行政法律责任。

行政法律责任的承担方式包括行政处罚和行政处分两大类别。其中，行政处分是指国家行政机关依照行政隶属关系给予有违法失职行为的公职人员的一种惩罚措施，包括警告、记过、记大过、降级、撤职、开除。行政处罚是指行政执法主体依照法定职权和程序对违反行政法规范，尚未构成犯罪的行政相对人给予行政法律制裁的具体行政行为。

这里重点讨论行政处罚制度。行政处罚的特征是：①实施行政处罚的主体是作为行政主体的行政机关和法律法规授权的组织；②行政处罚的对象是实施了违反行政法律规范行为的公民、法人或其他组织；③行政处罚的性质是一种以惩戒违法为目的、具有制裁性的具体行政行为。

我国《行政处罚法》第 8 条规定，行政处罚（即追究行政法律责任）的种类有：①警告；②罚款；③没收违法所得、没收非法财物；④责令停产停业；⑤暂扣或者吊销许可证、暂扣或者吊销执照；⑥行政拘留；⑦法律、行政法规规定的其他行政处罚。

（四）犯罪及其刑事法律责任

刑事责任是指行为主体因其犯罪行为所应当依法承担的刑事法律后果，包括"对其犯罪行为的否定性评价和对本人的谴责"两个层面的内容。

根据现行《刑法》第 13 条的规定，犯罪是具有严重的社会危害性，触犯刑法，应当受刑罚惩罚的行为。犯罪与其他一般违法行为相比，具有三个基本特性：严重的社会危害性、刑事违法性和应受刑罚惩罚性。

在我国，刑事责任与民事责任、行政责任等法律责任相比，具有三个突出特点。①刑事责任的严厉性。作为追究刑事责任的刑事制裁手段（刑罚和保安处分），是最严厉的法律制裁方法。以刑罚为例，刑罚方法不仅可以通过国家强制力量对公民的财产进行剥夺、对于公民参与社会事务的某些资格可以剥夺、对于公民的人身自由可以剥夺，甚至还可以剥夺公民的生命权利。②刑事责任具有强烈的国家强制性。刑法作为司法法，作为禁止性规范，其强烈的国家属性是极为明显的。犯罪是孤立的个人反对统治关系的斗争；刑罚的适用过程实质上就是对"孤立的个人反对整个统治阶级的斗争"的反对，而不再是单纯的加害人与被害人的关系。由此，刑事责任的追究是以强大的国家机器作为后盾的，公诉案件是以国家的名义由国家机关实施求刑、量刑、行刑活动，而在整个过程中被害人则退居后位；其次，刑事责任的价值取向是以国家的价值取向为基础的，直接地反映了国家的意志，而不同于私法自治。③专属性。即现代刑法规定的刑事责任是一种严格的个体法律责任，罪责自负，反对株连。

追究刑事责任的制裁措施包括刑罚和保安处分。刑罚，是刑法规定的由国家审判机关依法对犯罪分子所适用的剥夺或者限制其某种权益的最严厉的强制性制裁方法，包括主刑和附加刑。《刑法》第 33 条规定了主刑，包括管制、拘役、有期徒刑、无期徒刑与死刑；《刑法》第 34 条规定了罚金、剥夺政治权利与没收财产三种附加刑；第 35 条规定了适用于犯罪的外国人的驱逐出境附加刑。

保安处分。一般认为，广义的保安处分是指对于存在犯罪行为或严重违法而显示具有特殊社会危险性的人或者特定的有害的物，为防止再度发生危害社会的结果，作为补充或代替刑罚的刑事司法处置或者行政处分，或者为了保护或者矫正行为人而采取的改善、教育、医疗、保护等特殊处置办法。

我国刑法目前是采用广义，其有关规定包括如下一些。第一，管教和政府收容。《刑法》第17条第4款："因不满十六周岁不予刑事处罚的，责令他的家长或者监护人加以管教；在必要的时候，也可以由政府收容教养。"第二，看管和医疗，政府强制医疗。《刑法》第18条第1款规定："精神病人在不能辨认或者不能控制自己行为的时候造成危害结果，经法定程序鉴定确认的，不负刑事责任，但是应当责令他的家属或者监护人严加看管和医疗；在必要的时候，由政府强制医疗。"第三，禁止令。《刑法》第38条第2款规定："判处管制，可以根据犯罪情况，同时禁止犯罪分子在执行期间从事特定活动，进入特定区域、场所，接触特定的人。"其第72条第2款规定："宣告缓刑，可以根据犯罪情况，同时禁止犯罪分子在缓刑考验期限内从事特定活动，进入特定区域、场所，接触特定的人。"第四，《刑法》第37条规定："对于犯罪情节轻微不需要判处刑罚的，可以免予刑事处罚，但是可以根据案件的不同情况，予以训诫或者责令具结悔过、赔礼道歉、赔偿损失，或者由主管部门予以行政处罚或者行政处分。"第37条之一规定："因利用职业便利实施犯罪，或者实施违背职业要求的特定义务的犯罪被判处刑罚的，人民法院可以根据犯罪情况和预防再犯罪的需要，禁止其自刑罚执行完毕之日或者假释之日起从事相关职业，期限为三年至五年。被禁止从事相关职业的人违反人民法院依照前款规定作出的决定的，由公安机关依法给予处罚；情节严重的，依照本法第312条的规定定罪处罚。其他法律、行政法规对其从事相关职业另有禁止或者限制性规定的，从其规定。"第五，刑事没收，即没收犯罪违法所得和没收违禁品、供犯罪所用的本人财物。《刑法》第64条规定："犯罪分子违法所得的一切财物，应当予以追缴或者责令退赔；对被害人的合法财产，应当及时返还；违禁品和供犯罪所用的本人财物，应当予以没收。没收的财物和罚金，一律上缴国库，不得挪用和自行处理。"

第二节 我国科技法规定的三大法律责任

就科技法而言，违宪责任是有关国家机关制定的科技法律法规或者其他规范性文件、抽象行政行为与宪法相抵触而产生的不利后果。比如，行政机关制定的政府规章有的规范与宪法条文或者宪法精神相冲突，就应该依法撤销或者宣告无效。这种违宪责任与本书的写作目的关系不密切。所以，本节主要讨论我国科技法规定的三大法律责任。

前已有述，鉴于科技法调整科技创新活动的属性，该法奉行了激励为主、惩罚为辅的原则。就否定性法律后果而论，追究违法者的法律责任，既是违法者咎由自取和罪有应得，也是对守法者的一种肯定和激励。因而，科技法设定一定的惩罚措施是其作为法律必不可缺少的固有属性。

一、科技法规定的民事法律责任

（一）科技民事法律责任的概念与立法例

科技法是以社会生活领域为调整对象所划分的部门法。科技法中包含了大量的民事法律规范。行为人（或者法人、社会组织）违反这些科技民事法律规范，构成民事违法行为。这类违法行为相应地产生民事法律责任，简称为科技民事法律责任。

科技法设定民事法律责任的法律规范广泛地存在于众多法律文件中，例如：①《科学技术进步法》第 73 条规定："违反本法规定，造成财产损失或者其他损害的，依法承担民事责任。"②《促进科技成果转化法》第 50 条规定："违反本法规定，以唆使窃取、利诱胁迫等手段侵占他人的科技成果，侵犯他人合法权益的，依法承担民事赔偿责任，可以处以罚款。"③《民法典》第三编"合同编"之第 8 章"违约责任"中规定了支付违约金、继续履行、赔偿损失等责任方式，该编的第 20 章"技术合同"一章规定了技术合同无效、停止违约行为、承担违约责任等民事责任类型。④《专利法》第 60 条规定，未经专利权人许可，实施其专利，即侵犯其专利权，引起纠纷的，由当事人协商解决；不愿协商或者协商不成的，专利权人或者利害关系人可以向人民法院起诉，也可以请求管理专利工作的部门处理。⑤《著作权法》第 47 条规定，有下列侵权行为的，应当根据情况，承担停止侵害、消除影响、赔礼道歉、赔偿损失等民事责任：未经著作权人许可，发表其作品的；未经合作作者许可，将与他人合作创作的作品当作自己单独创作的作品发表的等 11 种民事侵权情形。

（二）科技民事法律责任的成立条件

科技法规定的民事法律责任的成立条件也应遵循一般民事责任的构成要件。具体包含下列条件：

（1）有民事违法行为的存在。行为的民事违法性是构成民事责任的必要条件之一，行为的方式包括作为和不作为。作为即法律所禁止的行为，不当为而为之。不作为即法律要求行为人在某种情况下有做出某种行为的义务但负有这种义务的人没有履行该义务。

（2）有损害事实的存在。只有在民事违法行为引起了损害后果的情况下，行为人才负民事责任。包括财产方面的损害和非财产方面的损害。

（3）违法行为与违法事实之间存在因果关系。

（4）行为人主观上原则上应该有过错。过错是指违法行为人对自己的行为及其后果的一种心理状态，分为过失和故意两种。民事法律责任以过错为原则，以无过错为例外。

二、科技法规定的行政法律责任

（一）科技行政法律责任的概念与立法例

科技行政法律责任是由违反科技法之行政法规范的行为所引起的法律责任。科技行政违法行为是指科技行政法律关系主体违反科技法中的行政法律规范，侵害受法律保护的行政法律关系，对社会造成一定程度的危害但尚未构成犯罪，依法应当承担行政责任的行为。

科技法设定了大量的行政法律责任。①《科学技术进步法》第 71 条规定："违反本法规定，骗取国家科学技术奖励的，由主管部门依法撤销奖励，追回奖金，并依法给予处分。违反本法规定，推荐的单位或者个人提供虚假数据、材料，协助他人骗取国家科学技术奖励的，由主管部门给予通报批评；情节严重的，暂停或者取消其推荐资格，并依法给予处分。"②《促进科技成果转化法》第 50 条前段规定："违反本法规定，以唆使窃取、利诱胁迫等手段侵占他人的科技成果，侵犯他人合法权益的，依法承担民事赔偿责任，可以处以罚款。"③《植物新品种保护条例》（2014 修订）第 42 条规定："销售授权品种未使用其注册登记的名称的，由县级以上人民政府农业、林业行政部门依据各自的职权责令限期改正，可以处 1000 元以下的罚款。"

（二）科技行政法律责任的成立条件

科技行政法律责任的成立条件是指法律关系主体违反科技行政法律规范的规定，构成科技行政违法所必须具备的条件。具体包括以下条件：

（1）行为主体须是行政法关系主体，具有行政法律行为能力。行为人具备行政法主体资格，是行政违法的前提，是构成行政违法的首要条件。包括行政公务人员和行政相对人两大类。不是行政法律关系主体，不可能构成行政违法。

（2）行政法律关系主体负有特定的法定义务，行政违法违反的是行政法律规范，侵害的是受法律保护的行政法律关系；行政违法对国家、社会或者他人造成了一定程度的损害，但尚未达到构成犯罪的程度。

（3）行政违法的主观要件依法律的具体规定。通常要求行为人对实施的违法行为主观有过错，例外情况下，法律规定了无过错责任。

（4）行政违法所引起的法律责任应当依法而定，这是法治原则的要求。

三、科技法规定的刑事法律责任

（一）科技刑事责任的概念与立法例

科技刑事责任，是指科技法律规定的犯罪（简称科技犯罪）之法律责任。这里的科技犯罪，即违反科技法律法规，侵害科技法律秩序（危害科技利益），妨害科技进步，情节严重，触犯刑法，应受刑罚惩治的行为。科技犯罪也具有犯罪的一般特性，即严重的社会危害性、刑事违法性和应受刑罚惩罚性。

科技法设定的罪刑规范是保障其他科技法律规范有效性的最具强制性强行法规范，不可或缺地存在于各种科技法律中：①《科学技术进步法》第73条后段规定，违反本法规定，"构成犯罪的，依法追究刑事责任"。②《电子签名法》（2019修正）第32条规定："伪造、冒用、盗用他人的电子签名，构成犯罪的，依法追究刑事责任；给他人造成损失的，依法承担民事责任。"③《专利法》第71条规定："违反本法第20条规定向外国申请专利，泄露国家秘密的，由所在单位或者上级主管机关给予行政处分；构成犯罪的，依法追究刑事责任。"④《农业技术推广法》（2012年修订）第38条规定："违反本法规定，截留或者挪用用于农业技术推广的资金的，对直接负责的主管人员和其他直接责任人员依法给予处分；构成犯罪的，依法追究刑事责任。"

（二）科技犯罪的成立条件

犯罪的成立条件即犯罪构成，由犯罪客体要件、犯罪客观要件、犯罪主体要件和犯罪主观要件四要件组成。

（1）犯罪客体是指刑法所保护而为犯罪行为所侵害的社会关系。科技犯罪的犯罪客体要件，就是我国刑法所保护的而为严重违反科技法的行为所侵害的科技权利义务关系。

（2）犯罪的客观要件是表明行为构成刑法规定的犯罪所具有的各种客观外在的事实特征的要件。包括危害行为、危害结果、行为方式、时间地点、因果关系等要素。其中危害行为是客体要件的必要要素，行为结果、行为方式、时间地点、因果关系等是选择要素。

（3）犯罪主体要件是实施犯罪行为的人本身必须具备的条件。自然人主体必须达到法定的刑事责任年龄，并且精神正常；单位的犯罪主体资格以法律明文规定为限。

（4）犯罪主观要件是指犯罪主体对自己的行为及其危害社会结果所抱的心理态度。包括罪过（即犯罪故意或者犯罪过失）以及犯罪目的和犯罪动机等要素。

以假冒专利罪为例，该罪的犯罪构成是：①犯罪的客体要件是以他人的专利权为核心的国家专利管理秩序，也可表述为纳入国家整体法律秩序的他人的专利权。②犯罪的客观要件为违反专利管理法规，在法定的专利有效期限内，假冒他人专利，情节严重的行为。③主体要件是任何年满 16 周岁且精神正常的人均可构成本罪。单位也可构成本罪。科技工作人员和科技单位，相对于一般公民而言，触犯该罪名的概率较大。④主观要件是犯罪故意。构成本罪不以营利为目的，所以，出于损坏他人的专利产品信誉，生产、销售假冒伪劣产品的，也可构成本罪。

第三节　科技法律责任的立法现状及其评析

科技法律规范的渊源比较广泛地存在于科技法律中，如《科技进步法》《促进科技成果转化法》《国家科技奖励条例》《专利法》《著作权法》《农业技术推广法》等都设定有刑事法律责任规范。

一、科技民事法律责任的立法现状及其评析

（一）立法现状

初步统计，我国科技法所设定的民事法律责任种类主要有责令限期归还、责令停止侵害、消除影响、赔礼道歉、赔偿损失、依法承担民事赔偿责任、依法承担赔偿责任、依法承担民事责任等。《民法典》第三编"合同编"之第 8 章"违约责任"和第 20 章"技术合同"两章规定了支付违约金、继续履

行、赔偿损失、技术合同无效、停止违约行为、承担违约责任等民事责任类型。

（二）简评

（1）《民法典》规定的责任方式有 11 种民事责任类型（见上一节），但有些责任类型并没有明确引入科技法，比如"修理、重作、更换""消除危险"。这是科技法的特性所使然。不过，民法典是普通法，其他法律即使没有明确重申和规定，也不排除这些责任类型适用的可能性。

（2）立法表述的技巧有待提高。科技法对同样的责任类型的文字表述有时过于随意，比如"赔偿损失""依法承担民事赔偿责任"与"依法承担赔偿责任"，其实质并无不同。造成这种差异的原因是我国法律草案过去往往是由相应的主管部门来起草的，不同的主管部门起草者其所属部门特殊性、法律知识素养、公文的行文习惯有所不同。《民法典》已经颁布，今后在科技法创立、修订时，对其所设定的民事责任种类一定要规范化，严格使用法言法语，而不能随意化。

二、科技行政法律责任的立法现状及其评析

（一）立法现状

统计显示，现行科技行政法律责任的种类主要有：罚款、给予批评教育并予以制止、由主管部门责令改正并予公告、没收违法所得、没收侵权复制品以及进行违法活动的财物、由其上级机关或者监察机关责令改正、消除影响、有违法收入的予以没收；追回财政性资金和违法所得、向社会公布其违法行为、禁止其在一定期限内申请国家科学技术基金项目和国家科学技术计划项目、撤销奖励、追回奖金、通报批评、暂停或者取消推荐资格、取消荣誉称号；由工商行政管理部门依法吊销营业执照，对违法的行政相对人给予行政处罚，以及对违法的公务人员给予（行政）处分等。

（二）简评

对比《行政处罚法》所规定的行政处罚种类——警告、罚款、没收违法所得、没收非法财物、责令停产停业、暂扣或者吊销许可证、暂扣或者吊销执照、行政拘留，以及法律、行政法规规定的其他行政处罚制裁措施，目前，我国的科技行政法律责任的种类中没有警告、责令停产停业和拘留。

警告是最轻微的法律责任方式；拘留是剥夺违法者一定期限人身自由；责令停产停业，是行政机关要求从事违法生产经营活动的公民、法人或其他组织停止生产、停止经营的处罚形式。这也是基于科技创新活动实际情况作出的规定。

需要注意的是对"法律、行政法规规定的其他行政处罚"的理解：

（1）这是一个兜底性规定，其规范依据的范围，虽然限于法律、行政法规规定的范围，但由于行政法律法规是国家法律体系中的一个庞大的子系统，所以，"法律、行政法规规定的其他行政处罚"之内容却是极其丰富的。例如，《海关行政处罚实施条例》（2004 年生效）所设的行政处罚种类有警告、罚款、没收有关货物、物品、走私运输工具、暂停报关执业、撤销海关注册登记、取消报关从业资格等，就是基于海关管理的特殊性而做的具体规定。

（2）就科技法而言，给予批评教育并予以制止、由主管部门责令改正并予公告、由其上级机关或者监察机关责令改正、消除影响、追回财政性资金和违法所得、向社会公布其违法行为、禁止其在一定期限内申请国家科学技术基金项目和国家科学技术计划项目、撤销奖励、追回奖金、通报批评、暂停或者取消推荐资格、取消荣誉称号等，都是结合具体科技活动事项与特点对"法律、行政法规规定的其他行政处罚"的具体化制裁措施，从而体现了科技行政法律责任的特色。

三、科技刑事法律责任的立法现状及其评析

（一）科技犯罪立法设置的情况和罪刑规范渊源及现状

（1）根据我国现行立法，我们把科技犯罪划分为"侵害以国家法益为内核的科技法律秩序的犯罪""侵害以社会法益为内核的科技法律秩序的犯罪""侵害以个人法益为内核的科技法律秩序的犯罪"三大类。

①侵害国家法益的科技犯罪。

第一，侵害国家保密法律秩序的科技犯罪。行为人违反保密法义务规定，侵害国家保密法律秩序，情节严重的，构成相应的科技犯罪。这个方面的科技犯罪主要有：故意泄露国家秘密罪、过失泄露国家秘密罪；为境外窃取、刺探、收买、非法提供国家秘密、情报罪；非法获取国家机密罪；非法持有国家绝密、机密文件、资料、物品罪；非法获取军事秘密罪；为境外窃取、刺探、收买、非法提供军事秘密罪；故意泄露军事秘密罪和过失泄露军事

秘密罪。

第二，贪污贿赂型犯罪。科技研究人员、科技管理人员和科研学术单位实施的发生在科技领域中的贪污罪、挪用公款罪、受贿罪、行贿罪、单位受贿罪、对单位行贿罪、单位行贿罪、利用影响力受贿罪、对有影响力的人行贿罪等。

第三，科技管理渎职罪。具有国家工作人员身份的科技管理人员和科技研发人员，如果滥用职权，擅权妄为，损害国家科技利益，情节严重的，则依法构成滥用职权罪。具有国家工作人员身份的科技管理人员和科技研发人员，如果玩忽职守，懒政不作为，情节严重的，则依法构成玩忽职守罪。

②侵害社会法益的科技犯罪。

第一，非国家工作人员科技腐败、渎职的犯罪。除了"国有公司企业事业单位、人民团体"之外的其他公司、企业或者其他单位的科技工作人员，都属于非国家工作人员。这些人员如果有腐败、渎职行为，情节严重的，则依法构成非国家工作人员受贿罪、对非国家工作人员行贿罪、职务侵占罪、挪用资金罪等。

第二，侵犯知识产权的犯罪。科技工作人员（包括研发人员和管理人员）本身是知识和技术的创造者，同时，由于职业的特点，他们也最容易侵犯别人的知识产权，如果情节严重的，则依法构成侵犯著作权罪、假冒专利罪、侵犯商业秘密罪等。

第三，违背科技诚信原则的科技犯罪。科技工作人员的科技活动应该严格遵守诚信原则。如果不讲诚信，实施欺诈行为，则可能构成相应的科技犯罪，如在科技领域中的串通投标罪、合同诈骗罪、提供虚假证明文件罪、出具证明文件重大失实罪等。

第四，其他破坏科技法律秩序的犯罪。当行为人非法侵入计算机系统、非法获取计算机信息系统数据或者非法控制计算机信息系统，或者破坏计算机系统，危害科技利益，以及聚众扰乱科研工作秩序，危害科技利益，构成犯罪的，都属于科技犯罪的范畴。如非法侵入计算机系统罪，非法获取计算机信息系统数据、非法控制计算机信息系统罪，破坏计算机系统罪等。

③侵害个人法益的科技犯罪。

第一，占有型侵犯财产罪。如职务侵占罪、挪用资金罪和盗窃罪等。实践中曾经发生的农民工偷"天价葡萄"案，客观上就危害了科技利益。

第二，毁坏型侵犯财产罪。如故意毁坏财物罪和破坏生产经营罪，这两个罪都可能破坏科技法律秩序，因而也属于科技犯罪。

（2）科技犯罪设置的罪刑规范渊源之分布。

①科技犯罪之罪刑规范集中地存在于现行《刑法》。其中，许多犯罪不是纯正的科技犯罪，只有一些犯罪，如侵犯著作权罪、假冒专利罪、侵犯商业秘密罪等属于纯正的科技犯罪。

②附属刑法规范情况。我国现行科技法律，如《科学技术进步法》《促进科技成果转化法》《电子签名法》《专利法》《著作权法》《农业技术推广法》等对刑事责任的规定都没有实质的罪刑规范，都是采用了"违反本法规定，……构成犯罪的，依法追究刑事责任"的等表述。

③目前我国没有专门惩治科技犯罪的单行刑法。

（二）简评

1. 关于犯罪圈的大小

我国现行《刑法》所设置的科技犯罪基本涵盖了从科技立项，科技研发，权属确认，权属流转，技术产品的产业化、市场化和国际化应用，成果奖励等科技创新的全过程，这对于营造我国坚实的科技创新法治环境，促进科技创新发展，为创新型国家建设起到了保驾护航的保障法作用。不过，目前还存在一些立法空白，如现行刑法对捏造、篡改剽窃、买卖论文、代写论文等严重的科研学术欺诈行为实施刑罚打击的制度供给尚显不足。

2020 年 6 月 28 日提请全国人大常委会会议审议的《刑法修正案（十一）（草案）》加大了对科技犯罪的打击力度，拟新设科技犯罪。首先将增加规定商业间谍犯罪，规定"为境外的机构、组织、人员窃取、刺探、收买、非法提供商业秘密的，处五年以下有期徒刑或者拘役，并处或者单处罚金；情节严重的，处五年以上有期徒刑，并处罚金"。其次将新设"非法基因编辑"等犯罪。为维护国家安全和生物安全，防范生物威胁，并与生物安全法衔接，草案增加规定了三类犯罪行为：非法从事人体基因编辑、克隆胚胎的犯罪，严重危害国家人类遗传资源安全的犯罪，非法处置外来入侵物种的犯罪等。笔者认为，修正案将具有较大社会危害性的违反科研伦理行为"入罪"十分必要。

2. 科技犯罪罪刑均衡配置情况分析

（1）现行《刑法》关于纯正的科技犯罪法定刑的设置，与其他密切关联的犯罪法定刑相比较偏低。例如，《刑法》第 216 条规定："假冒他人专利，情节严重的，处三年以下有期徒刑或者拘役，并处或者单处罚金。"再如，根据《刑法》第 219 条，侵犯他人商业秘密，给商业秘密的权利人造成重大损失的，处三年以下有期徒刑或者拘役，并处或者单处罚金；造成特别严重后果的，处三年以上七年以下有期徒刑，并处罚金。

将这两种犯罪与普通的侵犯财产犯罪相比，科技犯罪的法定刑配置显然偏轻，尤其是假冒专利罪的法定刑最高为有期徒刑，实在低得不可思议。如普通诈骗罪，根据《刑法》第266条规定，诈骗公私财物，数额较大的，处三年以下有期徒刑、拘役或者管制，并处或者单处罚金；数额巨大或者有其他严重情节的，处三年以上十年以下有期徒刑，并处罚金；数额特别巨大或者有其他特别严重情节的，处十年以上有期徒刑或者无期徒刑，并处罚金或者没收财产。再如，抢夺罪，根据《刑法》第267条规定，抢夺公私财物，数额较大的，或者多次抢夺的，处三年以下有期徒刑、拘役或者管制，并处或者单处罚金；数额巨大或者有其他严重情节的，处三年以上十年以下有期徒刑，并处罚金；数额特别巨大或者有其他特别严重情节的，处十年以上有期徒刑或者无期徒刑，并处罚金或者没收财产。《刑法修正案（十一）（草案）》将提高侵害商业秘密罪入罪门槛，并提高法定刑幅度，在笔者看来只是解决了部分问题。

（2）比较贪污罪和职务侵占罪、受贿罪和非国家工作人员受贿罪、挪用公款罪和挪用资金罪的法定刑可知，现行《刑法》对于非国有企业的资产保护力度明显低于国有企业。这种对不同所有制性质的企业的不平等保护，不利于营造公平竞争的企业生产经营和科技创新环境。正是这个原因，《刑法修正案（十一）（草案）》将加大惩治民营企业内部发生的侵害民营企业财产的犯罪，进一步提高和调整职务侵占罪、非国家工作人员受贿罪、挪用资金罪的刑罚配置，优化非国有企业生产和经营法治环境，实现对不同所有制经济的平等保护。这些修改对打击有关的科技犯罪是间接有利的。

3. 对科技犯罪之罪刑规范渊源情况的简评

尽管从广义上讲，我国刑法渊源包括《刑法》（即刑法典）、单行刑法和附属刑法，但是，由于目前没有专门的单行科技刑法，而附属科技刑法一直都是援引立法——提示性的规定，不设置实质的罪刑规范。因此，从实质意义上说，刑法典是科技犯罪罪刑规范的唯一载体。

导致这种局面的原因是，1979年《刑法》颁布之后，我国社会进入急剧转型的快速发展时期，从颁布到1997年《刑法》修订的约18年间，国家立法机关适应社会发展的需要先后颁布了24个单行刑法和107个附属刑法文件，因而在很大程度上架空了刑法典。所以，1997年修订刑法时本着制定一个统一的刑法典的原则，将所有的单行刑法和附属刑法中的罪刑规范统统吸收到刑法典中。而且，为了维护刑法典的权威、保持刑法典的统一性，自1997年以来，立法机关较少采用单行刑法修改或补充刑法❶，作为附属刑法的罪刑规范也不再设立实质性内容而只作照应性规定："构成犯罪的，依法追究刑事责任。"刑法的修改、补充主要是采用刑法修正案的方式来进行的。迄今为止，共出台了11个刑法修正案。

刑法典、单行刑法和附属刑法的立法模式各有其优点和不足，在肯定《刑法修正案》修改法律主导地位的同时，立法机关也不要走极端而禁绝单行刑法和附属刑法的立法方式。所以，在条件适合的情况下，可以对有关纯正的科技犯罪刑法规范加以编纂而制定单行的科技刑法；而且，附属科技刑法规范也不要千篇一律地采用纯粹形式意义的照应性规定，应该使附属刑法规范切实具有应有的实质性罪刑规范内容。

第四节　科技法律责任的实现

一、科技法律责任概述

（一）科技法律责任实现的概念

科技法律责任的实现，是实施了违反科技法的行为或者出现科技法律事件而产生的法律责任切切实实地由行为人予以承担。在这一过程中，权利人的权利因而得到了救济，正义得到了伸张，科技法律秩序得以恢复和维护。例如，未经专利权人许可，实施其专利，即侵犯其专利权，给专利权人造成损失的，依法应该承担停止侵权行为、赔偿权利人的损失等民事责任，这些法律责任被具体确定之后，由侵权人切实承担，权利人的权利得到救济。再如，某甲以营利为目的，未经著作权人许可，复制发行其文字作品，非法经营数额为人民币11万元（即依照司法解释，属于"违法所得数额较大"情形），人民法院依法对甲定罪判刑，判处其有期徒刑二年，并处罚金1万元人民币，判决生效后犯罪人被关进监狱执行徒刑，并缴纳罚金。

---

❶　迄今为止，我国只颁布了四个单行刑法：（1）1998年12月29日中华人民共和国第九届全国人民代表大会常务委员会第六次会议通过的《关于惩治骗购外汇、逃汇和非法买卖外汇犯罪的决定》；（2）1999年10月30日第九届全国人民代表大会常务委员会第十二次会议通过的《关于取缔邪教组织、防范和惩治邪教活动的决定》；（3）2000年12月28日第九届全国人民代表大会常务委员会第十九次会议通过的《关于维护互联网安全的决定》；（4）2011年10月29日第十一届全国人民代表大会常务委员会第二十三次会议通过的《全国人大常委会关于加强反恐怖工作有关问题的决定》。

（二）科技法律责任实现与解决的异同

法律责任的实现与法律责任的解决，既有联系又有一定的差别。法律责任的实现只是法律责任解决的常见的主要的途径。除此之外，还有如下解决途径。①在一些情况下，如行为人死亡、超过诉讼时效、赦免等，都会导致法律责任的消灭。②享有外交特权的外国人的法律责任通过外交途径解决。可见，科技法律责任的解决是科技法律责任实现的上位概念，是现实解决的主渠道和常规解决方式。因此，本章只分析作为常态的、主渠道的法律责任的实现。

（三）科技法律责任实现的意义

首先，如果对行为人违法犯罪行为所产生的法律责任不予追究，违法行为没有受到应有的否定性评价，行为人没有受到及时的、足够的谴责，权利人的权利得不到及时、有效的救济，那么，法律行为的规制功能就没有发挥、立法目的就不能实现，由此，国家的法律无疑退化为一纸空文，国家和社会的秩序将杂乱无章，国家的制度文明将无从谈起。

其次，科技法律责任实现是再现实体正义与程序公正的动态过程。"徒法不足以自行"，仅有实体法的规定，没有程序法规范，那么，实体规范便不能在社会生活和司法实践中正确地贯彻实行。在阐述了科技法律责任及其不同种性质责任的构成条件之后，还应该分析追究法律责任的渠道和程序，确保法律责任落到实处，救济权利，维护法律秩序，实现法律的正义。"正义不仅要实现，而且要以看得见的方式实现。"

当然，不同性质的法律责任，其追究的渠道和程序有实质的差异。以下按照民事责任、行政法律责任和刑事责任的分类加以分析。

二、科技民事法律责任的实现

民事责任内容丰富、种类较多，在此，我们讨论其中重要的调解、和解、诉讼和仲裁等制度。

（一）通过调解得以实现

调解是指中立的第三方在当事人之间调停疏导，帮助交换意见，提出解决建议，促成双方纠纷解决的活动。在中国，调解有民间调解、人民调解（群众性组织即人民调解委员会的调解）、行政调解（行政机关在执法过程中的调解）、诉讼调解（法院在诉讼过程中的调解）、仲裁调解（仲裁机关在仲裁过程中的调解）等多种形式。如《著作权法》第55条规定："著作权纠纷可以调解，也可以……"这就明确规定，调解是著作权纠纷解决的重要渠道。

民间调解，是指民事纠纷双方当事人在亲戚、朋友、同学、邻居等主持下，在澄清双方争议的事实基础上，提出解决争议的方案，对各自的法律责任予以分担。这是一种古老的民事争议解决方式，在中国社会中仍然具有较大的市场。

人民调解（人民调解委员会的调解），是指根据《人民调解法》（2011年1月1日生效），人民调解员通过说服、疏导等方法，促使当事人在平等协商基础上自愿达成调解协议，解决民间纠纷的活动。

行政调解，是国家行政机关在行政执法过程中就行政纠纷所涉及的民事法律责任进行的调解。如《专利法》第60条规定："进行处理的管理专利工作的部门应当事人的请求，可以就侵犯专利权的赔偿数额进行调解；调解不成的……"《商标法》第60条规定："有本法第57条所列侵犯注册商标专用权行为之一，引起纠纷的，由当事人协商解决；不愿协商或者协商不成的，商标注册人或者利害关系人可以向人民法院起诉，也可以请求工商行政管理部门处理。……对侵犯商标专用权的赔偿数额的争议，当事人可以请求进行处理的工商行政管理部门调解，也可以依照《中华人民共和国民事诉讼法》向人民法院起诉。经工商行政管理部门调解，当事人未达成协议或者调解书生效后不履行的，当事人可以……"必须说明的是，行政调解达成的协议不具有强制约束力，新颁布的或者修改的行政单行法有逐步取消行政调解的趋势。

诉讼调解，亦称法院调解，是指对民事案件在人民法院审判组织的主持下，诉讼双方当事人平等协商，达成协议，经人民法院认可，以终结诉讼活动的一种结案方式。《民事诉讼法》规定，人民法院审理民事案件，应遵循查明事实、分清是非，自愿与合法的原则进行调解；调解不成，应及时判决。法院调解，可以由当事人的申请开始，也可以由人民法院依职权主动开始。

关于仲裁调解，《仲裁法》第51条规定，仲裁庭在作出裁决前，可以先行调解。当事人自愿调解的，仲裁庭应当调解。调解不成的，应当及时作出裁决。调解达成协议的，仲裁庭应当制作调解书或者根据协议的结果制作裁决书。调解书与裁决书具有同等法律效力。

需要指出的是，诉讼调解本质上属于诉讼程序的一个环节，这类调解协议与民事判决和裁定具有同样的法律约束力。仲裁调解，本质上属于仲裁程序的一环。本书只是基于从简单快捷、经济高效，充分尊重当事人双方的意志自由而言，将这两种调解方式归属于广义调解的范畴。

（二）通过和解得以实现

和解，包括诉讼前的和解和诉讼中的和解两种。

诉讼前的和解是指发生诉讼以前，双方当事人互相协商达成协议，解决双方的争执。这是一种民事法律行为，是当事人依法处分自己民事实体权利的表现（基于意思自治的处分原则）。和解成立后，当事人所争执的权利义务即归确定。和解一经成立，当事人不得任意反悔，要求撤销。

诉讼中的和解是当事人在诉讼进行中互相协商，达成协议，解决双方的争执。这种和解不问诉讼程序进行如何，凡在法院作出判决前，当事人都可进行。可以就整个诉讼标的达成协议，也可就诉讼上的个别问题达成协议。诉讼中的和解协议经法院审查批准，当事人签名盖章，即发生效力，结束诉讼程序的全部或部分。结束全部程序的，即视为当事人撤销诉讼。现行《民事诉讼法》（2017 修订）把自行和解作为当事人一项重要的诉讼权利。该法第 50 条规定，当事人可以在诉讼的任何阶段进行。其第 230 条规定了执行和解："在执行中，双方当事人自行和解达成协议的，执行员应当将协议内容记入笔录，由双方当事人签名或者盖章。申请执行人因受欺诈、胁迫与被执行人达成和解协议，或者当事人不履行和解协议的，人民法院可以根据当事人的申请，恢复对原生效法律文书的执行。"

（三）通过仲裁得以实现

1. 科技纠纷仲裁的概念和优势

科技纠纷的仲裁，是指根据双方当事人的合意，把基于一定的科技法律关系而发生或将来可能发生的纠纷委托给仲裁机构进行裁决的活动。仲裁具有自愿性、独立性、公正性、专业性、保密性、灵活性，以及简便和经济性等特点。

对于科技纠纷的解决而言，仲裁的优势首先表现为仲裁机构的独立性，这在国际科技纠纷的仲裁解决中表现得更突出：当事人选择中立的第三国仲裁院处理争议，可以最大限度地免去对法院地方保护主义的顾虑。其次体现在仲裁员的专业性上。科技纠纷中的知识性和专业化程度越来越高，而且纠纷也愈加复杂，相对普通法官或者一般调解人而言，大部分来自技术专业领域的仲裁员在科技纠纷解决中的专业优势就体现得非常突出。独立性和专业性有助于使处理的结果公正、权威，增强了当事人对处理结果的认可度。

《仲裁法》规定，平等主体的公民、法人和其他组织之间发生的合同纠纷和其他财产权益纠纷，可以仲裁。目前，我国主要有技术合同仲裁、著作权合同仲裁和软件著作权合同仲裁等多种解决科技争议的仲裁制度。

2. 仲裁的原则

仲裁活动必须遵循下列基本原则：①当事人自愿原则；②一裁终局原则；③依法独立仲裁，不受非法干涉原则；④以事实为根据，以法律为准绳原则；⑤仲裁当事人地位平等和权利义务对等原则；⑥司法支持和监督原则。

3. 仲裁须有当事人之间的仲裁协议作为启动依据

当事人采用仲裁方式解决纠纷，应当双方自愿，达成仲裁协议。没有仲裁协议，一方申请仲裁的，仲裁委员会不予受理。当事人达成仲裁协议，一方向人民法院起诉的，人民法院不予受理，但仲裁协议无效的除外。

有下列情形之一的，仲裁协议无效：①约定的仲裁事项超出法律规定的仲裁范围的；②无民事行为能力人或者限制民事行为能力人订立的仲裁协议；③一方采取胁迫手段，迫使对方订立仲裁协议的。

4. 当事人申请仲裁应当符合的条件

这些条件包括：①有仲裁协议；②有具体的仲裁请求和事实、理由；③属于仲裁委员会的受理范围。

5. 仲裁实行一裁终局的制度

裁决作出后，当事人就同一纠纷再申请仲裁或者向人民法院起诉的，仲裁委员会或者人民法院不予受理。裁决被人民法院依法裁定撤销或者不予执行的，当事人就该纠纷可以根据双方重新达成的仲裁协议申请仲裁，也可以向人民法院起诉。

6. 裁决的作出

裁决应当按照多数仲裁员的意见作出，少数仲裁员的不同意见可以记入笔录。仲裁庭不能形成多数意见时，裁决应当按照首席仲裁员的意见作出。裁决书应当写明仲裁请求、争议事实、裁决理由、裁决结果、仲裁费用的负担和裁决日期。当事人协议不愿写明争议事实和裁决理由的，可以不写。裁决书由仲裁员签名，加盖仲裁委员会印章。对裁决持不同意见的仲裁员可以签名，也可以不签名。仲裁庭仲裁纠纷时，其中一部分事实已经清楚，可以就该部分先行裁决。

7. 申请撤销裁决

当事人提出证据证明裁决有下列情形之一的，可以向仲裁委员会所在地的中级人民法院申请撤销裁决：①没有仲裁协议的；②裁决的事项不属于仲裁协议的范围或者仲裁委员会无权仲裁的；③仲裁庭的组成或者仲裁的程序违反法定程序的；④裁决所根据的证据是伪造的；⑤对方当事人隐瞒了足以影响公正裁决的证据的；⑥仲裁员在仲裁该案时有索贿受贿，徇私舞弊，枉法裁决行为的。人民法院经组成合议庭审查核实裁决有前款规定情形之一的，应当裁定撤销。人民法院认定该裁决违背社会公共利益的，应当裁定撤销。

8. 执行

当事人应当履行裁决。一方当事人不履行的，另一方当事人可以依照《民事诉讼法》的有关规定向人民法院申请执行。受申请的人民法院应当执行。被申请人提出证据证明裁决有《民事诉讼法》第 217 条第 2 款规定的情形之一的，经人民法院组成合议庭审查核实，裁定不予执行。一方当事人申请执行裁决，另一方当事人申请撤销裁决的，人民法院应当裁定中止执行。人民法院裁定撤销裁决的，应当裁定终结执行。撤销裁决的申请被裁定驳回的，人民法院应当裁定恢复执行。

（四）通过民事诉讼得以实现

1. 科技民事诉讼的概念和常见类型

民事诉讼是指人民法院在各方当事人和其他诉讼参与人的参加下，为解决民事纠纷而进行的全部活动。其主要任务是确认民事权利义务关系、制裁民事违法行为，保护国家、集体和个人的民事权益。科技领域中常见的民事纠纷包括知识产权纠纷和技术合同纠纷。

2. 解决科技争议的民事诉讼特有的原则

解决科技争议的民事诉讼除了要遵守民事诉讼的一般原则外，还要注意以下特殊原则：

（1）尊重科学技术发展规律，有利于科技进步的原则。科技争议的诉讼只有从科技工作的实际出发，尊重科技发展规律，才能使科技争议正确、公正地解决。尊重科学技术发展规律，有利于科技进步的原则，要求人民法院在处理科技争议的案件过程中，无论是在程序上还是在实体上，各项诉讼活动的进行和诉讼措施的采取，都应当符合科学技术发展规律和科学技术进步的要求。

（2）法律适用原则具体化为：以科学技术活动的事实为根据，以科技法律为准绳。

（3）依靠有关部门与科技人员协助的原则。科技争议大多具有很强的专业性，要求审判人员具有较高的科技素养，目前我国法院的审判人员尚难做到这一点。为了保证案件得到正确与合理地判决，可能会邀请有关部门和科技工作者协助，特别是在基层法院审理第一审科技纠纷案件中，可以尽量邀请有科技工作背景的人民陪审员参与到审判中来。

（4）保密原则。有关科技民事诉讼往往涉及技术秘密和商业秘密，泄露秘密不仅可能损害当事人利益，还可能损害国家利益。《民事诉讼法》规定了涉及商业秘密的案件不公开审理的情形。

3. 以专利纠纷的民事诉讼为例的阐述

关于受案范围。人民法院审理的专利案件主要包括以下几类：①专利侵权纠纷；②关于转让专利申请权或者专利权的合同纠纷案件；③专利申请权纠纷案件；④专利权权属纠纷案件；⑤专利申请公告后、专利权授予前使用专利费用的纠纷案件；⑥关于实施强制许可使用费的纠纷案件。

关于诉讼时效。《专利法》第68条规定，侵犯专利权的诉讼时效为2年，自专利权人或者利害关系人得知或者应当得知侵权行为之日起计算。发明专利申请公布后至专利权授予前使用该发明未支付适当使用费的，专利权人要求支付使用费的诉讼时效为2年，自专利权人得知或者应当得知他人使用其发明之日起计算，但是，专利权人于专利权授予之日前即已得知或者应当得知的，自专利权授予之日起计算。

关于专利案件的管辖。在级别管辖方面，专利民事案件实行指定管辖，即分别由各省、自治区、直辖市人民政府所在地的中级人民法院和各经济特区的中级人民法院作为第一审法院，各省、自治区、直辖市高级人民法院为第二审法院。各省、自治区高级人民法院根据实需要、经最高人民法院同意，也可以指定本省、自治区内的开放城市或者设有专利管理机关的较大城市的中级人民法院作为专利民事案件的第一审法院。在地域管辖方面，专利诉讼制度主要是针对专利侵权案件的特殊性而规定了这类案件的地域管辖原则。所以，专利侵权案件除了要按上述指定管辖的规定办理以外，还须遵循相应关于地域管辖的原则。

关于举证责任。产品专利侵权案件，适用民事诉讼一般举证规则——谁主张谁举证；新产品的方法专利侵权案件，由被告负相反的举证责任。

三、科技行政法律责任的实现

（一）概念和分类

行政违法，是指行政法律关系主体违反行政法律规范，侵害受法律保护的行政法律关系，对国家、社会或者其他法律主体造成一定程度的危害但尚未构成犯罪，依法应当承担行政法律责任的行为。

按照违法主体，可以把行政违法划分为两种类型：①国家工作人员的违法失职行为；②行政相对人的违法行为。

行政违法所产生的法律责任通常也是通过行政处罚和行政处分，以及行政诉讼而实现。

（二）科技行政法律责任通过行政处分和行政处罚而实现

1. 对于国家工作人员的违法失职行为的行政处分

行政处分是国家行政机关依照行政隶属关系给予有违法失职行为的国家机关公务人员的一种惩罚措施，包括警告、记过、记大过、降级、撤职、开除。基于本书的写作目的，这里不详细讨论。

2. 对于违反行政法的行政相对人的行政处罚

《行政处罚法》（2017 年 9 月 1 日修订）第 3 条规定："公民、法人或者其他组织违反行政管理秩序的行为，应当给予行政处罚的，依照本法由法律、法规或者规章规定，并由行政机关依照本法规定的程序实施。"

首先，公民、法人或者其他组织违反行政管理秩序的行为，依法应当给予行政处罚的，行政机关必须查明事实；违法事实不清的，不得给予行政处罚。

其次，行政机关作出责令停产停业、吊销许可证或者执照、较大数额罚款等行政处罚决定之前，应当告知当事人有要求举行听证的权利；当事人要求听证的，行政机关应当组织听证。

再次，当事人对当场作出的行政处罚决定不服的，可以依法申请行政复议或者依法提起行政诉讼。

最后，行政处罚决定依法作出后，当事人应当在行政处罚决定的期限内予以履行。当事人逾期不履行行政处罚决定的，作出行政处罚决定的行政机关可以采取下列措施：到期不缴纳罚款的，每日按罚款数额的百分之三加处罚款；根据法律规定，将查封、扣押的财物拍卖或者将冻结的存款划拨抵缴罚款；申请人民法院强制执行。

当事人对行政处罚决定不服申请行政复议或者提起行政诉讼的，行政处罚不停止执行，法律另有规定的除外。

（三）对具体行政行为的行政复议

《行政复议法》（2017 年修正）第 2 条规定："公民、法人或者其他组织认为具体行政行为侵犯其合法权益，向行政机关提出行政复议申请，行政机关受理行政复议申请、作出行政复议决定，适用本法。"

1. 关于受案范围

根据《行政复议法》和有关科技法规定，公民、法人或者其他组织可以申请行政复议的事项主要有：

（1）对行政机关作出的警告、罚款、没收违法所得、没收非法财物、责令停产停业、暂扣或者吊销许可证、暂扣或者吊销执照、行政拘留等行政处罚决定不服的。

（2）对行政机关作出的限制人身自由或者查封、扣押、冻结财产等行政强制措施决定不服的。

（3）对行政机关作出的有关许可证、执照、资质证、资格证等证书变更、中止、撤销的决定不服的。

（4）认为行政机关侵犯合法的经营自主权的。

（5）认为符合法定条件，申请行政机关颁发许可证、执照、资质证、资格证等证书，或者申请行政机关审批、登记有关事项，行政机关没有依法办理的。

（6）认为行政机关的其他具体行政行为侵犯其合法权益的。

2. 行政复议决定

《行政复议法》（2017年修正）第28条规定，行政复议机关应当对被申请人作出的具体行政行为进行审查，提出意见，经行政复议机关的负责人同意或者集体讨论通过后，按照下列规定作出行政复议决定：

（1）具体行政行为认定事实清楚，证据确凿，适用依据正确，程序合法，内容适当的，决定维持；

（2）被申请人不履行法定职责的，决定其在一定期限内履行；

（3）具体行政行为有下列情形之一的，决定撤销、变更或者确认该具体行政行为违法；决定撤销或者确认该具体行政行为违法的，可以责令被申请人在一定期限内重新作出具体行政行为：①主要事实不清、证据不足的；②适用依据错误的；③违反法定程序的；④超越或者滥用职权的；⑤具体行政行为明显不当的。

（4）被申请人不按照《行政复议法》第23条的规定提出书面答复、提交当初作出具体行政行为的证据、依据和其他有关材料的，视为该具体行政行为没有证据、依据，决定撤销该具体行政行为。

（四）科技行政法律责任通过行政诉讼而实现

根据《行政诉讼法》（2017 年修正）规定，公民、法人或者其他组织认为行政机关和行政机关工作人员的行政行为侵犯其合法权益，有权依法向人民法院提起行政诉讼。此外，法律、法规、规章授权的组织作出的行政行为，也属于受诉的对象。

（1）起诉。《行政诉讼法》第 49 条规定，提起行政诉讼应当符合下列条件：①原告是符合本法第 25 条规定的公民、法人或者其他组织；②有明确的被告；③有具体的诉讼请求和事实根据；④属于人民法院受案范围和受诉人民法院管辖。

（2）诉讼期间，不停止行政行为的执行。但有下列情形之一的，裁定停止执行：①被告认为需要停止执行的；②原告或者利害关系人申请停止执行，人民法院认为该行政行为的执行会造成难以弥补的损失，并且停止执行不损害国家利益、社会公共利益的；③人民法院认为该行政行为的执行会给国家利益、社会公共利益造成重大损害的；④法律、法规规定停止执行的。当事人对停止执行或者不停止执行的裁定不服的，可以申请复议一次。

（3）一审判决。《行政诉讼法》第 70 条规定，行政行为有下列情形之一的，普通一审判决撤销或者部分撤销受诉的具体行政行为，并可以判决被告重新作出行政行为：①主要证据不足的；②适用法律、法规错误的；③违反法定程序的；④超越职权的；⑤滥用职权的；⑥明显不当的。

（4）二审的启动与二审裁判。当事人不服人民法院第一审判决的，有权在判决书送达之日起 15 日内向上一级人民法院提起上诉。当事人不服人民法院第一审裁定的，有权在裁定书送达之日起 10 日内向上一级人民法院提起上诉。逾期不提起上诉的，人民法院的第一审判决或者裁定发生法律效力。

人民法院审理上诉案件，按照下列情形，分别处理：①原判决、裁定认定事实清楚，适用法律、法规正确的，判决或者裁定驳回上诉，维持原判决、裁定；②原判决、裁定认定事实错误或者适用法律、法规错误的，依法改判、撤销或者变更；③原判决认定基本事实不清、证据不足的，发回原审人民法院重审，或者查清事实后改判；④原判决遗漏当事人或者违法缺席判决等严重违反法定程序的，裁定撤销原判决，发回原审人民法院重审。原审人民法院对发回重审的案件作出判决后，当事人提起上诉的，第二审人民法院不得再次发回重审。人民法院审理上诉案件，需要改变原审判决的，应当同时对被诉行政行为作出判决。

（5）关于生效判决的执行。当事人必须履行人民法院发生法律效力的判决、裁定、调解书。公民、法人或者其他组织拒绝履行判决、裁定、调解书的，行政机关或者第三人可以向第一审人民法院申请强制执行，或者由行政机关依法强制执行。

四、科技犯罪刑事法律责任的解决

（一）公诉的国家强制性和刑事责任的"非当事人自由处分"的特点

不同于一般违法，犯罪被视为"孤立的个人反对统治关系的斗争"（马克思语），是对国家整体法律秩序的挑战，而不再简单地视为当事人之间私人事务的争议。也就是说，刑事侦查、审查起诉和刑事审判，都是特定国家机关代表国家对犯罪人的"斗争"，而不是纯粹为了弥补被害人的损失。刑事被害人在刑事诉讼中的地位与民事案件中的被侵权人的地位和诉讼权利迥然不同：刑事被害人对行为人的行为是否构成犯罪、构成何罪和怎么处刑，对于诉讼程序的进展等，往往不具有决定性影响和处分权。科技犯罪也是一样。因此，对于科技犯罪所产生的法律责任，由国家公安司法机关侦查、起诉和审判，被害人只是刑事诉讼广义上的证人之一。

不过，任何原则都有例外，与公诉相对应，还存在个别情况的自诉情形。所谓公诉是指检察机关对侦查机关（调查机关）侦查终结（调查终结），移送审查起诉的案件，检察院依法定职权进行审查，决定向人民法院提起公诉、出庭支持公诉、对刑事判决进行审查，或依法决定不起诉的诉讼活动。所谓自诉案件，是告诉才处理的以及其他不需要进行侦查的轻微刑事案件。这里重点讨论公诉案件的诉讼程序。

（二）公诉案件诉讼程序的重要内容

根据《刑事诉讼法》（2018 年修订）规定，公诉案件一般要经过立案、侦查、提起公诉、审判（一审和二审）、执行等重要程序和环节。

1. 立案

公安机关或者人民检察院发现犯罪事实或者犯罪嫌疑人，应当按照管辖范围立案侦查。任何单位和个人发现有犯罪事实或者犯罪嫌疑人，有权利也有义务向公安机关、人民检察院或者人民法院报案或者举报。被害人对侵犯其人身、财产权利的犯罪事实或者犯罪嫌疑人，有权向公安机关、人民检察院或者人民法院报案或者控告。公安机关、人民检察院或者人民法院对于报案、控告、举报，都应当接受。对于不属于自己管辖的，应当移送主管机关处理，并且通知报案人、控告人、举报人；对于不属于自己管辖而又必须采取紧急措施的，应当先采取紧急措施，然后移送主管机关。

2. 侦查

公安机关对已经立案的刑事案件，应当进行侦查，收集、调取犯罪嫌疑人有罪或者无罪、罪轻或者罪重的证据材料。对现行犯或者重大嫌疑分子可以依法先行拘留，对符合逮捕条件的犯罪嫌疑人，应当依法逮捕。

公安机关侦查终结的案件，应当做到犯罪事实清楚，证据确实、充分，并且写出起诉意见书，连同案卷材料、证据一并移送同级人民检察院审查决定；同时将案件移送情况告知犯罪嫌疑人及其辩护律师。犯罪嫌疑人自愿认罪的，应当记录在案，随案移送，并在起诉意见书中写明有关情况。

在侦查过程中，发现不应对犯罪嫌疑人追究刑事责任的，应当撤销案件；犯罪嫌疑人已被逮捕的，应当立即释放，发给释放证明，并且通知原批准逮捕的人民检察院。

3. 审查起诉和提起公诉

凡需要提起公诉的案件，一律由人民检察院审查决定。人民检察院对于监察机关移送起诉的案件，依照《刑事诉讼法》和《监察法》的有关规定进行审查。人民检察院经审查，认为需要补充核实的，应当退回监察机关补充调查，必要时可以自行补充侦查。

人民检察院认为犯罪嫌疑人的犯罪事实已经查清，证据确实、充分，依法应当追究刑事责任的，应当作出起诉决定，按照审判管辖的规定，向人民法院提起公诉，并将案卷材料、证据移送人民法院。犯罪嫌疑人认罪认罚的，人民检察院应当就主刑、附加刑、是否适用缓刑等提出量刑建议，并随案移送认罪认罚具结书等材料。

4. 普通一审程序

人民法院对提起公诉的案件进行审查后，对于起诉书中有明确的指控犯罪事实的，应当决定开庭审判。庭审结束，合议庭进行评议，根据已经查明的事实、证据和有关的法律规定，分别作出以下判决：①案件事实清楚，证据确实、充分，依据法律认定被告人有罪的，应当作出有罪判决；②依据法律认定被告人无罪的，应当作出无罪判决；③证据不足，不能认定被告人有罪的，应当作出证据不足、指控的犯罪不能成立的无罪判决。

对于认罪认罚案件，人民法院依法作出判决时，一般应当采纳人民检察院指控的罪名和量刑建议，但有下列情形的除外：①被告人的行为不构成犯罪或者不应当追究其刑事责任的；②被告人违背意愿认罪认罚的；③被告人否认指控的犯罪事实的；④起诉指控的罪名与审理认定的罪名不一致的；⑤其他可能影响公正审判的情形。人民法院经审理认为量刑建议明显不当，或者被告人、辩护人对量刑建议提出异议的，人民检察院可以调整量刑建议。人民检察院不调整量刑建议或者调整量刑建议后仍然明显不当的，人民法院应当依法作出判决。

5. 上诉、抗诉和二审

被告人、自诉人和他们的法定代理人，不服地方各级人民法院第一审的判决、裁定，有权用书状或者口头向上一级人民法院上诉。被告人的辩护人和近亲属，经被告人同意，可以提出上诉。

地方各级人民检察院认为本级人民法院第一审的判决、裁定确有错误时，应当向上一级人民法院提出抗诉。

被害人及其法定代理人不服地方各级人民法院第一审判决的，自收到判决书后五日以内，有权请求人民检察院提出抗诉。人民检察院自收到被害人及其法定代理人的请求后五日以内，应当作出是否抗诉的决定并且答复请求人。

第二审人民法院对不服第一审判决的上诉、抗诉案件，经过审理后，应当按照下列情形分别处理：①原判决认定事实和适用法律正确、量刑适当的，应当裁定驳回上诉或者抗诉，维持原判；②原判决认定事实没有错误，但适用法律有错误，或者量刑不当的，应当改判；③原判决事实不清楚或者证据不足的，可以在查清事实后改判，也可以裁定撤销原判，发回原审人民法院重新审判。原审人民法院对于依照规定发回重新审判的案件作出判决后，被告人提出上诉或者人民检察院提出抗诉的，第二审人民法院应当依法作出判决或者裁定，不得再发回原审人民法院重新审判。

第二审人民法院发现第一审人民法院的审理有下列违反法律规定的诉讼程序的情形之一的，应当裁定撤销原判，发回原审人民法院重新审判：①违反《刑事诉讼法》有关公开审判的规定的；②违反回避制度的；③剥夺或者限制了当事人的法定诉讼权利，可能影响公正审判的；④审判组织的组成不合法的；⑤其他违反法律规定的诉讼程序，可能影响公正审判的。

6. 执行

判决和裁定在发生法律效力后执行。下列判决和裁定是发生法律效力的判决和裁定：①已过法定期限没有上诉、抗诉的判决和裁定；②终审的判决和裁定；③最高人民法院核准的死刑的判决和高级人民法院核准的死刑缓期二年执行的判决。第一审人民法院判决被告人无罪、免除刑事处罚的，如果被告人在押，在宣判后应当立即释放。

《刑事诉讼法》和《刑法》对无期徒刑、有期徒刑、拘役、管制、罚金、没收财产、剥夺政治权利等刑罚的执行作了专门规定。

（三）刑事法律责任的实现和解决

刑事法律责任的解决，是指使犯罪人应负的刑事责任得以终结，包括刑事责任的实现和其他解决方式。其中，刑事责任的实现即通过定罪、判刑、行刑，实实在在地实现了刑事责任的内容；其他解决方式是指基于法定的原因或者法律事件而不允许或者不可能追究犯罪人的刑事责任，因而在刑事责任没有实现的情况下的刑事责任的终结。

（1）刑事法律责任有如下实现形式。①定罪判刑方式。这是刑事责任承担上最常见、最基本的方式，即人民法院在对犯罪人作出有罪判决的同时宣告适用相应的刑罚，以限制或剥夺犯罪人一定权益的最严厉的强制性法律制裁方法。②定罪免刑罚方式。确定有罪而免除刑罚处罚，也是解决刑事责任的一种重要方式，这种方式的基本特点是首先肯定了刑事责任的存在（作有罪宣告），但在责任的承担方式上不采取刑罚的方式而采用其他制裁形式。定罪免刑罚方式可细分为：第一，只作有罪宣告，当场释放；第二，有罪宣告+（非刑罚处罚方法和/或保安处分）。

（2）刑事法律责任的其他解决方式包括：①消灭处理方式。刑事责任的消灭处理，是指行为人的行为已构成犯罪，应受刑罚处罚，但由于法定的阻却刑事责任事由的存在，刑事责任归于消灭，行为人不再承担刑事责任，如犯罪人死亡、超过追诉时效或者行刑时效（我国刑法只规定了追诉时效制度）、赦免、附条件的不起诉被不起诉人在考验期内经得住考验等。②转移处理方式。刑事责任的转移处理，是指行为人的刑事责任不由我国司法机关解决，而通过外交途径解决。例如，刑法规定享有外交特权的人犯罪的，通过外交途径解决。

主要参考文献

一、编著类

[1] 段瑞春．创新与法治——新常态、新视野、新探索［M］．北京：中国政法大学出版社，2016：50-80.

[2] 罗玉中．科技法学［M］．武汉：华中科技大学出版社，2005.

[3] 曹昌祯．中国科技法学［M］．上海：复旦大学出版社，1999.

[3] 陈乃蔚．科技法新论［M］．上海：上海交通大学出版社，2001.

[4] 蒋坡．科技法学理论与实践［M］．上海：上海人民出版社，2009.

[5] 马治国．中国科技法律问题研究［M］．西安：陕西人民出版社，2001：4-8.

[6] 易继明等．科技法学［M］．北京：高等教育出版社，2006.

[7] 孙玉荣．科技法学［M］．北京：北京工业大学出版社，2013.

[8] 牛忠志．科技法通论［M］．长春：吉林大学出版社，2007.

[9] 中国科协学会服务中心．科技工作者法律实务手册［M］．北京：知识产权出版社，2018.

[10] 牛忠志．科技法律秩序的刑法保护研究［M］．北京：知识产权出版社，2019.

[11] 何悦．科技法学［M］．北京：法律出版社，2009.

[12] 段瑞春．科技与法律：现代文明的双翼［M］．北京：中国科学技术出版社，2010.

[13] 郑真江．学术不端行为处理制度研究［M］．福州：福建人民出版社，2013.

[14] 姜明安．行政法（第三版）［M］．北京：北京大学出版社高等教育出版社，2016.

[15] 李光录，牛忠志．科技法理论与实务热点问题研究［M］．北京：中国社会科学出版社，2007.

[16] 李光录、牛忠志．创新型社会建设中的科技法律制度研究［M］．北京：

中国公安大学出版社，2009.

[17] 胡志斌. 学术不端行为法律规制研究 [M]. 北京：中国法制出版社，2014.

[18] 周旺生. 立法学（第二版）[M]. 北京：法律出版社，2018：310-324.

[19] 魏振瀛. 民法（第七版）[M]. 北京：北京大学出版社、高等教育出版社，2017：2-5.

[20] 张文显. 法理学 [M]. 北京：高等教育出版社、北京大学出版社，2011：295-305.

[21] 卓泽渊. 法理学 [M]. 北京：法律出版社，2019：243-290.

[22] ［美］约瑟夫·熊彼特. 经济发展理论 [M]. 何畏等译. 北京：商务印书馆，2000：73-74.

[23] ［德］李斯特. 政治经济学的国民体系 [M]. 北京：商务印书馆，1961：171.

二、学术论文类

[1] 段瑞春. 创新型企业知识产权与品牌战略思考 [J]. 中国高校科技与产业化，2007，(5)：55-58.

[2] 罗玉中. 完善我国科技法律制度的几点思考 [J]. 社会科学家，2003，(4)：6-10.

[3] 曹昌祯. 科技法学——新兴法律交叉学科 [J]. 科技与法律，2007，(1)：5-9.

[4] 马治国，徐济宽. 人工智能发展的潜在风险及法律防控监管 [J]. 北京工业大学学报（社会科学版），2018，(6)：65-71.

[5] 宋伟，夏辉. 地方政府人工智能产业政策文本量化研 [J]. 科技管理研究，2019，(10)：192-199.

[6] 蒋坡，陈乃蔚，刘晓海，王迁，芦琦，朱国华. 加强科技法学学科建设纵横论 [J]. 科技与法律，2007，(1)：10-12.

[7] 张平. 大数据时代个人信息保护的立法选择 [J]. 北京大学学报（哲社版），2017，(3)：143-151.

[8] 李玉香等. 规制学术不当行为的比较分析和借鉴 [J]. 科技与法律，2016，(2)：384-396.

[9] 蒋坡. 论技术标准与专利技术之融合与冲突 [J]. 政治与法律，2008，(4)：99-104.

［10］谭启平，朱涛．论国家科技计划项目合同的私法属性及制度构建［J］. 现代法学，2013，（2）：171-180.

［11］何敏．知识产权客体新论［J］.中国法学，2014，（6）：121-137.

［12］寿步．网络安全法若干基本概念辨析［J］.科技与法律，2017，（4）：1-8.

［13］陈乃蔚，陈博．网络交易平台提供者商标权侵权责任初探［J］.科技与 法律，2012，（3）：76-79.

［14］刘瑛．加快构建知识产权信用法治体系［J］.中国国情国力，2019， （6）：65-68.

［15］牛忠志．论科技法在我国法律体系中的部门法地位——兼论传统法律部 门划分标准的与时俱进理解［J］.科技与法律，2007，（5）：9-15.

［16］宋伟，袁源等．个人征信体系信息保护立法的若干思考［J］.法治研究， 2010，（1）：37-42.

［17］时建中，郝俊淇．原则性禁止转售价格维持的立法正确性及其实施改进 ［J］.政治与法律，2017，（6）：20-33.

［18］黄武双，谭宇航．机器学习所涉数据保护合理边界的厘定［J］.南昌大 学学报（人文社会科学版），2019，（2）：44-52.

［19］易继明．人工智能创作物是作品吗？［J］.法律科学（西北政法大学学 报），2017，（5）：137-147.

［20］芦琦．高校学术不端的法行为控制研究［J］.山东科技大学学报（社会 科学版），2011，（4）：46-54.

［21］谭华霖，吴昂．我国科技成果第三方评价的困境及制度［J］.暨南学报 （哲学社会科学版），2018，（5）：32-40.

［22］朱雪忠，张广伟．人工智能产生的技术成果可专利性及其权利归属研究 ［J］.情报杂志，2018，（2）：69-75.

［23］陶鑫良．职务发明性质之约定和职务发明报酬及奖励［J］.知识产权， 2016，（3）：3-13.

［24］朱国华，樊新红．行业协会社团罚：兼论反不正当竞争法的修改完善 ［J］.政法论坛，2016，（2）：153-161.

［25］唐大森，胡小红．论促进科技创新的税收优惠立法［J］.科技与法律， 2008，（2）：10-13.

［26］吕凯，刘飞等．科技创新时代我国网络著作权保护的现状分析与对策研 究［J］.科学管理研究，2013，（6）：9-13.

［27］杨丽娟，于一帆．科技行政法视角下我国民用无人机的法律规制问题研究［J］．科技管理研究，2018，（9）：48-53。

［28］刘旭霞，刘桂小．基因编辑技术应用风险的法律规制［J］．华中农业大学学报（社会科学版），2016，（4）：125-131.

［29］刘长秋．"基因编辑婴儿事件"与生命法学之证成［J］．东方法学，2019，（1）：21-29.

［30］孙玉荣，王罡．3D打印著作权法律问题探究［J］．北京工业大学学报（社会科学版），2017，（3）：52-57.

［31］王宇红，冶刚等．产业技术创新战略联盟知识产权管理机制的契约安排［J］．中国科技论坛，2015，（8）：133-138.

［32］牛忠志．理论研究应该如何为治理科技不端作贡献——治理科技不端理论研究的回顾与前瞻［J］．科技管理研究，2009，（12）：536-538.

［33］唐素琴，卓柳俊等．我国职务科技成果产权激励相关措施统计分析［J］．海峡科技与产业，2019，（5）：18-22.

［34］焦洪涛．"科研诚信法律问题研讨会"述要［J］．华中科技大学学报（社会科学版），2009，（2）：19.

［35］刘嘉南，潘信吉．大型仪器设备开放共享的研究与探索［J］．实验室研究与探索，2009，（3）：284-287.

［36］闻星火，郭英姿等．高校大型仪器共享系统建设实践与探索［J］．实验技术与管理，2010，（9）：1-5.

［37］胡汉鹏．国际贸易中的技术标准和专利许可［D］．复旦大学硕士学位论文，2014-4.

［38］李晓明，张鑫．刑民交叉案件分类及其对未来研究的影响［J］．河北法学，2015，（12）：10-17.

［39］孟庆瑜．主体、客体、理念与机制——改革发展成果分享中的基本法律问题之辨析［J］．社会科学研究，2006，（4）：19-23.

［40］黄娟．知识产权刑民交叉案件解决之"先民后刑"思路：选择理由于实施机制［J］．暨南学报（哲社版），2011，（2）：41-45.

［41］秦洁，宋伟．对《促进科技成果转化法》修订的几点思考［J］．中国科技论坛，2014，（4）：10-14.

［42］贾佳，赵兰香，万劲波．职务发明制度促进科技成果转化中外研究［J］．科学学与科学技术管理，2015，（7）：3-10.

［43］朱一飞．高校科技成果转化法律制度的检视与重构［J］．法学，2016，

（4）：81-92.

[44] 胡林龙．论学术不端行为的责任［J］．法律科学（西北政法大学学报），2015（4）：62-69.

[45] 蒋美仕．从职业伦理到科研诚信——科研不端行为的国外研究动态分析［J］．自然辩证法研究，2011，（2）：96-102.

[46] 钱学森，于景元，戴汝为．一个科学新领域——开放复杂巨系统及其方法论［J］．自然杂志，1990，（1）：3-10.

后　记

　　《科技法总论》是在《科技法通论》（吉林大学出版社 2007 年版）的基础上修改、补充而成的。《科技法通论》的写作过程所奉行的原则主要有二：一是尽可能地汲取我国科技法学界诸位知名专家的最新研究成果，新书一定要站在"巨人"的肩膀上有一定的理论创新，而且，就争议的学说而言采用主流的观点和见解，对于一家之言则慎重取舍；二是鉴于科技法学是一门崭新的交叉型法学学科，科技法学的基本原理、基本知识还比较薄弱，需要致力于科技法学理论的不断丰富和完善，故尽可能地借鉴传统部门法学的知识和成果，以推演出系统的科技法学理论体系。

　　本次撰稿对上述两个原则予以继承和发扬，致力于以下几方面的创新性尝试。

　　（1）体例新。在国内首次在体例上把科技法学分为总论和分论两册。之所以如此，旨在突出科技法知识的核心内容，提高总论的地位，也可以发现科技法总论内容十分薄弱的现状，以便强化科技法基本理论的挖掘。①一门法学学科之总论的篇幅有多大、体系是否完善和内容是否丰富，是该学科成熟与否的重要标志。把《科技法总论》单独成册，则有助于我们发现科技法总论内容十分薄弱的现状，以便强化科技法基本理论的挖掘。②按照"基本原理、基本原则和基本制度"来架构总论，有利于分层掌握"一般规定、通用制度"与"具体规定、特别规范"，对科技法的认识纲目清晰，做到纲举目张，由此可以提高总论的地位，突出科技法知识的核心内容。③社会发展日新月异，科技进步突飞猛，新的科技问题层出不穷，所以，作为科技法学教科书，如果不分总论与分论，不仅不利于提高科技法总则的重要地位，而且其内容还容易因新的科技立法活动（如颁布了新的单行科技法律法规等）导致科技法学教科书重新编写而再度重复印刷，白白浪费出版资源。把科技法学分设总论和分论，对科技法总则、一般规定的阐述，使通用知识相对稳定，与科技法学分论——对变化较快的高新领域具体的科技法律制度的阐释区别开来，各自编写出版，则能节省出版资源。

（2）结构安排撰写有详有略，突出其科技法的特色。分"基本原理、基本原则和基本制度"三大板块，紧紧围绕科技法之促进科技创新的立法旨趣来架构和安排，以突出科技法学的本色。如第十章"科学技术成果及其原始权属制度"一章如何避免其内容混同于"知识产权法学"教材的写法，第十三章"技术合同法律制度"一章如何避免相应的内容混同于"合同法学"教材的内容，第十四章"国际科技合作和国际技术贸易法律制度"如何避免这部分的撰写混同于国际经济法学的相应内容等，笔者做了大胆的取舍。再如，凡是能够鲜明地体现科技法促进科技进步立法宗旨的内容，而为促进科技创新必不可缺少的，诸如提高大众科学技术素养（第十五章）、科研伦理与学术不端行为（第十六章）、科技奖励法律制度和违反科技法的法律责任（第十七章和第十八章）等，无论资料如何匮乏、写作多么困难，都尽量在书中系统完整地呈现，因而科技法学本色得以凸显。

（3）内容追求"全""深""新"。所谓"全"，是指本书的内容试图涵盖科技创新过程全过程、研发的各环节。目前包括科技法内涵与外延、立法目的、功能和任务，基本原则，科技法律制度、科技创新体系、科技主体法律制度（包括科技人员和科技组织法律制度）、科技投资法律制度、科学技术成果及其原始权属制度、科技成果评价和评估制度、促进科学技术成果转化法律制度、技术合同法律制度、国际科技合作和国际技术贸易法律制度、科技教育和科普制度、科研诚信法律制度、科技奖励制度和科技违法行为的法律责任制度等，涉及了科技创新领域的方方面面，几乎没有空白。所谓"深"，基于"总论"品格的要求，在事关科技法基本原理方面，对科技法的部门法地位、立法宗旨、功能、价值和任务，以及基本原则和基本制度等内容尽可能地追根溯源、深挖探微，详加阐发。所谓"新"，即本书尽可能反映科技法学研究的最新学术研究成果和体现最新的科技立法。首先，在撰稿过程中参酌众多教科书，广受博取、兼采各家所长，以期收超擢、萃取之效。如，已有科技法教材其最后部分是"科技争议的解决"一编，这当然是一种不错的思路和安排。不过，不如将这一部分设置为"违法行为+法律后果"，从而更加符合法律的逻辑思维。鉴于法律后果包括肯定性法律后果和否定性法律后果两方面，加上科技法以奖励、激励为主的特性，所以，作者开辟新途径，将相应的内容分设两章（第十七章和第十八章），并对其从实体与程序两个方面展开论述。其次，紧追立法步伐，以期做到对问题的阐释与时俱进，内容前卫、新鲜，如对 2019 年 12 月 18 日《国家科学技术奖励条例（修订草案）》、2020 年 5 月 28 日通过的《民法典》，以及刚刚审议的《刑法修正案

（十一）（草案）》内容和精神都有体现。

　　本书的出版得到了河北省高等学校人文社会科学重点研究基地"河北大学国家治理法治化研究中心"、燕赵文化高等研究院和河北大学高层次创新人才科研启动经费项目的资助，得到了河北大学校、院两级领导以及中国科学技术法学会、河北省法学会知识产权法研究会、知识产权出版社编辑韩婷婷女士的大力支持和帮助。在此，一并表示最诚挚的谢意！

　　由于作者水平有限，加上撰稿时间仓促，书中错讹之处在所难免，敬请学界同人和读者不吝批评指正。

牛忠志

2020 年 7 月 7 日于河北大学法学院